Burkhard Strobel
Wachstumsstrategien für Apotheken

Wachstumsstrategien für Apotheken

Profilierung – Filialisierung – Diversifizierung

Burkhard Strobel, Worms

Mit 42 Abbildungen, 24 Tabellen
und 11 Checklisten

Deutscher Apotheker Verlag Stuttgart

Anschrift des Autors
Dr. Burkhard Strobel
Braeunigstraße 33
67550 Worms

Bibliografische Information der Deutschen Nationalbibliothek
Die Deutsche Nationalbibliothek verzeichnet diese Publikation in der Deutschen Nationalbibliografie; detaillierte bibliografische Daten sind im Internet über http://dnb.d-nb.de abrufbar.

ISBN 978-7692-4343-7

© 2007 Deutscher Apotheker Verlag
Birkenwaldstraße 44, 70191 Stuttgart
www.deutscher-apotheker-verlag.de
Printed in Germany
Druck: primustype Robert Hurler GmbH, Notzingen
Bindung: Riethmüller, Tübingen
Umschlaggestaltung: Atelier Schäfer, Esslingen

Inhaltsverzeichnis

Vorbemerkung: Das Konzept

Apotheken-Filialen sind seit dem 01.01.2004 erlaubt. Dennoch ist das Mehrbesitzverbot selbst nicht völlig aufgehoben, die Zahl und die Standorte der Filialen sind eng begrenzt. Ob sich mit diesem Schritt der Liberalisierung für die Apotheke eine völlig neue Dimension eröffnet, um das Unternehmen auf eine größere Umsatz- und Ertragsbasis zu stellen, bleibt abzuwarten.

Diese Möglichkeit der Filialisierung haben einige Apotheken genutzt. Immerhin verzeichnet die offizielle Statistik[1] im Jahr 2005 1.228 Apothekenfilialen, die von 1.100 Hauptapotheken betrieben werden. 2004 waren es lediglich 632 Filialen, eine Steigerung also von nahezu 100%. Ob alle Filialübernahmen oder -gründungen allerdings immer strategisch initiiert waren oder ob „Familienzusammenführungen" oder günstige Gelegenheiten den Ausschlag gaben, mag dahingestellt sein.

Wenn sich aber die Diskussion über Wachstum deshalb allein auf die Filialisierung konzentriert, wird dabei leicht vergessen, dass es daneben – und das schon immer – weitere Möglichkeiten gibt, das Unternehmen „Apotheke" planmäßig und deutlich wachsen zu lassen. Planmäßiges und deutliches Wachstum bedeutet aber, dass die Apotheke Umsatz- und Ertragsziele strategisch verfolgt, die über dem durch den Markt allgemein bedingten Wachstum liegen.

Drei solche Strategien werden aufgezeigt:

- die intensivere Ausschöpfung des Marktpotenzials am gegebenen Standort,
- die bereits angesprochene Filialisierung zur Erweiterung des Absatzgebietes und
- der als Diversifikation bezeichnete Einstieg in neue Betriebsformen und Branchen.

---

[1] ABDA: Jahres-Wirtschaftsbericht für 2004/2005 und: ABDA: Zahlen, Daten, Fakten 2005.

Nach einem einführenden, grundsätzlichen Teil über Wachstumsziele und Analysen zur Auswahl der richtigen Strategie folgt das Buch für jede dieser Strategien einem einheitlichen Konzept:

(1) Vorstellung der Ziele und Varianten der Strategie,
(2) Erläuterung wichtiger Analyse- und Planungsschritte zur Vorbereitung der Strategie,
(3) Diskussion alternativer Marketing-Konzepte zur Durchsetzung der Strategie nach außen im Markt und
(4) Diskussion einiger Management-Konzepte zur Verwirklichung der Strategie nach innen im Unternehmen.

Dabei werden die Schwerpunkte in jedem Teil je nach betrachteter Strategie unterschiedlich gesetzt. Allerdings sind immer wieder Aspekte zu berücksichtigen, die für alle Strategien von Interesse sind. Daher lassen sich Überschneidungen nicht vermeiden, werden aber durch entsprechende Verweise auf die jeweiligen Abschnitte in den vorangegangenen oder folgenden Teilen auf ein Mindestmaß reduziert.

Ziel dieser Schrift ist es, diese drei Wachstumsstrategien aufzuzeigen und sie in ihren Konsequenzen für Marketing und Management zu analysieren. An Hand von systematischen Analysen der Wachstumsoptionen und zahlreicher Praxis-Checklisten soll dem Apotheken-Unternehmer die Möglichkeit gegeben werden, seine eigene Strategie zu entwickeln und die Konsequenzen zu bedenken.

Ziel dieses Buches ist es nicht und kann es auch nicht sein, ein vollständiges Manual zu bieten, mit dem die Apotheke ihre spezifische Strategie findet, formuliert und in der Praxis umsetzt. Zu viele Details wären hier einzuarbeiten.

Ziel dieses Buches ist es schließlich auch nicht, alle für die Analyse und Umsetzung erforderlichen betriebswirtschaftlichen und rechtlichen Aspekte in aller Tiefe zu würdigen. Es kann daher nicht vermieden werden, immer wieder auf Spezialliteratur zu verweisen, die im konkreten Fall weiterhelfen kann. Dabei wird nicht alleine auf apothekenspezifische Literatur hingewiesen, sondern auch und gerade auf Quellen der allgemeinen und der handelsbezogenen Betriebswirtschaftslehre.

Den Anstoß zu diesem Thema gab ein Praxisprojekt, das im Rahmen des Seminars „Unternehmensstrategien" im WS 2005/2006 im Studiengang Handelsmanagement der Fachhochschule Worms durchgeführt wurde. Hier wurden über 400 Apotheken angeschrieben, die in den Jahren zuvor Filialen gegründet oder übernommen hatten. Seit dem 1. Januar gilt für die meisten Apothekenumsätze der neue Mehrwertsteuersatz von 19%. Wenn in dieser Schrift Kennzahlen auf der Basis des Brutto-Umsatzes inkl. MwSt. vorgestellt werden, liegt diesen Brutto-Werten noch der vorher gültige MwSt.-Satz von 16% zugrunde. Das ist aus folgenden Gründen sinnvoll: Zum einen beinhalten die statistischen Daten ohnehin die zu der jeweiligen Zeit gültigen Steuersätze. Auch Planwerte für das laufende Jahr 2007 beruhen in der Regel auf den Vorjahreswerten mit einem Steuersatz von 16%. Und schließlich gilt nicht sicher, dass die erhöhte MwSt. bei frei kalkulierbaren Preisen vollständig über die Erlöse an den Kunden weitergegeben werden kann. Eine pauschale Erhöhung der Richtwerte um 2,5862% erscheint daher etwas voreilig. Bei den Studierenden dieser Semestergruppe möchte ich mich für die vielfältigen Arbeitsergebnisse bedanken. Dies gilt besonders für Frau Celine Kuhn, die diese Ergebnisse sorgfältig zusammengetragen, optisch aufbereitet und durch eigene Recherchen wesentlich ergänzt hat. Bedanken möchte ich mich auch beim Institut Insight Health GmbH, Waldems-Esch, für die Hilfestellung bei der Apothekerbefragung und natürlich bei allen Apothekerinnen und Apothekern, die an dieser Befragung teilgenommen haben.

Besonders bedanken möchte ich mich bei Herrn Apotheker Klaus Maier für seine wohlwollende Durchsicht des Manuskriptes. Zu großem Dank bin ich Herrn Dipl. Math. Uwe Hüsgen verpflichtet. Seine kritischen Anmerkungen haben nicht nur fachlich viele ergänzende und korrigierende Hilfen beigesteuert. Unsere intensiven Diskussionen haben mir auch gezeigt, dass Überlegungen zu Strategien für die einzelne Apotheke als Unternehmen immer auch eine politische Dimension mit sich bringen.

Worms, im Frühjahr 2007

1. Wachstumsstrategien: Anlässe und Möglichkeiten

Kaum eine Publikation über Apotheken beschäftigt sich mit den Wachstumsstrategien dieser Branche. Das mag daran liegen, dass eine stetige Aufwärtsentwicklung der Apothekenumsätze pro Apotheke und des Marktes insgesamt als schicksalhaft, aber nichtsdestoweniger willkommen akzeptiert werden. Stellt man die offiziellen Zahlen der ABDA für zehn Jahre gegenüber, so zeigt sich diese Entwicklung deutlich:

Tab. 1.1: 10-Jahres-Entwicklung der Apotheken

Kennzahlen[1]	Wert 1996	Wert 2000	Wert 2005	Ent-wicklung 2005/2000	Ent-wicklung 2005/1996
Umsatz/Apotheke in 1.000 €	1.248	1.463	1.890	+29,3%	+51,5%
Zahl der Apotheken	21.290	21.592	21.476	-0,5%	+0,9%
Umsatz in Apotheken in Mio. €	25.580	31.560	40.600	+28,7%	+52,7%
Davon zu Lasten der GKV inkl. Zuz. in Mio. €	18.632	21.220	25.801	+21,6%	+28,5%
Anteil GKV inkl. Zuzahlung	70,1%	67,2%	63,5%	–3,6%	–6,5%
Kassenumsatz je Apotheke in 1.000 €[2]	875	983	1.201	+22,2%	+37,3%
Umsatz je Kassenrezept in €[3]	27,80	34,60	42,00	+21,4%	+51,1%
Kassenrezepte je Apotheke[2]	31.480	28.404	28.604	+0,7	–9,1
Rentabilitätskennzahlen in % des Umsatzes					
Handelsspanne Rohertrag	28,1	27,0	24,2	–2,8	–3,9
Gesamtkosten inkl. Unternehmerlohn	27,5	26,0	23,4	–2,6	–4,1
Betriebsergebnis (Handelsspanne minus Gesamtkosten)	0,6	1,0	0,8	–0,2	+0,2

Quelle: ABDA: Zahlen, Daten, Fakten 2005.
[1]Alle Umsatzwerte sind inkl. MwSt.
[2]Eigene Berechnungen aus den o.g Werten.
[3]Werte: IfH: Apotheken 2004.

1.1   Zwang zum Wachstum

Mehr als 50% Wachstum in den letzten zehn Jahren für die Durchschnittsapotheke und – da auch die Zahl der Apotheken leicht gestiegen ist – fast
55% Mehrumsatz für den gesamten Apothekenmarkt, rechtfertigen es, den
Gesundheitsmarkt insgesamt als Wachstumsmarkt zu bezeichnen.[2]

Da dieses Wachstum aber zugleich auch die Ausgaben zu Lasten der gesetzlichen Krankenversicherung steigen lässt, wenn auch nicht im gleichen Maße, erscheint es wenig opportun, diese an und für sich erfreuliche Tendenz
für die Apotheke öffentlich zu bejubeln.

Es gibt aber noch andere, betriebswirtschaftliche Gründe, um mit der Freude
etwas zurückhaltender umzugehen. Analysiert man nämlich die Ursachen
des Umsatzwachstums etwas näher, so zeigen sich folgende Detailentwick-
lungen:
(1) Der Anteil der GKV-Umsätze sinkt von 70% des Umsatzes auf unter
     65%.
(2) Der Umsatz pro Kassenrezept steigt deutlich und ist mit der einfluss-
     reichste Wachstumsgrund.
(3) Daraus folgt, dass die Zahl der Kassenrezepte und damit auch die Kun-
     denfrequenz in der Apotheke deutlich sinken.

Nun mag es in der Vergangenheit relativ uninteressant gewesen sein, ob die
zusätzlichen Umsätze durch mehr Kunden oder durch höhere Rezeptbeträge
pro Rezept erreicht werden konnten. Die veränderte Struktur der Preisbildung im Bereich der zu Lasten der Krankenkassen verordneten Sortimente,
der OTC-Erstattungsausschluss seit 2004 und die Freigabe der OTC-Preise
führen in diesen Bereichen aber inzwischen zu völlig unterschiedlichen Er-
tragssituationen. Neuerdings spielen die Quellen des Wachstums somit eine
bedeutendere Rolle als früher.

Im Folgenden werden vier Aspekte unterschieden, die einen deutlichen
Druck auf die Ertragslage der Apotheke ausüben und somit einen Zwang
zum Wachstum begründen:

---

[2] Oberender: Wachstumsmarkt Gesundheit.

- die Rechtsnormen des Gesundheitsmarktes,
- die Konditionen-Anpassung der Lieferanten,
- der intensive Wettbewerb im Markt und
- die betriebswirtschaftlichen Konsequenzen.

1.1.1 Spannenverlust durch Rechtsnormen

Zwar war die alte Preisspannenverordnung schon immer degressiv angelegt, sodass die teurere Spezialität einen geringeren Aufschlag erlaubte als die preiswertere Packung. Die geänderte Preisregelung aber belegt jetzt jede Packung mit einem festen Aufschlagsbetrag, sieht man von der geringfügigen Prozentkomponente ab.

Tab. 1.2: Kalkulationsbeispiele

Rechnung (alle Werte ohne MwSt.)	Beispiel 1		Beispiel 2	
	Alte AMPrVO	Kombi-Modell	Alte AMPrVO	Kombi-Modell
Apotheken-Einkaufspreis	10,0 €	10,00 €	100,00 €	100,00 €
+ Zuschlag alt	4,80 €		30,00 €	
+ Zuschlag neu 3% von EK		0,30 €		3,00 €
+ Fixzuschlag		8,10 €		8,10 €
= Apotheken-VK brutto	14,80 €	18,40 €	130,00 €	111,10 €
- Kassenrabatt	0,74 €	1,72 €	6,50 €	1,72 €
= Apotheken-VK netto	14,06 €	16,68 €	123,50 €	109,38 €
Rohertrag pro Packung	4,06 €	6,68 €	23,50 €	9,38 €
Verkaufte Packungen	10	10	1	1
Wareneinsatz	100,00	100,00	100,00	100,00
Umsatzerlöse netto	140,60 €	166,80 €	123,50 €	109,38 €
Ertrag	40,60 €	66,80 €	23,50 €	9,38 €
Handelsspanne (in % Erlöse netto)	28,9	40,0	19,0	8,6
Handelsaufschlag (in % Wareneinsatz)	40,6	66,8	23,5	9,4

Quelle: In Anlehnung an Hüsgen: GMG.

Eine Packung zu 10 € Apothekeneinkaufspreis erzielte nach der alten Arzneimittelpreisverordnung und dem verordneten Kassenrabatt von 5% eine Spanne von 28,9%, eine Spezialität von 100 € Apothekeneinkaufspreis dagegen nur 19%. In absoluten Roherträgen aber erzielte die preiswertere Packung lediglich 4,06 die teure dagegen 23,50 €.

Nach der neuen Arzneimittelpreisverordnung für rezeptpflichtige Arzneimittel verändern sich diese Werte dramatisch. Die Packung mit dem geringen Einkaufspreis erreicht jetzt einen Rohertrag von 6,68 € nach Abzug des Kassenrabattes. Das sind 2,62 € mehr als nach dem alten System. Das teurere Präparat dagegen erzielt nunmehr einen Rohertrag von 9,38 € und damit 14,12 € weniger als nach dem alten Modell. Die Spanne bei dem preiswerten Artikel steigt von 28,9% auf 40,0%, bei dem teuren bricht sie von 19,0% auf 8,6% ein.

Vergleicht man nach dem neuen Modell nun die Situation einer Apotheke, die das billige Präparat zehn Mal pro Woche abgibt mit einer anderen Apotheke, die das teurere Präparat nur einmal in der Woche verkauft, beide somit einen Wareneinsatz von 100 € aufweisen, so erreicht die erste Apotheke einen Ertrag von 66,80 €, was einem Aufschlag von 66,8% und einer Spanne von 40,0% entspricht. Die zweite Apotheke dagegen muss sich mit einem Ertrag von 9,38 € und damit auch einem Aufschlag von 9,4% oder einer Handelsspanne von 8,6% begnügen.

Die Konsequenzen sind nachvollziehbar: Der Umsatz allein ist kein Indiz mehr für die Ertragskraft einer Apotheke. Wachstum aus dem erhöhten Betrag pro Packung generiert somit nicht automatisch neuen Ertrag. Das veränderte Verschreibungsverhalten der Ärzte, den Patienten eher größere Packungen zu verordnen, führt zwangsläufig zu einer geringeren Packungsabgabe und damit vielleicht nicht unbedingt zu einem Umsatz- mit Sicherheit aber zu einem Ertragsverlust. Andererseits wird das Absenken der Apothekeneinkaufspreise, insbesondere bei Generika, zwar einen erfreulichen relativen Spannensprung, aber keineswegs absolute Ertragszuwächse gewähren.

Insgesamt werden also durch die Änderung der Arzneimittelpreisverordnung bei nicht wenigen Apotheken Ertragsverschiebungen zu verzeichnen sein, die nur durch reales Wachstum über mehr Kunden aufgefangen werden können.

1.1.2   Spannenverlust durch Konditionenverschlechterung

Die Durchschnitts-Apotheke erzielt seit Jahren ein Betriebsergebnis nach Abzug aller Kosten, auch des Unternehmerlohnes, von weniger als 1% ihres Umsatzes.[3] Mit dieser mäßigen Rentabilität würde im wettbewerbsintensiven Handelsmarkt kein Unternehmen dauerhaft überleben. Zum Vergleich: Die Umsatzrendite der METRO AG betrug im abgelaufenen Jahr 3%, die der Douglas-Gruppe 5%, und der EDEKA-Verband meldete 2% des Umsatzes.

Oft wird übersehen, dass die nur mäßige Rentabilität der Apotheke weder im rezeptpflichtigen Bereich noch mit der alten Kalkulation des OTC-Sortimentes erreicht wird. Alleine die mit den Lieferanten (Großhandel, Hersteller) vereinbarten Konditionen, gleichgültig in welcher Form diese gewährt werden (ob Skonto, Natural- oder Rechnungsrabatte oder nachträgliche Bonusprämien), ermöglichten in der Vergangenheit überhaupt ein positives Ergebnis.

In normalen Märkten sind diese Konditionen das Ergebnis von Verhandlungen zwischen den Marktteilnehmern, und dieses Verhandlungsergebnis hängt wiederum davon ab, in welchem Machtverhältnis die Partner zu einander stehen.

Je nach Zahl der möglichen Kontrahenten auf der Angebots- und Nachfrageseite unterscheidet die Volkswirtschaftslehre zwischen Monopol, Oligopol und Polypol. Treffen also auf Angebots- und Nachfrageseite jeweils nur ein Unternehmen auf einander, wäre die (sehr unrealistische) Situation eines beidseitigen Monopols gegeben. Die Konditionen würden hier individuell, und zwangsweise wohl auch partnerschaftlich ausgehandelt.

Sind auf beiden Marktseiten jeweils sehr viele Unternehmen vorhanden, wäre eine polypolistische Konkurrenz gegeben. Die Konditionen wären hier für alle Marktteilnehmer gleich, vorausgesetzt, jeder Teilnehmer kennt die Situation und reagiert auf Konditionenveränderungen ohne persönliche Präferenzen für seine Lieferanten oder seine Kunden. Beide Konstellationen, das Monopol und das Polypol auf der Basis des sog. vollkommenen Marktes sind hypothetische Modelle, die kaum in der Realität anzutreffen sind und schon gar nicht im Apothekenmarkt.

---

[3] Vgl. Tabelle 1.1.

Die Marktkonstellation ist hier nicht leicht zu beschreiben:

(1) Es handelt sich nicht um einen vollkommenen Markt, da die Apotheken keine vollständigen Informationen über alle Konditionen aller Lieferanten haben. Es darf sogar behauptet werden, dass die Apotheken nur geringe Transparenz über die eigenen Konditionen mit ihren Lieferanten haben, da die Zahlungs- und Preiskonditionen oft sehr komplex gestaltet sind. Zudem haben sich durch oft langjährige Beziehungen Präferenzen zwischen den Marktpartnern aufgebaut, die eine rein rationale Reaktion auf Marktveränderungen nicht erwarten lassen. Hinzu kommen die gesetzlichen Restriktionen auf der Absatzseite, die durch Kontrahierungszwang mit den Kunden (Patienten) und Bevorratungspflicht nicht immer die theoretisch unterstellte rein ökonomische Verhaltensweise zulassen.

(2) Zwar gibt es auf Seiten der Apotheken eine sehr große Anzahl von Marktteilnehmern (21.500), sodass hier von einem Polypol gesprochen werden kann, allerdings sind diese Apotheken nicht homogen. Sie unterscheiden sich erheblich durch Größe, Standort und Sortimentsschwerpunkt. Das führt bei den Lieferanten natürlich zu Präferenzen für bestimmte Apotheken. Die klassische, aber nicht immer sinnvolle Unterscheidung der Apotheken durch Industrie und Großhandel in A-, B- und C-Kunden spiegelt diese Präferenzen wieder.

Zudem entstehen gerade in letzter Zeit Einkaufsgruppen im Apothekenmarkt, die die Marktmorphologie stark konzentrieren. In einigen Jahren werden solche Gruppen dazu führen, dass auf der Seite der Apotheken von einem Oligopol gesprochen werden kann. Sollten zusätzlich Apotheken-Ketten in den Markt eindringen dürfen, wird diese Tendenz zum Oligopol noch verstärkt.

(3) Ein solches Oligopol ist bereits jetzt auf der Anbieterseite sowohl im Großhandelsbereich als auch bei der Industrie zu beobachten. Besonders deutlich wird dies im Großhandel, wo letztlich wenige Konzerngroßhandelsgruppen mit einem Anteil von zwei Dritteln des Marktes den sog. privaten Großhandlungen und regionalen Genossenschaften gegenüberstehen.

Aber auch auf der Industrieseite sind sowohl im Rx-Bereich als auch im OTC-Sortiment ähnliche Strukturen festzustellen.

In solchen oligopolistischen Marktkonstellationen werden Konditionen entweder im harten Wettbewerb herausgebildet oder aber individuell zwischen den Marktpartnern besprochen. Transparenz ist auch dort in der Regel nicht gewünscht.

Nun aber greifen in dieses sehr intime und anfällige Netzwerk von Konditionensystemen die staatlichen Anordnungen ein, indem Rabatte für bestimmte Produkte und bestimmte Formen verboten oder in ihrer Höhe begrenzt werden. Ziel dieser Einflussnahme durch das sog. Arzneimittelversorgungswirtschaftlichkeitsgesetz (AVWG) ist sicher nicht die Verbesserung der Konditionentransparenz zwischen den Partnern, sondern eindeutig die Abschöpfung der Konditionenreserven zugunsten der Kassenbudgets. Diese Abschöpfung bei allen Beteiligten in der Wertschöpfungskette der Arzneimittelversorgung (Industrie – Großhandel – Apotheken) führt zunächst einmal zu einer brisanten Situation bei Großhandel und Apotheken, indem die bereits aufgezeigten geringen Rentabilitätsquoten weiter reduziert werden. Ein betriebswirtschaftlich sinnvoller Betrieb wird für viele Apotheken nicht mehr gegeben sein.

Oft werden solche Eingriffe aber auch von den Marktpartnern zum Anlass genommen, generell mit Apotheken über Konditionen neu zu verhandeln. Und hier hängt das Ergebnis in diesem skizzierten Oligopolmarkt sehr von der Machtposition der beiden Seiten ab.

Das Fazit lautet also: In der Vergangenheit sind die Konditionen zu Lasten der meisten Apotheken deutlich verschlechtert worden, eine Verbesserung in der Zukunft ist nicht abzusehen.

1.1.3 Umsatz- und Ertragsverlust durch Wettbewerb

Seit langem schöpfen die Apotheken Hoffnung aus Sortimenten, die weniger staatlichen Normen unterliegen: dem Ergänzungssortiment, vor allem aber dem OTC-Sortiment.

Hier werden Quellen des Wachstums und Ertrags gesehen, um die Einbußen durch staatliche Lenkung zu kompensieren. Auf diese Ertragsquellen werden die Apotheken auch verwiesen, wenn sie ihr Recht auf Gewinnerzielung geltend machen, um Investitionen zu finanzieren oder einen angemessenen Unternehmerlohn zu erwirtschaften. In diesen Diskussionen wird übersehen, dass nur wirtschaftlich gesunde Apotheken auf Dauer die in §1 Abs.1 des

Apothekengesetzes geforderte Versorgung der Bevölkerung garantieren können.

Gerade der Bereich der OTC-Sortimente macht jedoch deutlich, dass ein Rückzug der staatlichen Verordnungen auch einen Verzicht auf Schutzzäune für die Apotheken bedeuten kann.

Der Gesundheitsmarkt mit seinen guten Wachstumsprognosen hat schon früh den Handel auf den Plan gerufen. Insbesondere der Lebensmittelhandel sieht neben den Umsatzchancen vor allem Ertragspotenziale. Seit einiger Zeit bauen sogar die Discount-Ketten dieses Sortiment „Gesundheit" aus. Zwar gelten diese Betriebsformen nicht unbedingt als unmittelbare Wettbewerber der Apotheken, jedoch hat das Marktverhalten dieser Betriebsformen durchaus Signalwirkung für den gemeinsamen Markt.

Einerseits führt die intensive Werbung bei den Kunden zu einem erhöhten Bewusstsein für gesunde Ernährung, Vorbeugung, Heil- und Hilfsmittel im Bereich der freiverkäuflichen Sortimente. Davon kann auch die Apotheke profitieren. Andererseits wird durch aggressive Discount-Strategien das Preisbewusstsein der Kunden erheblich geschärft, sodass auch die Preise der Apotheken im mittelbaren Wettbewerb stehen.

Diesem Wettbewerb *von außen* setzen manche Apotheken den Wettbewerb *nach außen* entgegen, indem sie Felder bearbeiten, die sonst nicht zu ihren Kernkompetenzen gehören. Die Liberalisierung der Ergänzungssortimente schafft aber nicht nur neue Umsatzpotenziale, sie zwingt die Apotheken auch, sich in diesen Feldern mit anderen Betriebsformen des Handels auseinanderzusetzen. Da diese Auseinandersetzung häufig über den Preis ausgetragen wird, führt dieser Wettbewerb nicht gerade zur Steigerung der Ertragsquote (Handelsspanne).

Dieses Verhalten nach außen wird natürlich übertragen auf *den Wettbewerb nach innen*, sofern die rechtlichen Gegebenheiten dies zulassen. Schon bei der Ankündigung der Aufgabe der Preisbindung bei OTC-Artikeln zum Jahreswechsel 2004 erschienen große Anzeigen von Apotheken in den Tageszeitungen, die mitteilten, die Preise nicht weniger OTC-Artikel deutlich abgesenkt zu haben, so als habe man auf diese Gelegenheit schon lange gewartet. Aggressive Preisstrategien im OTC-Sortiment aber haben dramatische Konsequenzen, die gerne als „Kinoeffekt" beschrieben werden: Wenn in einem vollbesetzten Theater einzelne Besucher aufstehen, um besser sehen zu können, haben diese für eine gewisse Zeit einen Vorteil. Wenn aber alle anderen (oder doch sehr viele) diesem Beispiel folgend sich von ihren

Plätzen erheben, so ist dieser Vorteil der Wenigen schnell vertan, letztendlich sehen alle Besucher so schlecht wie zuvor, jedoch extrem unbequem. Ein solches Verhalten wäre nur sinnvoll zu begründen, wenn durch die Preisaktivitäten der Mehrkonsum insgesamt gesteigert werden könnte. Dann haben alle Anbieter einen Nutzen.

Der OTC-Markt aber ist kein Markt für Süßigkeiten, bei dem eine aggressive Preissenkung den Konsum insgesamt steigen lässt. Der über die Preisreduktion erhoffte Mehrumsatz des aggressiven Apothekers kann nur durch einen Minderumsatz der anderen Kollegen erreicht werden. Ist die Elastizität der gesamten Nachfrage gegenüber dem Preis also gering, wirkt der Wettbewerb nur nach innen. Sinkt der Preis bei allen Anbietern, werden sich die Marktanteile wieder auf gleichem Niveau einpendeln – der Kinoeffekt gilt.

Die Apotheken haben bisher mit Ausnahme von Einzelaktionen solche generellen Preisabsenkungen unterhalb des alten Taxpreises der Arzneimittelpreisverordnung vermieden. Die Vertreter der Apothekerverbände freuen sich zu Recht, und die Medien beklagen zu Unrecht, dass trotz Freigabe des OTC-Preises keine nennenswerten Absenkungen erfolgt sind. Dennoch wird der Trend langfristig nicht aufzuhalten sein. Ertragseinbußen in den OTC- und Ergänzungssortimenten werden ebenfalls zu neuen Wachstumsstrategien in diesen Sortimentsgruppen zwingen.

1.1.4   Wachstum zur Kompensation von Ertrag durch Umsatz

Ertragsverlust muss durch Umsatzwachstum kompensiert werden. Der Beweis ist theoretisch sehr schnell erbracht: Wenn die Handelsspanne, also Rohertrag in Prozenten des Umsatzes (hier ohne MwSt.), in der Durchschnittsapotheke von 28% auf 27% sinkt, bedarf es eines Mehrumsatzes von 3,7%, um auf den gleichen Ertrag in absoluten Eurobeträgen zu kommen.

Die Formel ist einfach und seit langem bekannt. Sie ist identisch mit der Berechnung, wie viel Mehrumsatz bei einer Preissenkung erreicht werden muss.[4] Wenn der Ertrag gleich bleiben soll, muss gelten:

Umsatz alt   x   Handelsspanne alt = Umsatz neu   x   Handelsspanne neu

---

[4] Vergleiche hierzu auch Abschnitt 2.3.2.

Daraus folgt:
$$\frac{Umsatz\ neu}{Umsatz\ alt} = \frac{Handelsspanne\ alt}{Handelsspanne\ neu}$$

Im Beispiel gilt somit:
$$\frac{28\%}{27\%} = 1{,}037\ oder\ 103{,}7\ \%$$

Die Steigerung ist damit 3,7 %.

Diese Überlegungen gelten natürlich auch, wenn statt der Handelsspanne der Ertrag pro Packung sinkt, eine Überlegung die für Rx-Sortimente nach dem neuen Kombi-Modell sinnvoller erscheint. Hier berechnet sich die erforderliche zusätzliche Absatzmenge aus dem Quotienten aus alten und neuen Stückerträgen.

Diese Formeln aber lassen die Handlungskosten der Apotheken völlig außen vor. Es geht nur um den Ertrag, also die Differenz zwischen Umsatzerlösen und Wareneinsatz.

Eine solche Vernachlässigung ist in engeren Grenzen zulässig, da Handlungskosten in der Apotheke zunächst unabhängig vom Umsatz anfallen (Fixkosten). Werden aber solche Wachstumsgrenzen überschritten, werden oft zusätzliche Kapazitäten erforderlich. Neue Mitarbeiter sind einzustellen, eventuell reicht die Offizingröße nicht mehr aus, vielleicht soll ein Kommissionierautomat die Prozesse beschleunigen. In allen Fällen steigen die Fixkosten in Form von Personalkosten oder Abschreibungen. Man spricht dann von sog. sprungfixen Kosten. Durch diese sprungfixen Kosten werden zusätzliche Wachstumssprünge erforderlich, um diese neuen Handlungskosten ebenfalls durch den Ertrag zu decken.

Abb. 1.1: Wachstumszwang durch Kapazitätsaufbau

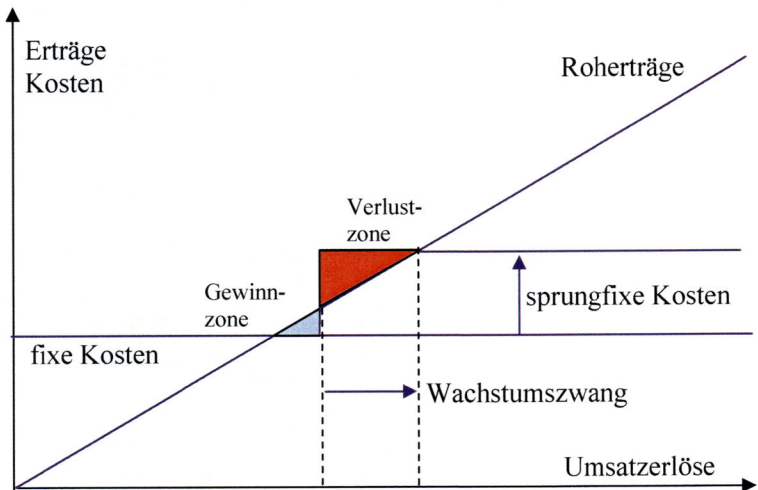

Auch hierfür existiert eine einfache Formel:

$$\frac{Zus\ddot{a}tzliche\ Handlungskosten\ (sprungfixe Kosten)}{Handelsspanne} = Zusatzumsatz$$

Wären beispielsweise monatlich 5.000 € für einen zusätzlichen Mitarbeiter erforderlich, so wäre bei einer Handelsspanne von 27% ein Mehrumsatz von 18.519 € erforderlich, um diese Kosten durch den Ertrag zu decken. Wird dieser zusätzliche Umsatz nicht erreicht, werden folglich die zusätzlichen Kapazitäten nicht voll ausgeschöpft, so spricht man sehr anschaulich von entstehenden „Leerkosten", die zu einer schlechteren Rentabilität der Apotheke führen.

Aber selbst wenn diese Absatzziele realisiert werden ist darauf zu achten, dass dieses Wachstum nachhaltig ist. Sinkt nämlich der Umsatz nach einer gewissen Zeit wieder auf das alte Niveau, so bleiben die Kosten dennoch in der neuen Höhe dauerhaft erhalten. Man spricht in diesem Fall von Kosten-remanenz.

Damit schließt sich der Kreis: Der Ertragsdruck fordert Umsatzwachstum; Umsatzwachstum fordert ab einer bestimmten Höhe neue Betriebskapazitäten und damit neue Fixkosten, die wiederum zur Auslastung durch zusätzliches Wachstum drängen. Die Wachstumsspirale ist eröffnet.

1.2   Wachstumsoptionen

Wachstum tut also not. Veränderte Rechtsnormen und Wettbewerbsbedin-
gungen zwingen zu Strategien, soll die Wirtschaftlichkeit und Finanzkraft
der Apotheke nicht leiden. Dabei sind ganz unterschiedliche Wachstumsdi-
mensionen denkbar, die sich aus der individuellen Situation am Standort
und in der jeweiligen Apotheke ergeben.

Die Betriebswirtschaftslehre kennt für den klassischen Einzelhandel eine
einfache Gleichung, um den Zusammenhang zwischen dem Umsatz eines
Unternehmens und dem Potenzial an seinem Standort in Zusammenhang zu
bringen:

$$Umsatz = Potenzial \; x \; Marktanteil$$

Das Potenzial eines Standortes wiederum ermittelt sich aus der Zahl der
Bedarfsträger, die für diesen Standort relevant und interessant sind (meist
die Zahl der Einwohner oder die Zahl der Haushalte) und dem Ausgabenvo-
lumen, das jeder Bedarfsträger in den relevanten Sortimenten tätigt. Vereinfacht ergibt sich somit das Potenzial als

$$Potenzial = Bedarf \, je \, Einwohner \; x \; Zahl \, der \, Einwohner^{5}$$

Setzt man die zweite Formel in die erste Formel ein, so ergibt sich:

$$Umsatz = Bedarf \, je \, Einwohner \; x \; Zahl \, der \, Einwohner \; x \; Marktanteil$$

Damit sind die drei Komponenten genannt, welche die Richtung möglicher
Wachstumsstrategien vorgeben:

(1) die Erhöhung des Marktanteils durch die *Intensivierungsstrategie*,

(2) die Erweiterung der Zahl der Einwohner durch die *Filialisierungsstrategie*,

(3) die Erhöhung des Bedarfs je Einwohner durch die *Diversifikationsstrategie*.

---

[5] Auf die genaue Ermittlung der beiden Komponenten wird in Kapitel 1.3 näher eingegangen. Hier mag die grobe Formel ausreichen.

Intensivierungsstrategie

Sie setzt auf die Erhöhung des Marktanteils bei gleichen Leistungen am gleichen Standort. Zur weiteren Differenzierung hilft uns wiederum die zuerst angeführte Formel, die hier ein wenig umgeformt wird:

$$Marktanteil = \frac{Umsatz}{Potenzial}$$

Zerlegt man Umsatz und Potenzial in vergleichbare Komponenten, so ergibt sich daraus eine differenziertere Formel:

$$Marktanteil = \frac{Umsatz\ je\ Kunde \qquad x\ Kundenzahl}{Bedarf\ je\ Einwohner \quad x\ Einwohner}$$

$$Oder\ besser: \quad Marktanteil = \frac{Umsatz\ je\ Kunde}{Bedarf\ je\ Einwohner} \quad x \quad \frac{Kundenzahl}{Einwohner}$$

$$Marktanteil = Abschöpfung\ x\ Distribution$$

Als *Abschöpfung* wird dabei der Quotient definiert, der etwas darüber aussagt, inwieweit der Bedarf des Kunden in einer Apotheke durch die jeweilige Apotheke gedeckt wird.

Eine Erhöhung der Abschöpfung durch die Intensivierungsstrategie bedeutet, dass es gelingt, bei den bestehenden Kunden der Apotheke einen höheren Anteil des Bedarfes umzusetzen. Im Durchschnitt gibt der Einwohner 492 € pro Jahr für das Sortiment in Apotheken aus.[6] Dieser Wert basiert auf dem Sortiment, das normalerweise in Apotheken angeboten wird.

Es ist bekannt, dass auch Stammkunden durchaus ihren Gesundheitsbedarf auf mehrere Apotheken oder auf apothekenfremde Anbieter verteilen. Die *Kundenbindungsstrategie* versucht also, einen möglichst hohen Anteil des Bedarfs auf die Apotheke zu lenken und durch möglichst kreative Erweite-

---

[6] Dieser Wert ermittelt sich, indem die Umsätze aller 21.476 Apotheken, also 40,6 Milliarden € inkl. MwSt. durch die Zahl der Bundesbürger, also 82,5 Mio. dividiert werden. Vgl. Aufstellung in Anhang A1. Mit dem ab dem 1.1.2007 gültigen MwSt.-Satz erhöht sich der Betrag auf 505 €.

rung des Waren- und Dienstleistungssortimentes auch Bedürfnisse des Kunden abzudecken, die er normalerweise nicht in Apotheken deckt.

Die zweite Variante der Intensivierung bedeutet eine Erhöhung der Distribution. Definiert man als Distribution den Anteil der Kunden im Absatzgebiet, den die Apotheke erreicht, so bedeutet eine Intensivierung in diesem Strategiefeld, den Wettbewerbsapotheken Kunden abzunehmen oder aber die Abwanderung von Kunden aus dem Standort zu verhindern. Geht man davon aus, dass die durchschnittliche Apotheke in der Bundesrepublik ca. 3.840 Einwohner versorgt, so gibt die Zahl der tatsächlichen Kunden einer Apotheke einen Hinweis, inwieweit diese Distribution gelungen ist.

Kundenbindungsstrategien zur Erhöhung der Abschöpfungsquote und Neukundenakquisitionsstrategien zur Erhöhung der Distributionsquote sind somit Teilstrategien der Intensivierung.

Regionalisierungsstrategie

Diese Strategie setzt auf die Vermehrung der Bedarfsträger durch Erweiterung des regionalen Absatzgebietes. Eine solche Erweiterung kann grundsätzlich auf dreifache Weise erreicht werden:

Vielleicht gelingt es, auswärtige Kunden dazu zu bewegen, an den Standort der eigenen Apotheke zu pendeln, um ihren Bedarf dort zu decken. Diese Vermehrung der potenziellen Kunden ist durch intensive Kommunikation und erhöhte Attraktivität des Standortes möglich. Allerdings zeigt die Erfahrung, dass die Bereitschaft der Kunden zu erhöhten Beschaffungsaufwendungen im Gesundheitsbedarf sehr begrenzt ist. Nur unter besonders glücklichen Umständen (z.B. hohe Zentralität des Standortes insgesamt, eine überdurchschnittliche Verschreiberzahl oder Ansiedlung spezieller Magnetgeschäfte oder Zentren) können natürliche Beschaffungsgrenzen überschritten werden. Als Wachstumsstrategie für eine Einzelapotheke ist dies alles eher unrealistisch.

Eine Variante dieser Regionalisierungsstrategie wäre es, den entfernter wohnenden Kunden die Beschaffungsaufwendungen dadurch zu ersparen, dass die Raumüberbrückung durch das Unternehmen vollzogen wird, im klassischen Fall durch die Zustellung, im innovativen Fall durch eine umfassende e-commerce-Konzeption. In beiden Fällen ist es jedoch Voraussetzung, dass der Kunde Kontakt mit der Apotheke aufnimmt, um seinen Bedarf zu übermitteln. Neben einer erheblichen Kommunikation zur Akquisition ist es notwendig, dass bestimmte Prozesse (Bestellung, Abrechnung, Rezeptübergabe) persönlich (im ersten Falle) oder elektronisch (im zweiten Fall) organisiert werden. So entsteht die zurzeit sehr intensiv diskutierte *Versandapotheke* in Kombination mit einer stationären Offizinapotheke.[7]

Im klassischen Handel[8] wird einer solche Kombination von stationärem und Internet-Handel eine gute Chance eingeräumt. Da die Organisation der Kommunikations-, Dispositions- und Logistikprozesse aber in der Regel hohe technische und organisatorische Anforderungen an den Betrieb stellt, werden diese Prozesse – wie auch in anderen mittelständisch geprägten Branchen – oft durch die vorgelagerten Marktpartner (Großhandel), die Zentralen der Einkaufskooperationen oder spezialisierte Dienstleistungsunternehmen übernommen.[9]

Die Wachstumsstrategie „Versandapotheke" soll im Folgenden nicht weiter verfolgt werden. Sie stellt die Entwicklung eines völlig neuen Geschäftsmodells für die Apotheke dar, das konsequenterweise auch völlig anderen Grundsätzen des Marketings und der Organisation, insbesondere der internen Prozessabläufe unterliegt. Die Übernahme solcher Aktivitäten durch die traditionelle Apotheke, z.B. im Rahmen des Hausapotheken-Konzeptes zur Versorgung der Patienten ist eher der Kundenbindung zuzurechnen und wird bei der Intensivierungsstrategie in Teil 2 anzusprechen sein.

Die dritte Variante ist schließlich die eigentliche Filialisierungsstrategie, bei der neue Kunden durch neue Betriebsstätten an anderen Standorten akquiriert werden.[10] Sie wird im 3. Teil im Schwerpunkt behandelt.

Seit dem 01.01.2004 ist das Mehrbesitzverbot gelockert, sodass den Apotheken in engen quantitativen und regionalen Grenzen Filialisierungen erlaubt sind. Seit dieser Liberalisierung nutzen Apotheken die Filialisierung aus unterschiedlichen Gründen und Anlässen. Nicht nur Wachstumsüberlegungen stehen im Vordergrund.

---

[7] Siehe hierzu die zahlreichen Veröffentlichungen über e-commerce und Versandapotheken in den einschlägigen pharmazeutischen Fachzeitschriften, z.B. die Artikelserie in der Deutschen Apotheker Zeitung 2004 Nr. 40 und 47 bis 49. Eine Zusammenfassung gibt Wilke: E-Commerce für Apotheken.

[8] Vgl. hierzu Theis: E-Commerce.

[9] Dies ist z.B. die Situation im Bereich des Buchhandels, der Spielwaren, der Kinderausstatter und der Unterhaltungselektronik.

[10] Die Filialisierung am gleichen Standort wird ebenfalls im dritten Teil unter dieser Überschrift behandelt, obwohl sie eigentlich eine Form der Intensivierungsstrategie darstellt. Viele Führungsaspekte aber sind beiden Strategien gemeinsam.

Filialisierungsstrategien bedeuten den größten Umbruch in der Unternehmensführung. Viel stärker als andere betriebliche Entscheidungen stellen sie neue Anforderungen an Marketing, Organisation und Führung der Apothekenunternehmen. Diese Strategie steht deshalb auch im Mittelpunkt dieses Buches.

Diversifikationsstrategie

Diese Strategie ist eigentlich die konsequente Weiterentwicklung der Intensivierungsstrategie mittels Abschöpfung des Kundenbedarfs.

Während sich diese bei der Intensivierung jedoch innerhalb des für die Apotheke bindenden Sortiments- und Dienstleistungsrahmens des § 25 der Apothekenbetriebsordnung bewegt, soll unter Diversifizierung eine Strategie verstanden werden, die das Umsatzwachstum durch die Aufnahme *neuer* Bedarfsfelder generiert. Das erfordert in der Regel auch rechtlich selbstständige Betriebsstätten.

Diese Diversifizierungen sind in Apotheken schon seit langem bekannt, in der Regel als ein weiterer Betrieb in unmittelbarer Standortnähe. Die Sortimente solcher assoziierter Betriebe sind dann auch in der Regel eng an das ursprüngliche Apothekensortiment angelehnt, vertiefen dieses und erweitern es über den für Apotheken zulässigen Rahmen hinaus. So sind es dann auch in der Regel Reformhäuser, Parfümerien, Sanitätshäuser, die solche Diversifikation ausmachen.

Es bietet sich an, diese Wachstumsstrategie an den Schluss des Buches zu stellen, denn die damit verbundenen Marketing- und Führungsprobleme sind eine Kombination der Aspekte, die bei der Intensivierung und Filialisierung anzusprechen sind. Sie treten nur klarer zutage und können besser gelöst werden, da die Restriktionen der pharmazeutischen Rechts- und Standessituation vielleicht noch für den Betreiber dieser Betriebe, nicht aber für die Betriebe selbst gelten.

1.3   Analyse der Wachstumsvoraussetzungen

Drei Grundsatzstrategien wurden vorgestellt. Welche davon für die konkrete Apotheke geeignet ist, hängt sehr davon ab,
(1) ob der Standort in dem betreffenden Gesundheitssegment überhaupt noch einen höheren Umsatz zulässt (*Standortausschöpfung*) und
(2) ob die Apotheke selbst einen höheren Umsatz verkraften kann (*Kapazitätsausschöpfung*).

1.3.1   Standortausschöpfung

Die Ermittlung der *Standortausschöpfung* setzt an dem bereits grob erläuterten Begriff des Potenzials an. Dieses gilt es für den konkreten Standort zu ermitteln. Der Rechenweg ist dabei – wie so oft – in der Theorie sehr einfach, der tatsächliche Wert in der Praxis jedoch nicht immer ohne weiteres zu ermitteln:[11]

Das Potenzial errechnet sich nach der bekannten Formel aus Einwohnerzahl und Ausgaben je Einwohner. Beträgt der Apothekenumsatz in Deutschland 2005 etwa 35 Mrd. € Umsatz ohne MwSt., so ergibt sich bei 82,5 Mio. Einwohnern ein Pro-Kopf-Betrag von etwa 424 € ohne MwSt. bzw. 492 € inkl. MwSt.

Mit diesen Werten ist die Standortausschöpfung leicht zu berechnen: In einer relativ abgegrenzten Gemeinde mit 12.000 Einwohnern ergibt sich das Potenzial von etwa 5,9 Mio. € inkl. MwSt. Bei drei Apotheken errechnet sich damit ein durchschnittliches Potenzial von knapp 2 Mio. € pro Apotheke. Stellt eine Apotheke zum Beispiel ihren eigenen Umsatz von 1,7 Mio. € gegenüber, so ergibt sich eine Ausschöpfungsquote von gut 86%. Für das angestrebte Wachstum bleiben somit knapp 14% oder etwa 268.000 € Umsatz. Das bedeutet ein mögliches Wachstum an diesem Standort von knapp 16%.

---

[11] Vgl. zum Problem der Standortanalyse insbesondere Herzog: Standort, S. 30 ff.
Ein Blanko-Formular zur Ermittlung des Standortpotenzials findet sich als Datei D1 auf der beigefügten CD.

Checkliste 1.1: Ermittlung des Standortpotenzials I (einwohnerorientiert)

Nr.		Position	Beispiel
1		Einwohnerzahl	12.000
2	x	Ausgaben je Einwohner	492 €
3	=	Potenzial	5.904.000 €
4	:	Zahl der Apotheken	3
5	=	Erreichbares Potenzial der Apotheke	1.968.000 €
6		Eigener Umsatz	1.700.000 €
7		Marktanteil = Ziff. 6 / Ziff. 3 x 100	28,8%
8		Ausschöpfungsquote = Ziff. 6 / Ziff. 5 x 100	86,4%
9		Wachstumspotenzial = (100 – Ziff. 8) x Ziff. 5 x 100	267.648 €
10		Mögliche Umsatzsteigerung = Ziff. 9 / Ziff. 6 x 100	15,7%

Diese einfache Ermittlungsmethode hat einige Mängel:

So basiert die Rechnung auf der Zahl der am Standort tätigen Apotheken und gibt allen die gleiche Bedeutung. Damit ermittelt sich in dem Beispiel ein durchschnittlicher Marktanteil von 33,3 %. Der Beispielbetrieb erreicht dagegen nur knapp 29 %. Dies mag ein Mangel an Ausschöpfung sein, kann aber auch damit zusammenhängen, dass diese Apotheke gegen wesentlich größere Apotheken im Wettbewerb steht. Um solche Unterschiede zu bereinigen, könnten die Apotheken auch mit ihrer Offizingröße gewichtet werden. Das erreichbare Potenzial (Ziffer 5) ermittelt sich dann aus Gesamtpotenzial (Ziffer 3) dividiert durch die Gesamt-Quadratmeter der Offizine aller Apotheken, sodann multipliziert mit den Quadratmetern der eigenen Offizin.

Ein weiterer Grund mag darin liegen, dass das Potenzial überschätzt wurde. Der durchschnittliche Verbrauch mag hier nicht zutreffen, weil die Bevölkerungsstruktur (Alter, Familiengröße) vom deutschen Durchschnitt abweicht, oder weil zu viele Einwohner ihren Bedarf an anderen Orten decken. Darüber hinaus ist fraglich, ob die Ausgaben pro Einwohner überhaupt noch ein Anhaltspunkt für das Potenzial sein können, wenn wesentliche Teile der Ausgaben (nämlich die Rezeptumsätze) keinen Hinweis mehr auf den Ertrag der Apotheke bedeuten. So könnte es sinnvoll sein, das Potenzial in diesem Bereich ausschließlich über die Rezeptzahlen oder die abgegebenen Packungen zu messen.

Das dritte Problem entsteht, wenn das Einzugsgebiet nicht so sauber zu erfassen ist. Zwar bietet die Handelswissenschaft einige Verfahren, um das Einzugsgebiet um den eigenen Standort abzugrenzen,[12] jedoch zeigt die Praxis, dass hier Schätzverfahren durchaus praktikabel sind:

Geht man davon aus, dass Arzneimittel zu den Gütern gehören, bei denen der Kunde den Beschaffungsaufwand möglichst minimiert, so ist eine Umgebung von zehn Gehminuten zur Abgrenzung des Einzugsgebietes sicher realistisch. Aber auch bei dieser sogenannten Zeit-Distanz-Methode ist die Bestimmung der exakten Bewohnerzahl mühevoll. Sind Einwohnerzahlen der Stadtteile bekannt (was bei den meisten größeren Gemeinden der Fall ist), so ist es sinnvoll, den unmittelbaren Ortsteil zu Grunde zu legen und alle angrenzenden Ortsteile mit einem Faktor, je nach Entfernung vom Kerngebiet zwischen 0,5 bis 0,1 zuzurechnen. Diese Ergänzungen aber sind recht optimistisch, da sie davon ausgehen, dass Einwohner aus entfernteren Gebieten zwar an den Standort kommen, aber keine Bewohner aus dem eigenen Einzugsgebiet Apotheken anderer Standorte aufsuchen. So ist es durchaus legitim, ausschließlich das Kerngebiet zu betrachten, sowohl bei der Schätzung der Einwohner als auch bei der Zählung der Wettbewerbsapotheken.

Diese Schätzungen gelten natürlich nicht, wenn der Standort-Typ eine völlig andere Kundenstruktur erwarten lässt.

Dies ist zum einen der Fall, wenn eine hohe Konzentration von Fachärzten eine hohe Zahl von sogenannten Einpendlern erwarten lässt. Hier ist das Potenzial weniger von der Einwohnerzahl, als vielmehr von der Anzahl und Qualität der verordnenden Ärzte abhängig. Also ist es an solchen Standorten

---

[12] Solche Verfahren werden beschrieben bei Theis: Handelsmarketing, S. 314 ff.

sinnvoll, den Ärzten des unmittelbaren Einzugsbereiches entsprechend ihrer Spezialisierung ein bestimmtes Verschreibungsvolumen zuzuordnen.

Checkliste 1.2: Ermittlung des Standortpotenzials II (ärzteorientiert), s.a. Anhang A2

Ziffer	Fachrichtung	Zahl der Ärzte	GKV-Umsatz je Arzt[1]	GKV-Umsatz gesamt
	Allgemeinärzte	7	265.000 €	1.855.000 €
	Internisten	3	285.000 €	855.000 €
	Kinderärzte	1	81.000 €	81.000 €
	Frauenärzte	2	75.000 €	150.000 €
	Sonstige Ärzte	5	115.000 €	575.000 €
1	Ärzte gesamt	18		3.516.000 €

Ziffer		Berechnung	
2		Anteil GKV am Apothekenumsatz	67,5 %
3		Umsatzpotenzial	5.208.889 €
4	:	Zahl der Apotheken	3
5	=	Erreichbares Potenzial der Apotheke	1.736.296 €
6		Eigener Umsatz	1.700.000 €
7		Marktanteil = Ziff. 6 / Ziff. 3 x 100	32,6%
8		Ausschöpfungsquote = Ziff. 6 / Ziff. 5 x 100	97,9%
9		Wachstumspotenzial = (100 – Ziff. 8) x Ziff. 5 x 100	36.462 €
10		Mögliche Umsatzsteigerung = Ziff. 9 / Ziff. 6 x 100	2,1%

[1] *Daten aus KBV: Grunddaten*
Anmerkung: Ein Blanko-Formular der Checkliste befindet sich als D2 auf der beigefügten CD.

Verfügt der bereits beschriebene Standort von 12.000 Einwohnern über die in der Tabelle aufgezeigten 18 Ärzte verschiedener Fachrichtungen, so ergibt sich aus der jeweiligen Multiplikation von Ärztezahl und GKV-Umsatz pro Arzt das Potenzial von etwa 3,5 Mio. € inkl. MwSt. Geht man davon aus, dass der GKV-Umsatz etwa 67% des gesamten Apothekenumsatzes ausmacht, bedeutet dies ein Potenzial von insgesamt 5,2 Mio. € Umsatz, für jede der drei Apotheken somit 1,736 Mio. €.

Wie zuvor berechnet man nun den Marktanteil (jetzt 32,6%), die Ausschöpfungsquote (jetzt 98%) und die mögliche Umsatzsteigerung (jetzt 2,1%). Es zeigt sich an diesem fiktiven Beispiel, dass die Zentralität dieses Standortes nicht sehr hoch ist, von Seiten der Ärzte ist also keine zusätzliche Kundenfrequenz zu erwarten. Dividiert man das ärzteorientierte Potenzial (hier 5,2 Mio. € Umsatz) durch das einwohnerorientierte Potenzial (hier 5,9 Mio. € Umsatz) so ergibt sich ein Maß für die Zentralität des Standortes, bzw. den Anteil der Kunden, die aus anderen Gebieten einpendeln, wenn der Wert größer ist als 100%, beziehungsweise aus dem Standort auspendeln, wenn der Wert unter 100% liegt. Im Beispiel gibt der Wert von 88% einen deutlichen Hinweis, dass die Zentralität nicht sehr gut ist.

Ein wesentlich größeres Problem der Potenzialschätzung ist dann gegeben, wenn der Standort weniger wohn- oder ärzteorientiert ist, sondern sich in den Fußgängerzonen größerer Städte oder sogar in Einkaufszentren befindet. Das Potenzial hängt hier allein von der Frequenz der Menschen vor der Offizin ab. Sicher sind auch hier Vergleichswerte in solchen Lagen verfügbar,[13] allerdings sind diese Potenzialberechnungen für die Zwecke einer Analyse möglicher Wachstumsstrategien wenig hilfreich.

Interessanter sind in dieser Situation dagegen die qualitativen Standortbedingungen im unmittelbaren Umfeld. Diese Standortqualität wird durch Eigenschaften beschrieben, die sich mit den drei Begriffen Angebot, Ambiente und Anbindung zusammenfassen lassen. Beim *Angebot* stehen vor allem Frequenzbringer im Vordergrund. Dies sind natürlich in erster Linie die bereits oben beschriebenen Verschreiber, aber auch andere gesundheitsrelevante Anbieter des Fachhandels (Sanitätshäuser, Reformhäuser etc.) oder Dienstleister und schließlich alle Unternehmen und Institutionen, welche die Frequenz zu steigern in der Lage sind. Das *Ambiente* ist geprägt durch das städtebauliche Umfeld, durch Ordnung und Sauberkeit. Die *Anbindung* wird bewertet auf der Basis der verfügbaren (nicht unbedingt eigenen) Parkplätze und die Erreichbarkeit durch den öffentlichen Nahverkehr (ÖPNV).

---

[13] Z.B. Herzog: Standort, S. 80 ff.

Fasst man nun alle Überlegungen zur Standortausschöpfung für alle drei Standorttypen zusammen, so bietet es sich an, diese Kriterien zu bewerten und in ihrer Bedeutung zu gewichten, sodass das daraus ermittelte Resultat den Grad der Standortausschöpfung dokumentiert.[14]

Dabei sind die Beurteilungskriterien sehr stark vereinfacht, beruhen aber auf den zuvor getätigten Berechnungen sowohl des einwohnerorientierten als auch des ärzteorientierten Potenzials. Hinzu kommen qualitative Einschätzungen.

Der berechnete Notenwert gibt nicht nur die Standortqualität wieder, er ist auch gleichzeitig ein Hinweis auf den Ausschöpfungsgrad des Potenzials dieses Standortes. Ein Wert zwischen 1 und 2 bedeutet, dass noch Umsatz-Zuwächse möglich sind, Werte ab 3 signalisieren, dass das Potenzial dieses Standortes abgeschöpft ist.

In dem schon berechneten Beispiel erhält die Apotheke für die Ausschöpfung des Kundenpotenzials mit 86% die Note 2 und die Ausschöpfung des Ärztepotenzials mit 98% die Note 3. Sind aber Frequenz, Anbindung und Atmosphäre ordentlich und werden z.B. mit Note 1 bewertet, ergibt sich ein Gesamtwert zur Potenzialausschöpfung von 2,3.

---

[14] Hierzu findet sich das entsprechende Bewertungsblatt als Datei D3 auf der beigefügten CD.

Checkliste 1.3: Bewertung des Standortpotenzials

1 Hat das Einzugsgebiet der Apotheke ausreichend Kundenpotenzial?

	2

Die Ausschöpfungsquote liegt bei unter 85%   = Note 1
Die Ausschöpfungsquote liegt zwisachen 85% und 95%   = Note 2
Die Ausschöpfungsquote liegt zwischen 95% und 105%   = Note 3
Die Ausschöpfungsquote liegt zwischen 105% und 115% = Note 4
Die Ausschöpfungsquote liegt bei über 115%   = Note 5

entsprechende Note
oben eintragen

2 Ist der Standort mit Ärzten gut besetzt?

	3

Die Ausschöpfungsquote liegt bei unter 85%   = Note 1
Die Ausschöpfungsquote liegt zwischen 85% und 95%   = Note 2
Die Ausschöpfungsquote liegt zwischen 95% und 105%   = Note 3
Die Ausschöpfungsquote liegt zwischen 105% und 115% = Note 4
Die Ausschöpfungsquote liegt bei über 115%   = Note 5

entsprechende Note
oben eintragen

3 Bitte beurteilen Sie die folgenden Standortkriterien unmittelbar vor der Apotheke

Noten
von 1 = sehr gut bis 5 = mangelhaft
unten eintragen

Kriterium	Note
Passantenfrequenz	1
Ärzte in unmittelbarer Nachbarschaft	2
Altenheime, Kliniken, Kurbäder	5
Parkplätze vor der Apotheke	2
Erreichbarkeit mit Bus oder Bahn	1
Atmosphäre, Ordnung, Sauberkeit	1

Note Standortqualität
Bitte alle 6 Noten addieren und durch 6 teilen

2,0

Gesamtnote Standortpotenzial
Bitte Noten der Ziffern 1 bis 3 addieren und durch 3 dividieren

2,3

1.3.2   Kapazitätsausschöpfung

Wesentlich einfacher lässt sich ermitteln, ob die Kapazität der Apotheke noch ein Wachstum zulässt oder bereits ausgeschöpft ist. Die Kapazität der Apotheke wird in der Regel durch die Faktoren Personal und Raum[15] begrenzt.

Um das Ausmaß der Kapazitätsausschöpfung zu bestimmen, bedient man sich der Produktivitätskennzahlen. Darunter werden Quotienten verstanden, welche die Leistung eines Betriebes ins Verhältnis zum Einsatz gerade dieser Betriebsfaktoren setzen:

$$Produktivität = \frac{Leistung}{Einsatz}$$

Als Leistung wird in aller Regel der Umsatz (mit oder ohne MwSt.) gewählt. Aber auch andere Leistungsmaßstäbe können zur Beurteilung der Produktivität interessant sein, z.B. die Zahl der bedienten Kunden, die erhaltenen Rezepte, die abgegebenen Packungen.

Als Maß für die eingesetzten Faktoren bieten sich die Zahl der auf Vollzeitkräfte gerechneten Mitarbeiter oder deren Arbeitsstunden, die qm der Offizin- oder Gesamtfläche, evtl. die Länge oder die Platzierungsstücke (im Fachjargon salopp „Faces" genannt) der Sicht- und Freiwahlregale an. Der guten Ordnung halber sei erwähnt, dass solche Produktivitätskennziffern auch für die übrigen Betriebsfaktoren Ware (gemessen am durchschnittlichen Warenbestand) und Kapital (gemessen am durchschnittlich eingesetzten Kapital aus der Bilanz) gebildet werden.

Kombiniert man also die möglichen Zähler und Nenner des Produktivitätsquotienten, so erhält man eine Vielzahl verschiedener Kennzahlen:

---

[15] Die Betriebswirtschaftslehre teilt die sogenannten Betriebs- oder Produktionsfaktoren ein in Potenzialfaktoren (Mitarbeiter, Betriebsmittel, Raum), Repetierfaktoren (Waren, Information) und den Sicherungsfaktor (Kapital). Nur die ersten Faktoren begrenzen die Kapazität eines Betriebes. Vgl. hierzu die Standardwerke der Handelsbetriebswirtschaftslehre, z.B. Barth: Betriebswirtschaftslehre des Handels.

Abb. 1.2: Produktivitätskennzahlen

Nenner = Einsatzfaktor		Zähler = Leistung			
		Umsatz	Kunden	Rezepte	Stückzahl
Mitarbeiter	Vollzeitkräfte	Umsatz je Mitarbeiter	Kunden je Mitarbeiter	Rezepte je Mitarbeiter	Packungen/ Mitarbeiter
	Arbeitsstunden	Umsatz je Arbeitsstd.	Kunden je Arbeitsstd.	Rezepte je Arbeitsstd.	Packungen/ Arbeitsstd.
Fläche	qm Gesch.-fläche	Umsatz je qm GF	Kunden je qm GF		
	qm Offizin	Umsatz je qm Offizin	Kunden je qm Offizin		
	Frontstücke				Packungen/ Frontstück
Ware	Bestand in Stück				Lager- umschlag
	Bestandswert	Lager- umschlag			
Kapital	Bestandswert	Kapital- umschlag			

Wie bereits gesagt, wird die Kapazität der Apotheke insbesondere durch die Größe der Fläche und die Mitarbeiterzahl begrenzt. Ob diese Faktoren für künftige zusätzliche Umsätze in ausreichendem Unfang zur Verfügung stehen, kann an Benchmarkwerten beurteilt werden, die für diese Kennzahlen aus unterschiedlichen Quellen angeboten werden. Zu nennen sind hier die klassischen Betriebsvergleichszahlen des Kölner Instituts für Handelsforschung und die regelmäßig veröffentlichten Werte der Steuerberatungsstellen (z.B. Treuhand Hannover), aber auch die Vergleichszahlen aus den Warenwirtschaftssystemen.

Bei der Übernahme dieser Werte sind zwei Probleme zu beachten, ein methodisches und ein praktisches Problem:

Das methodische Problem besteht darin, dass die verfügbaren Daten in der Regel Durchschnittswerte, aber keine Bestwerte im Sinne der Benchmarks darstellen. Das bedeutet, dass ein solcher Vergleichswert nur unzureichend Aufschluss darüber gibt, ob mit den verfügbaren Mitarbeitern oder der derzeitigen Offizingröße ein künftiger Zusatzumsatz erreicht werden kann.

Eindeutig gilt diese Aussage, wenn der Wert der eigenen Apotheke unterhalb dieses Wertes liegt. Dann sind mit Sicherheit noch Wachstumsreserven in der Apotheke vorhanden. Aber auch bei Erreichen oder Überschreiten des Durchschnittswertes kann durchaus noch Kapazität vorhanden sein, da die Einzelwerte der erfassten Apotheken oft sehr stark um diesen Durchschnittswert schwanken.

Ein Beispiel[16] mag dies verdeutlichen. Im Durchschnitt erreichte eine Apotheke im Jahr 2005 einen Umsatz pro Leistungsstunde von 135,26 €. Eine bestimmte Apotheke weist dagegen den Wert von 142,52 € aus. Sie liegt damit um 5% über dem Durchschnitt. Ist damit die Kapazität der Mitarbeiter erschöpft? Keineswegs. Eine genauere Betrachtung zeigt nämlich, dass ein Drittel der bewerteten Apotheken (das sogenannte dritte Terzil) Werte über 150 € aufweisen. Zulässig ist auch, die Standardabweichung (hier 34,7 €) zum Mittelwert zu addieren, um einen Wert zu erhalten, der tatsächlich ein Benchmark, also einen „Zielwert" darstellt. In diesem Beispiel wären dies 170 €.

Leider stehen diese Streuparameter nicht immer zur Verfügung, sodass letztlich doch auf Durchschnittswerte zurückgegriffen werden muss.

Für wichtige Kennzahlen seien Richtwerte (Durchschnittswerte) angeführt, die aus unterschiedlichen Quellen stammen. Nicht immer sind sie kompatibel, da sich die Berechnungsarten (z.B. ob mit oder ohne MwSt.) und die Berechnungsbasen (ob aus der Buchhaltung oder dem Warenwirtschaftssystem entnommen) unterscheiden.

---

[16] Die Werte wurden entnommen aus: Pharma-Benchmark, Dezember 2005 (aufgelaufen Werte).

Tab. 1.3: Leistungskennzahlen

Kennzahl	Wert 2004
Umsatz je Mitarbeiter[1]	279.200
Umsatz je Quadratmeter Geschäftsraum[1]	10.140
Umsatz je Kassenrezept[1]	48,90
Lagerumschlag[1]	10,9-mal
Quadratmeter pro beschäftigte Person[1]	28
Umsatz je Leistungsstunde[2]	135,26
Kundenzahl je Leistungsstunde[2]	4,7
Umsatz je Kunde[2]	30,67

Quelle: [1]IfH: Apotheken 2004, [2]Pharma-Benchmark 2005.

Das praktische Problem besteht darin, dass es in Apotheken in der Regel keine eindeutige Situation gibt, in der beide Faktoren - Mitarbeiter und Raum – produktiv sind oder nicht. Ein weiteres Beispiel soll dies verdeutlichen:

Der Durchschnittswert für den Umsatz pro Mitarbeiter liegt bei 280.000 €, der Wert des Umsatzes pro qm Geschäftsraum bei 10.000 €. Angenommen, eine Apotheke mit 2,1 Mio. Umsatz arbeitet mit 6 Vollzeitmitarbeitern inkl. Apothekenleiter auf 240 qm Geschäftsraum. Dadurch ergeben sich Produktivitätswerte von 350.000 € pro Mitarbeiter und 8.750 € pro qm. Bei den Mitarbeitern wird ein zusätzlicher Umsatz nur schwer erreichbar werden, jedoch steht ausreichend Fläche zur Verfügung. Das in den Vergleichswerten ausgewiesene Verhältnis von 28 qm Fläche pro Mitarbeiter ist in dieser Apotheke mit 40 qm deutlich überschritten. Ob die Mitarbeiterzahl aufgestockt werden sollte (oder die Fläche reduziert werden kann) hängt letztlich von dem Ergebnis der Standortausschöpfung ab.

Diese Alternativen sind im Tableau „Kapazitätsauslastung" gegenübergestellt.

Abb. 1.3: Kapazitätsauslastung

Gesamte Kapazitätsauslastung			Flächenproduktivität				
			schlecht				sehr gut
			5	4	3	2	1
sehr gut		1	Produktivität durchschnittlich			Produktivität überdurchschnittlich	
		2	Mitarbeiter einstellen Flächen reduzieren			Kapazität voll ausgeschöpft	
		3					
		4	Produktivität unterdurchschnittlich			Produktivität durchschnittlich	
	schlecht	5	Kapazität nicht ausgeschöpft			Flächen erweitern Mitarbeiter freisetzen	

(Linke Achse: Personalproduktivität)

Es erscheint deshalb ratsam, die Beurteilung der Produktivität nicht von einer einzelnen Kennzahl abhängig zu machen. Auch hier wird empfohlen, verschiedene Produktivitätswerte zu prüfen und zu beurteilen. Die Checkliste 1.4 gibt dazu Anregungen.

Das Beispiel wertet die Produktivität der Mitarbeiter mit der Note 2, der Fläche mit der Note 4. Der Kundenumsatz liege mit 30 € im Durchschnitt (Note 3) und die Frequenz mit 8 Kunden pro Stunde etwas über dem Durchschnitt (Note 2). Insgesamt wird die Leistungsfähigkeit der Apotheke als gut bis befriedigend (Note 2,8) bewertet.

Checkliste 1.4: Bewertung der Kapazitätsauslastung[17]

1 Wie beurteilen Sie die Mitarbeiterproduktivität?		2
Umsatz / besch. Person über 350.000 €	= Note 1	
Umsatz / besch. Person zwischen 300.000 € und 350.000 €	= Note 2	
Umsatz / besch. Person zwischen 250.000 € und 300.000 €	= Note 3	entsprechende Note oben eintragen
Umsatz / besch. Person zwischen 200.000 € und 250.000 €	= Note 4	
Umsatz / besch. Person unter 200.000 €	= Note 5	

2 Wie beurteilen Sie die Flächenproduktivität?		4
Umsatz je qm über 12.000 €	= Note 1	
Umsatz je qm zwischen 11.000 € und 12.000 €	= Note 2	
Umsatz je qm zwischen 9.000 € und 11.000 €	= Note 3	entsprechende Note oben eintragen
Umsatz je qm zwischen 8.000 € und 9.000 €	= Note 4	
Umsatz je qm unter 8.000 €	= Note 5	

3 Wie beurteilen Sie den Kundenumsatz in der Apotheke?		3
Bonbetrag über 40 €	= Note 1	
Bonbetrag zwischen 35 € und 40 €	= Note 2	
Bonbetrag zwischen 30 € und 35 €	= Note 3	entsprechende Note oben eintragen
Bonbetrag zwischen 25 € und 30 €	= Note 4	
Bonbetrag unter 25 €	= Note 5	

4 Wie beurteilen Sie die Kundenfrequenz in der Apotheke?		2
Kunden pro Leistungsstunde über 8	= Note 1	
Kunden pro Leistungsstunde zwischen 6 und 8	= Note 2	
Kunden pro Leistungsstunde zwischen 4 und 6	= Note 3	entsprechende Note oben eintragen
Kunden pro Leistungsstunde zwischen 3 und 4	= Note 4	
Kunden pro Leistungsstunde unter 3	= Note 5	

Gesamtnote Kapazitätsauslastung Bitte Noten der Ziffern 1 bis 4 addieren und durch 4 divideren	2,8

---

[17] Formular als Datei D4 auf der beigefügten CD.

1.3.3   Das Entscheidungstableau

Das Ergebnis der beiden Analysen bestimmt letztlich, welche der drei Richtungen für ein Wachstum erfolgreich sein können. Das folgende Tableau zeigt dies auf:

Abb. 1.4: Strategisches Entscheidungstableau

Wachstums-Strategie			Standortpotenzial				
			ausgeschöpft			nicht ausgeschöpft	
			5	4	3	2	1
Apothekenkapazität	ausge-schöpft	1	A. Filialisierung			B. Vergrößerung	
		2					
	nicht ausge-schöpft	3				●	
		4	D. Diversifikation			C. Intensivierung	
		5					

Die Checklisten 1.3 und 1.4 legen zur Bewertung das Schulnotensystem zugrunde.

Dabei fällt auf, dass der Standort dann eine sehr gute Note erhält, wenn er noch Potenzial bietet, welches noch nicht ausgeschöpft ist. Note 1 bedeutet also einen durch die Apotheke nicht ausgeschöpften Standort, gleichgültig ob dies am ausgezeichneten Potenzial oder an der mangelhaften Abschöpfung durch die Apotheke liegt. Wachstumschancen sind vorhanden.

Die Apotheke erhält dann eine sehr gute Note, wenn die Produktivität in allen Bereichen deutlich über dem Durchschnitt liegt. Dann ist die Apotheke zwar sehr leistungsfähig, kann aber wohl kaum noch große Umsatzzuwächse verkraften. Die Produktivität ist sehr gut, aber damit ist in aller Regel die Kapazität auch voll ausgeschöpft.

Dies ist bei der Zuordnung der Checklisten-Werte zu beachten. Dann ergeben sich in den vier Eckfelder der Matrix folgende grundsätzlichen Strategieempfehlungen:

Feld A stellt sich im Ergebnis exzellent dar: Die Apotheke hat auf der ganzen Linie Erfolg. Der Standort ist ausgeschöpft, die Produktivität ist überdurchschnittlich. Hier ist Wachstum schwer und gelingt wahrscheinlich nur durch *Filialisierung*, wenn ein neuer Standort mit einer neuen Apotheke besetzt wird.

Feld B weckt Begehrlichkeiten. Der Standort könnte noch Umsatz bescheren, aber die Leistung der Mitarbeiter ist schon jetzt überdurchschnittlich, die Offizin ist zu klein. Die zu empfehlende Strategie hängt sehr von den konkreten Gegebenheiten ab: Ist eine *Vergrößerung* der Apotheke möglich, weil die Offizin zu Lasten des Alphabets, des Nachtdienstzimmers, des Labors vergrößert werden kann, weil diese in andere Stockwerke verlegt werden können oder wenn Automaten das Kommissionieren erleichtern, dann bietet sich diese Investition an. Ist dies nicht möglich, so ist zu prüfen, ob nicht auch hier eine Filialapotheke zu gründen oder zu übernehmen ist. Dabei kann eine solche Zweitapotheke entweder mit identischem Konzept, vielleicht sogar unter namentlichem Hinweis auf die Mutter-Apotheke an einem etwas entfernteren Standort eröffnet werden oder mit einem anderen Marketing-Konzept in unmittelbarer Nähe. Die erste Variante könnte das regionale Potenzial besser abschöpfen, die zweite Variante die unterschiedlichen Zielgruppen. Bei der Filialisierung wird dieses Thema näher anzusprechen sein.

Feld C ist eigentlich kein gutes Zeugnis für die Apotheke, es sei denn, diese befindet sich im Aufbau. Weder Apothekenkapazität noch Standortpotenzial sind ausgeschöpft. Sollten hier Mitarbeiter und Fläche in einem unausgeglichenen Verhältnis stehen (z.B. relativ zu wenig Mitarbeiter oder zuviel Fläche), so ist zuvor der Engpassfaktor (Mitarbeiter) zu erweitern. Der Standort ermöglicht zusätzliches Wachstum. Die *Intensivierungsstrategie* hat das Ziel, die Apotheke an ihrem Standort besser zu profilieren.

Feld D schließlich ist kennzeichnend für Apotheken an zu kleinen Standorten. Zu klein kann ein Standort sein, wenn wenig Einwohner oder Haushalte nur geringes Potenzial bieten (typisch für Wohnlagen in Vororten oder kleineren Gemeinden) oder sich viele Wettbewerber um das im Prinzip erfreuliche Potenzial streiten (typisch für Innenstadtlagen). Mehr Umsatz und Ertrag können nur erreicht werden, wenn über das klassische Apothekensortiment hinaus Sortimente und Dienstleistungen angeboten werden.

Die sogenannte *Diversifikation* hilft in dieser Situation zunächst nur dann, wenn es gelingt, vorhandene Kapazitäten zu nutzen, also z.B. wenn die Offizinfläche reduziert wird, um Verkaufsfläche für das neue Geschäftsfeld zu schaffen (Betriebsteilung). Ist dies nicht möglich, so können auch neu gegründete Betriebe mit ihrem neuen Sortiment durch Synergien die Leistungsfähigkeit und durch gemeinsames Marketing unter gewissen Voraussetzungen die Akzeptanz beider Betriebe insgesamt steigern. Eine gelungene Diversifikation in diesem Sinne kann dann (und erst dann) zu Überlegungen führen, diesen Geschäftstyp durch Filialisierung zu multiplizieren.

Damit sind die Voraussetzungen analysiert, unter denen eine zukünftige Wachstumsstrategie erfolgen sollte. Diese werden nun im Detail vorgestellt.

Fazit: Welche Wege führen zu mehr Umsatz und Ertrag?

1. Wachstum ist für Apotheken in dem sich ständig ändernden Markt dann eine Notwenigkeit, um Umsatz- und Ertragsminderungen im Kerngeschäft „Rezept" und Kostensteigerungen aufzufangen, wenn interne Rationalisierungsmöglichkeiten zur Kompensation bereits ausgeschöpft sind. Wachstum ist kein Hilfsmittel gegen schlechtes Marketing und schlechtes Management.

2. Wachstum im Bereich des Apothekenmarktes kann nur durch Verbesserung des Marktanteils am gleichen Standort oder durch Filialisierung an anderen Standorten realisiert werden. Die Übernahme bestehender Apotheken vermeidet zwar zunächst den intensiveren Wettbewerb, aber die notwendige schärfere Profilierung der eigenen Apotheke gegenüber dem Wettbewerb bleibt oberstes Gebot.

3. Wachstum durch Engagement in neuen Geschäftsfeldern an gleichen oder neuen Standorten bedeutet Chancen durch neue Bedarfsfelder des Kunden, bedeutet aber auch erhöhtes Risiko. Jedes neue Unternehmen in einem bestehenden Markt, in dem andere Wettbewerber in anderen Unternehmensgrößen und anderen Verhaltensweisen agieren, wird als „Neuer" nicht freudig begrüßt werden.

4. Ob und welches Wachstumspotenzial vorhanden ist, entscheidet sich über eine intensive Standortanalyse. Potenziale am eigenen bekannten Standort auszuschöpfen ist in der Regel mit geringeren Risiken verbunden, als neue Standorte zu erobern.

5. Ob zusätzlicher Umsatz und Ertrag auch realisiert werden können, entscheidet sich über eine Analyse der Leistungsfähigkeit der eigenen Apotheke. Leistungsstarke Apotheken werden zusätzliche Umsätze nur mit der Vergrößerung ihrer Kapazität bei Mitarbeitern und Fläche oder Filialisierung erreichen. Leistungsschwache Apotheken werden dann wachsen, wenn der Standort im Apothekensortiment oder in fremden Sortimenten Potenzial bietet. Gilt beides nicht, hilft auch keine Filialisierung, sondern nur der Standortwechsel, vorausgesetzt, das Gesamtkonzept der Apotheke stimmt.

2. Wachstum durch Intensivierung

Intensivere Marktbearbeitung, um mit den gleichen Sortimenten und Dienstleistungen am bestehenden Standort einen höheren Marktanteil zu erreichen,
kann nur gelingen, wenn dieser Standort noch Potenzial und die Apotheke
noch ausreichend Kapazität besitzt. Intensivierung aber bedeutet immer vor
allem intensiveren Wettbewerb – in erster Linie mit den Apothekenkollegen
vor Ort, eventuell auch neuen Wettbewerb mit anderen Vertriebsformen des
Gesundheitswesens im freiverkäuflichen Sortimentsbereich.

Unter welchen Voraussetzungen eine solche Chance zur Erhöhung des
Marktanteils überhaupt besteht, wurde bereits im vorigen Teil diskutiert.
Hier werden nun vier Fragen angesprochen:

–   Welche konkreten Ziele verfolgt die Intensivierungsstrategie, und wel-
    che Maßnahmen leiten sich daraus ab?

–   Welche Stärken und Schwächen sieht der Kunde im bestehenden Kon-
    zept der Apotheke?

–   Welche Marketingmaßnahmen stehen zur Steigerung des Marktanteils
    zur Verfügung?

–   Welche innerbetrieblichen Maßnahmen sorgen für die Durchsetzung der
    Intensivierungsstrategie?

2.1   Zielsetzung und Stoßrichtungen der Intensivierung

Bei der kurzen Einführung zur Intensivierung wurde bereits das Grundkonzept dargestellt. Die Steigerung des Marktanteils kann durch zwei Teilziele erreicht werden:

(1) Die Steigerung der Abschöpfung, um den Gesundheitsbedarf des einzelnen Kunden möglichst vollständig in der eigenen Apotheke zu decken. Diese Strategie wird auch unter dem Stichwort *Kundenbindungsstrategie* oder mit dem angelsächsischen Fachausdruck „customer relationship management" (CRM) diskutiert.

(2) Die Akquisition von neuen Kunden des Einzugsbereiches, die bisher bei anderen Apotheken am Standort, bei Apotheken außerhalb des Standortes (Pendler) oder in anderen Vertriebskanälen (Versand) ihren Gesundheitsbedarf gedeckt haben. Diese wird als *Kundengewinnungsstrategie* bezeichnet.

2.1.1   Kundenbindungsstrategie

Die *Kundenbindungsstrategie* setzt also bei den bereits in der Apotheke kaufenden Kunden an. Im Durchschnitt gibt der Einwohner 492 € pro Jahr für das Sortiment in Apotheken aus.[18] Dieser Wert basiert auf dem Sortiment, das normalerweise in Apotheken vorgehalten wird.

---

[18] Die ausführlichen Werte zum Marktvolumen der Apotheken sind in Anhang A1 beigefügt.

Tab. 2.1: Ausgaben je Einwohner in Apotheken

Sortimentsinhalt	Ausgaben je Einwohner inkl. MwSt. in €
Verschreibungspflichtige Arzneimittel	359
Sonstige Arzneimittel*	97
Heil- und Hilfsmittel	19
Ergänzungssortiment	17
Gesamtsortiment	492

* Nicht verschreibungspflichtige, apothekenpflichtige und freiverkäufliche Arzneimittel
Quelle: Eigene Berechnungen nach ABDA: Zahlen, Daten, Fakten 2005, siehe Anhang A1.

Diese Werte berücksichtigen nicht die konkrete soziodemographische Struktur des Einzugsgebietes. Zwar haben unterschiedliche Kaufkraft-Kennzahlen bei Arzneimitteln wenig Einfluss, die Altersstruktur dagegen spielt eine erhebliche Rolle. So verursachen Rentner um achtzig Prozent höhere GKV-Ausgaben als das durchschnittliche Mitglied und den dreifachen Betrag gegenüber den übrigen Mitgliedern ohne diese Gruppe.[19] Ebenfalls wird nicht die Besetzung des Gebietes mit Verschreibern berücksichtigt. Die Einflüsse auf den Kundenumsatz wurden bereits bei der Analyse des Standortpotenzials im vorangegangenen ersten Teil deutlich.

Aus dem Unterschied zwischen diesen Durchschnittswerten und dem Umsatz pro Kunde der eigenen Apotheke lassen sich Ansatzstellen dafür finden, in welchem Umfang die Bedürfnisse der Kunden auch in dieser Apotheke gedeckt werden. Fehlende Teile der Kaufkraft sind in andere Apotheken oder andere Vertriebskanäle gewandert, weil die betrachtete Apotheke bestimmte Artikel (des Ergänzungssortimentes) nicht führt oder der Wettbewerb attraktiver zu sein scheint.

Um Abweichungen der eigenen Apotheke mit den Richtwerten zu vergleichen, ist es erforderlich, alle Kunden mit ihren Umsätzen über das gesamte Jahr zu erfassen. Eine solche Erfassung ist zurzeit zwar nur bei Kunden mit Kundenkarte möglich, die Auswertung sollte aber zumindest bei dieser Stichprobe erfolgen. Bei der Interpretation ist allerdings zu bedenken, dass Kunden mit Kundenkarte meist zu den Stammkunden zählen, die ihren Gesundheitsbedarf bevorzugt in dieser Apotheke decken.

---

[19] Berechnet nach ABDA: Zahlen, Daten, Fakten 2005.

Selbst in diesem Fall ist nicht sicher, welche Personenzahl hinter dem „Kunden" steht. Immerhin beträgt die Durchschnittsgröße einer deutschen Familie 2,1 Personen. Gelingt es der Apotheke, ihren Umsatz pro Haushalt zu ermitteln, bietet es sich an, den doppelten Betrag für die Durchschnittsausgaben, also 980 € zu wählen.

Liegen solche Daten tatsächlich vor, lässt sich eine Kundenbindungsstrategie sehr exakt formulieren. In anderen Handelsbranchen mit einem hohen Anteil an Kundenkarten können für das Marketing wichtige Erkenntnisse gewonnen werden, indem Kunden in sogenannte Cluster eingeteilt werden. Diese Gruppen können dann ganz unterschiedlich angesprochen und bedient werden. Allein auf der Basis der Rezeptanalyse sind bereits exzellente Charakterisierungen nach Indikationen und demographischen Merkmalen möglich. Sie müssen in der Strategie der Kundenbindung noch stärker genutzt werden. Andere Merkmale, wie Einkaufshäufigkeit und Sortimentszusammenhang (Warenkorb) können in Verbindung mit diesen Indikationsgruppen gezielte Service- und Kommunikationsmaßnahmen steuern.[20]

2.1.2   Kundengewinnungsstrategie

Auch für die Akquisition neuer Kunden ist es erforderlich, genau zu wissen, ob ein Defizit in der Kundenzahl besteht und welche Kundentypen bisher nicht angesprochen werden konnten (oder wollten). Ein Hinweis kann dadurch gegeben werden, dass die Zahl der Kunden der Apotheke unter dem Durchschnittswert von 3.842[21] liegt.

Allerdings ist diese Zahl – wie viele Durchschnittszahlen – mit Vorsicht zu behandeln: Es ist angeraten, sorgfältig nach Bundesländern und Standorttypen zu unterscheiden. Immerhin liegen die neuen Bundesländer noch etwa 15% über, die alten Bundesländer 5% unter dem Durchschnittswert.[22]

Genauer ist der Richtwert, wenn die Bevölkerungszahl des Einzugsgebietes durch die Apothekenzahl dividiert wird. Danach gilt es auszuloten, ob die eigene Apotheke eine entsprechende Kundenzahl auf sich zieht. Ebenso wie im vorigen Abschnitt leidet diese Analyse in den meisten Apotheken darun-

---

[20] Vgl. zum Thema Kundenbindung insbesondere Müller-Hagedorn: Kundenbindung im Handel.
[21] Nach ABDA: Zahlen, Daten, Fakten 2005.
[22] Genaue Zahlen sind im Anhang A3 wiedergegeben.

ter, dass nicht alle Kunden erfasst werden können. Notfalls wird man nur auf die Kassenrezeptkunden (aber das sind nur die momentan kranken Kunden) und/oder auf die Kunden mit Kundenkarte (also nur auf die Stammkunden) zurückgreifen können. Auch hier ist es vielleicht angeraten, statt der Einwohner die Haushalte zu wählen (dann aber nur mit dem halben Durchschnittswert, das wären ca. 1.900 Haushalte pro Apotheke). All diese Erfassungsmöglichkeiten sind problematisch. Ein Vergleich der eigenen Kunden-Daten mit den Durchschnittswerten des Standortes kann daher nur erste Hinweise auf die Abschöpfung geben. Letztlich wird eine konkrete Aussage über die Akzeptanz bei den Einwohnern über eine regelmäßige Passanten- oder Haushaltbefragung möglich sein, wie sie im folgenden Abschnitt beschrieben wird.

Bei der Akquisition neuer Kunden sind zwei wesentliche Fragen zu klären

(1) Sollen die Neukunden in ihrer soziodemographischen Struktur, ihren Indikationen und in ihrem Einkaufsverhalten den alten Zielgruppen entsprechen, oder sollen neue Kundentypen angesprochen werden?
(2) Aus welchen Quellen sollen die Neukunden gewonnen werden?

Die Bestimmung der Zielgruppe ist wesentlich, und zwar nicht nur für die Art der Akquisition (Auswahl der Instrumente), sondern auch für die Profilierung der Apotheke schlechthin. Klassische Apotheken, meist in wohnorientierten Lagen ohne spezifische Ausrichtung auf Indikationen oder sonstige Zielgruppen, werden ohne Änderung ihres Konzeptes alle Kunden des Einzugsgebietes ansprechen. Eine Apotheke jedoch mit spezifischer Kunden- oder Verschreiberausrichtung wird nicht ohne Erweiterung und Veränderung des Profils neue Kundengruppen erreichen können. Eine Ausweitung der Zielgruppen ist daher immer auch vor dem Hintergrund des bestehenden Profils zu prüfen. Gerade bei zielgruppenorientierten Apothekentypen besteht bei Ausweitung der Zielgruppen immer auch die Gefahr, das klare Profil und damit Kunden aus der alten Zielgruppe zu verlieren.

2.1.3   Strategieauswahl und -kontrolle

Ob die Strategie der Kundenbindung oder -akquisition für die einzelne Apotheke die höhere Priorität ausmacht, wäre theoretisch durch den Vergleich der Ausschöpfungsquote (Umsatz pro Kunde dividiert durch Bedarf pro Einwohner) und der Distributionsquote (Kundenzahl dividiert durch Einwohner des Einzugsgebietes) möglich. Auf die Probleme bei der Messung von Kundenzahl und Kundenumsatz in der Praxis wurde bereits hingewiesen. Da ist es schon hilfreicher, sich ausschließlich auf Kennzahlen zu stützen, die sich in der Apotheke leicht ermitteln lassen und für die Benchmarks (Richtwerte) zur Verfügung stehen. Solche Richtwerte werden z.B. regelmäßig vom Kölner Institut für Handelsforschung ermittelt, stehen aber auch in einigen Warenwirtschaftssystemen zur Verfügung. Auf die Problematik von Durchschnittswerten wurde bereits an anderer Stelle hingewiesen.

Ausgangspunkt ist dabei die Überlegung, die Produktivität der Apotheke durch bessere Auslastung der Kapazität zu steigern. Dies wurde als wesentliches Ziel der Wachstumsstrategie definiert. Die Produktivität aber wurde bereits gemessen an den Kennzahlen Umsatz je Mitarbeiter (oder Arbeitsstunde) oder Umsatz je qm. Bricht man diese Kennzahlen auf ihre Komponenten Kundenzahl und Kundenumsatz herunter, so erhält man zwei exzellente Steuerungsgrößen, die in jeder Apotheke leicht ermittelbar sind. Leider werden diese Werte in den bestehenden Statistiken kaum ausgewiesen. Zu sehr konzentrierte man sich in der Vergangenheit auf den Rezeptumsatz pro Kassenrezept (für 2004 mit knapp 49 € inkl. MwSt.), der aber nur knapp 64% des Gesamtumsatzes ausmacht.

Abb. 2.1: Kaufbetrag und Frequenz

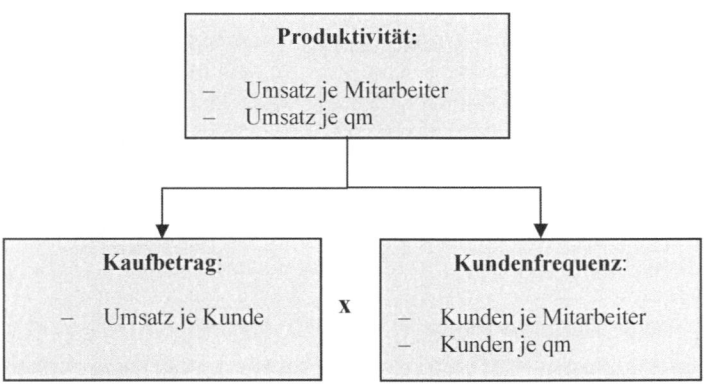

Dabei ist zu beachten, dass bewusst auf die Auswertung der Kunden als Person verzichtet wird und stattdessen der einzelne Einkauf in der Apotheke im Vordergrund steht. Mit dieser Einschränkung kann der Erfolg der Kundenbindungsstrategie über die Steigerung der Kennzahl „Umsatz pro Kunde" und der Erfolg der Akquisitionsstrategie über die Steigerung der Kundenfrequenz ermittelt werden.

Gleichzeitig gibt dieses Kennzahlen-Duo auch noch Hinweise auf die Dringlichkeit der Maßnamen, sofern Benchmarkwerte verfügbar sind:

Abb. 2.2: Stoßrichtung der Intensivierung

		Kaufbetrag: Umsatz pro Kunde	
		niedrig	hoch
Kunden-frequenz: Kundenzahl je Mitarbeiter je qm	hoch	Mittlere Produktivität! Kundenbindung erhöhen	Exzellente Produktivität! Investitionsstrategie: Wachstum mit bisheriger Kapazität problematisch.
	niedrig	Schwache Produktivität! Totale Intensivierung: Kundenbindung und -akquisition	Mittlere Produktivität! Kundenakquisition verstärken

2.2   Akzeptanz- und Imageanalyse zur Ausrichtung der Intensivierungsstrategie

Sowohl zur Kundenakquisition wie auch zur Kundenbindung werden Instrumente eingesetzt, die als Preis-, Sortiments-, Kommunikations- und Servicepolitik unter dem Begriff „Marketing-Instrumente" bekannt sind. Auf sie wird im nächsten Abschnitt noch gesondert eingegangen.

Um die Art und Intensität der Instrumente gezielt zu bestimmen, ist es erforderlich, das Ansehen der Apotheke aus dem Blickwinkel der Kunden und Nicht-Kunden zu ermitteln. Diese Analyse hat dabei natürlich einen wesentlichen Nebeneffekt: Die Kundenzufriedenheit muss als Frühwarnsignal verstanden werden. Nicht erst wenn Umsatz und Erträge nachlassen, weil Kunden nicht mehr kommen, sondern bei erkennbaren Schwächen aus Kundensicht ist Gefahr im Verzuge. Das Unternehmen selbst bemerkt diese Schwächen oft viel zu spät. Dabei sei vor der Aussage gewarnt, das Apothekenteam kenne schließlich seine Kunden. Man kennt nur das beobachtbare Verhalten der Kunden, selten aber deren Meinung. Das in anderen Unternehmen durchaus sinnvolle systematische Erfassen der Beobachtung beim Kunden (z.B. Beschwerdeverhalten, Wiederkaufverhalten) ist in Apotheken kaum sinnvoll. Sinnvoll ist aber die systematische, geplante Erhebung von Kundenmeinungen. Die einfache Frage des Mitarbeiters oder des Apothekenleiters ob denn alles recht war, oder ob der Kunde mit der Beratung zufrieden gewesen sei, wird selten aufrichtig beantwortet und noch seltener systematisch ausgewertet.

Die Marktforschung hält ein ganzes Füllhorn an Methoden bereit,[23] um die Meinung der Kunden objektiv und systematisch zu ermitteln und auszuwerten. Für Apotheken sind folgende Verfahren interessant:

---

[23] Z.B. die Übersicht der Methoden bei Barth: Betriebswirtschaftslehre des Handels, S. 284 ff und Theis: Handelsmarketing, S. 127 ff.

Abb. 2.3: Verfahren der Akzeptanz- und Imageanalyse

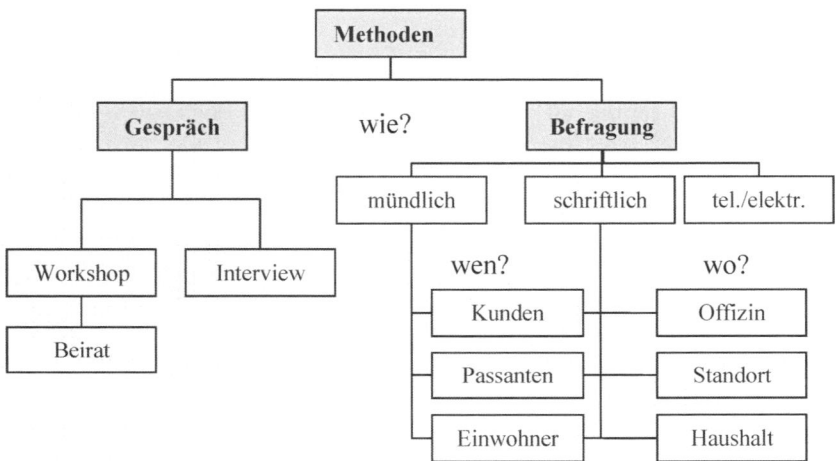

Danach unterscheidet man zunächst, ob die Erhebung sehr strukturiert auf der Basis eines Fragebogens oder eher frei mit Hilfe vielleicht eines Gesprächs-Leitfadens durchgeführt wird. Die Befragung ist sicher die geläufigste Methode. Sie wird im Folgenden in Aufbau und Auswertung näher beschrieben.

Innovative Apotheken gehen noch einen Schritt weiter: Sie versuchen, die Meinung ausgewählter Kunden entweder in sporadisch organisierten Workshops zu ermitteln oder haben sogar für ihre Apotheke einen Kunden-Beirat gegründet, der die Apothekenleitung regelmäßig berät.

Die klassische Kundenbefragung findet in der Apotheke selbst statt, meist in der Form, dass Fragebögen anonym oder mit Adresse zwecks Auslobung von Anerkennungsprämien in eine Urne geworfen werden. Diese Kundenbefragung leidet unter einigen methodischen Mängeln:

1. Es werden nur Kunden befragt, die in der Apotheke kaufen. Wichtig für das Thema Akquisition ist es aber, zu erfahren, warum andere Passanten diese Apotheke nicht besuchen.
2. Die Auswahl der zu Befragenden ist sehr dem Zufall überlassen, und die Erfahrung zeigt, dass vor allem „gute" Kunden den Fragebogen ausfüllen.

3. In der Apotheke fühlt sich der Kunde beobachtet und unter Zeitdruck. Daher können hier nur sehr knappe Fragestellungen vermittelt werden.

Diese Eigenarten führen dazu, dass die Ergebnisse solcher Offizin-Befragungen zu positiv für die Apotheke ausfallen und diese in einer trügerischen Sicherheit wiegen. Aus diesem Grund sollten Offizinbefragungen in regelmäßigen Abständen, mit wenigen Fragen zur regelmäßigen Prüfung des Images durchgeführt werden.

Zur Analyse der Akzeptanz allgemein ist daher sowohl eine regelmäßige (zweijährige) Kundenbefragung vor der Apotheke wie auch eine Passanten-befragung am weiteren Standort, am besten vor umliegenden Arztpraxen, beide durch Interviewer durchgeführt, unumgänglich. Der Aufbau eines Fragebogens für eine Passantenbefragung[24] folgt einem sehr einfachen Schema, wie es unten abgebildet ist:

Abb. 2.4: Befragungsablauf bei der Akzeptanz- und Imageanalyse

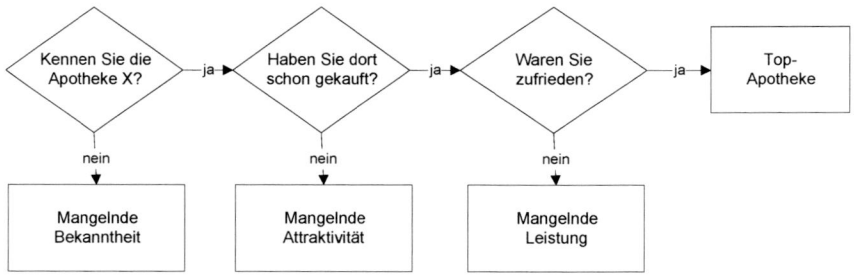

Der erste Fragenkomplex zielt auf die gestützte und ungestützte Bekannt-heit. Ungestützt bekannt ist eine Apotheke dann, wenn sie durch den Be-fragten spontan genannt wird („Welche Apotheken kennen Sie..."), gestützt ist die Apotheke bekannt, wenn der Befragte bei Nennung des Namens die-sen kennt („Kennen Sie die ABC-Apotheke?").

---

[24] Muster-Fragebogen sowohl für eine Passanten- wie auch für eine Kundenbefragung fin-den sich als Datei D5 und D6 auf der beigefügten CD.

Mangelnde Bekanntheit lässt entweder auf einen schlechten Standort oder auf zu geringe Kommunikation in den Medien schließen. In anderen Handelsbranchen wird gerne die Faustregel angeführt, dass Miete und Werbekosten zusammen ein bestimmtes Niveau halten sollten. Legt man die veröffentlichten betriebswirtschaftlichen Daten[25] zugrunde, so würde die Regel hier lauten, dass Miete und Werbung 3% des Umsatzes ausmachen. Ein schlechter Standort mit niedrigeren Mieten muss also durch intensivere Kommunikation ausgeglichen werden, ein sehr guter Standort, der teuer bezahlt werden muss, lässt kaum Mittel für intensive Werbung, die hier auch nicht nötig ist, denn die Kunden sind bereits am Standort, sie müssen nur noch für die Apotheke gewonnen werden.

Gerade in Hinblick auf eine Wachstumsstrategie durch Neukunden-Gewinnung werden durch die Frage nach der Bekanntheit Hinweise geliefert, ob durch zusätzliche Werbung und PR-Arbeit der Bekanntheitsgrad ausbaufähig ist.

Der zweite Fragenkomplex beschäftigt sich mit der Akzeptanz oder Attraktivität. Der Anteil der Befragten, die die Apotheke kennen, aber dort noch nicht eingekauft haben, ist ein Indiz, welches Potenzial an Neukunden tatsächlich vorhanden ist. Allerdings sind hier auch die Gründe zu ermitteln, warum die Apotheke noch nicht bedacht wurde. Beruhigend, wenn die Gründe im Einkaufsverhalten liegen: Nähe der Wettbewerbsapotheke zum Arzt, zur Arbeitsstätte, beunruhigend, wenn ein Besuch durch die geringe Attraktivität der Apotheke selbst (Front, Schaufenster, schlechte Ruf) verhindert wird.

Die dritte Sequenz schließlich analysiert das eigentliche Image, die Kundenzufriedenheit. Hier muss detailliert gefragt werden, wie wichtig bestimmte Kriterien für die Wahl der Apotheke als Einkaufsstätte sind und wie diese Kriterien für die konkrete Apotheke beurteilt werden. Die abgefragten Kriterien spiegeln in der Regel das Marketing-Instrumentarium der Apotheke wider, also

— den Standort der Apotheke (Lage, Ärzte, Parkmöglichkeiten),
— das Sortiment und die Verfügbarkeit (Defektquote),
— die Serviceangebote (Öffnungszeiten, Zustellung),
— das Ambiente der Apotheke (Erscheinungsbild, Warenpräsentation),

---

[25] Z.B. Betriebsvergleich des Kölner Instituts für Handelsforschung für 2004 mit 1,8% für Miete und 0,7% für Werbung (IfH: Apotheken 2004, S. 126) oder Treuhand Hannover mit 1,5% Miete und 0,9% Werbung (Hasan-Boehme, Betriebsvergleich 2005, S. 6f.), beide Werte gerechnet in % des Umsatzes inkl. MwSt.

–   die Mitarbeiterkompetenz (Freundlichkeit, Beratungsqualität, Bedie-
    nungsschnelligkeit und die Person des Apothekenleiters),
–   den Preis, die Konditionen, Bonuskarten, Zahlungsmöglichkeiten.

Erst in der Gegenüberstellung der Bedeutung und Bewertung einzelner Kriterien werden Hinweise deutlich, welche Leistungen verbessert, welche
vielleicht sogar weniger intensiv angeboten werden müssen.

Dies macht folgende Graphik deutlich:

Auf der vertikalen Achse wird die Bedeutung eines Kriteriums abgetragen.
Je höher der Wert, umso wichtiger ist dieses Kriterium für die Wahl der
Apotheke als Einkaufsstätte.
Auf der horizontalen Achse wird die Bewertung der Apotheke durch den
Kunden abgegeben.
Die Bewertungsskalen können verschieden gewählt werden: als Schulnoten
(von 1 = sehr gut bis 5=mangelhaft) oder als Punktwerte (1 = gering, 3 =
wichtig).

Abb. 2.5: Kundenzufriedenheits-Portfolio

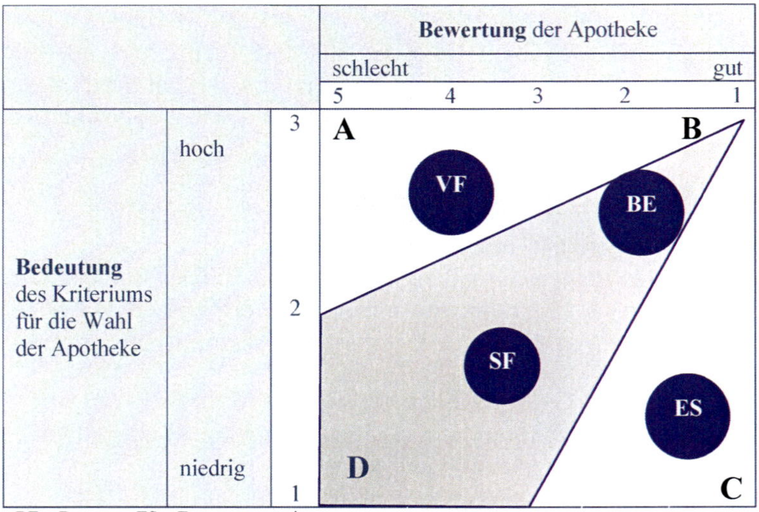

BE = Beratung, ES = Ergänzungssortiment,
SF = Schaufenstergestaltung, VF = Verfügbarkeit Arzneimittel.

Ein Beispiel mag das verdeutlichen:

In den Feldern B und D entspricht die Bewertung der Apotheke dem Anspruch des Kunden, allerdings auf unterschiedlichem Niveau. So wird die Beratung (BE) als wichtig angesehen und sehr hoch eingeschätzt. Hier darf die Apotheke nicht nachlassen, will sie ihre Kunden binden. Die Schaufenstergestaltung (SF) findet nicht den Gefallen der Kunden, scheint aber nicht so bedeutsam. Hier haben Maßnahmen geringere Priorität.

Interessant sind die Felder A und C, weil hier Anspruch der Kunden und Erfüllung durch die Apotheke abweichen. Die Verfügbarkeit der Arzneimittel (VF) in Feld A wird von den Kunden als bedeutsam angesehen, allerdings fällt das Urteil in diesem Punkt wenig schmeichelhaft aus. Gefahr ist im Verzuge. Solche Schwächen können zum Kundenverlust führen.

Anders im Feld C: Das Ergänzungssortiment (ES) wird vom Kunden als sehr gut bewertet, aber er braucht es nicht. Bedenkt man, dass jede Leistung der Apotheke in der Regel Kosten verursacht oder finanzielle Mittel bindet, so ist wohl zu überlegen, ob dieses Feld nicht Hinweise für Einsparpotenziale bietet. Andererseits können sich hier Wettbewerbsvorteile finden, die der Kunde woanders nicht oder nicht so exzellent bekommt. In diesem Fall muss dieser Wettbewerbsvorteil deutlicher in der Kommunikation herausgestellt werden, um seine Bedeutung für die Apothekenwahl zu erhöhen.

Zum Abschluss ein Hinweis auf die Durchführung. Sowohl die Befragung selbst als auch die Dateneingabe ist oft zu zeitaufwendig, um eigene Mitarbeiter damit zu betrauen. Zudem leidet möglicherweise die Objektivität der Antworten. Hilfestellungen können Schüler oder Studierende im Rahmen von Projektarbeiten leisten. Die Auswertung selbst aber ist und bleibt Chefsache.

Natürlich kann man auch einfache Zufriedenheitsbeobachtungen organisieren: Von einer Apotheke wird berichtet, die permanent rote, gelbe und grüne Chips am Ausgang bereitstellt, welche die Kunden je nach Zufriedenheit in eine Urne werfen. Täglich wird abends gezählt.

2.3 Marketing-Instrumente zur Kundenbindung und Kundenfindung

Die Akzeptanz- und Imageanalyse hat gezeigt, worauf die Kunden bei der Auswahl „ihrer" Apotheke besonderen Wert legen und welches Ansehen die einzelne Apotheken in ihren Augen hat. Als Kriterien wurden bereits einige wichtige Aspekte genannt, die unter den Sammelbegriff „Marketing" fallen.

Im Folgenden sollen diese Marketing-Instrumente näher skizziert werden im Hinblick auf ihre Wirksamkeit für das Wachstumsziel der Kundenbindung und Kundengewinnung. Dabei wird bewusst darauf verzichtet, eine umfassende Einführung in das Marketing für Apotheken zu geben. Zu diesem Thema ist bereits ein ausreichender Kanon guter Publikationen zum Marketing allgemein,[26] zum Handelsmarketing[27] im Besonderen und auch zum Apothekenmarketing[28] verfügbar.

Ziel des Einsatzes von Marketing-Instrumenten ist die Verankerung einer besonderen Präferenz beim Kunden für diese Apotheke. Mit anderen Worten, es soll gelingen, eine Alleinstellung im Markt, d.h. am Standort, zu erreichen. Der Kunde muss davon überzeugt sein, dass er die von ihm gewünschte Leistung in ihrer Art und Qualität nirgendwo so vorteilhaft erhält, wie in dieser Apotheke. Diese Alleinstellung wird im Marketing mit der Abkürzung USP für „unique selling proposition" bezeichnet, also ein einzigartiges Verkaufsversprechen. Schlichter und verständlicher kann auch der Begriff „Wettbewerbsvorteil" verwendet werden.

Die klassische Literatur unterscheidet hier den Qualitäts- und den Preiswettbewerb. Für Produzenten mag es ausreichen, entweder hochwertige oder billige Produkte zu vertreiben. Im Handel gibt es nur wenige Unternehmen, die sich nur über den Preis bei ihren Kunden profilieren. Aldi hat zudem gezeigt, dass Preis und Qualität kein Widerspruch sein müssen. Für den Handel also müssen Preis und Qualität näher erläutert und durch weitere

---

[26] Insbesondere das Standardwerk von Kotler / Bliemel: Marketing Management, praxisnäher aber Becker: Marketing-Konzeption.

[27] Zum Beispiel Theis: Handelsmarketing, Müller-Hagedorn: Handelsmarketing.

[28] Neudecker: Apothekenmarketing. An dieser Stelle sei darauf verwiesen, dass bereits 1985 vom DAV ein Handbuch zum Apotheken-Marketing vorgestellt wurde, das alle wesentlichen Marketing-Instrumente mit umfassenden Checklisten beschreibt. Siehe: MGDA: Marketing-Konzept.

Profilierungsinstrumente ergänzt werden. Und was für den Handel allgemein gilt, trifft in besonderem Maße für Apotheken zu.

Der Leistungswettbewerb kann im Handel nicht nur in der besseren *Qualität* der Produkte bestehen. Diese sind – mit Ausnahme von Handelsmarken – in den verschiedenen Unternehmen nahezu identisch. Bei Apotheken gilt dies in besonderem Masse. Differenzierungen sind aber bezüglich der konkreten Zusammensetzungen von Produkten gegeben, dem Sortiment. Wenn auch bei Apotheken die Wahlfreiheit durch den Versorgungsauftrag eingeschränkt ist, bleibt hier doch ein Profilierungsfeld. Und bei Apotheken wird dieses Sortiment in besonderer Weise durch Dienstleistungen ergänzt, die sich hervorragend zur Profilierung eignen. Hier kann tatsächlich von Qualitätswettbewerb gesprochen werden.

Diesem Leistungsprofil steht dann das klassische Preis- und Konditionenprofil einer Apotheke gegenüber. Auch hier ist der Spielraum der Apotheke eingeengt, kann aber durch kreative Lösungen zur Konditionengestaltung dennoch zur Profilierung eingesetzt werden.

Zu Sortiment, Dienstleistung und Preis treten aber im Handel Leistungen, die eher den Einkaufsvorgang als das Einkaufsergebnis betreffen und im Marketing mit dem Begriff Serviceleistung, besser vielleicht Einkaufsbequemlichkeit oder Convenience bezeichnet werden.

Diesen drei Kernprofilen steht die Kommunikation zur Seite, um Leistung, Preis und Service im Markt bekannt zu machen.

Die folgende Checkliste[29] gibt einen Überblick, welche konkreten Instrumente die Apotheke zur Verfügung hat.

Diese Checkliste kann zur Überprüfung der eigenen Marketing-Instrumente dienen. Dabei ist zu bedenken, dass unterschiedliche Typen und Standorte auch unterschiedliche Profile zeigen werden.

---

[29] Eine Blanko-Checkliste findet sich als Datei D7 auf der beigefügten CD.

Checkliste 2.1: Prüfliste zur Positionierung der Apotheke

Positionierungsprofil		Ausprägung / Bewertung				
		schwach				stark
Leistungs-Profil	Sortimentsbreite OTC	5	4	3	2	1
	Sortimentstiefe OTC	5	4	3	2	1
	Ergänzungssortiment	5	4	3	2	1
	Schwerpunktbildung	5	4	3	2	1
	Beratungsqualität	5	4	3	2	1
	Dienstleistungen	5	4	3	2	1
Preis-Profil	Preisaktivität OTC	5	4	3	2	1
	Preisaktivität ES	5	4	3	2	1
	Bonuspunkte / Rabatte	5	4	3	2	1
	Sonstige Preisaktivitäten	5	4	3	2	1
Convenience-Profil	Erreichbarkeit /Parkplätze	5	4	3	2	1
	Öffnungszeiten	5	4	3	2	1
	Bedienungsbereitschaft	5	4	3	2	1
	Lieferbereitschaft / Defekte	5	4	3	2	1
	Abrechnungshilfen	5	4	3	2	1
	Sonstige Bequemlichkeit	5	4	3	2	1
Kommunikations-Profil	Corporate Design insgesamt	5	4	3	2	1
	Außenfront / Erscheinungsbild	5	4	3	2	1
	Offizineinrichtung	5	4	3	2	1
	Mitarbeiter-Kleidung	5	4	3	2	1
	Internetauftritt	5	4	3	2	1
	Imagekampagnen / PR	5	4	3	2	1
	Verkaufsförderungsintensität	5	4	3	2	1
	Werbeintensität	5	4	3	2	1
	Sonstige Kommunikation	5	4	3	2	1

Erläuterung: City-Apotheke ■   *Nachbarschaftsapotheke* ▩

Bewertet man die Apotheke im Vergleich zum Wettbewerb nach den oben angegebenen Kriterien mit Werten von 5 = mangelhaft, schwach ausgeprägt und 1 = sehr gut, stark ausgeprägt, dann werden Stärken und Schwächen, oder auch nur unterschiedliche Profile sofort deutlich.

Im Beispiel zeigt die Apotheke in der City (rot) eine Schwerpunktbildung mit tiefem Sortiment in diesem Fachgebiet, hier auch exzellente Beratung und Dienstleistungskompetenz. Der Standort verlangt optimale Verkaufsbereitschaft und modernen Marktauftritt. Die (blaue) Nachbarschaftsapotheke dagegen setzt ganz auf das breite Sortiment, auch im Ergänzungsmodul, und vernachlässigt dagegen völlig Preis- und Kommunikationsaktivitäten.

2.3.1   Positionierung über Leistung

Die Leistung einer Apotheke dokumentiert sich nicht in erster Linie über die *Qualität* der einzelnen, angebotenen Produkte. Zum einen steht der große Bereich der Arzneimittel überhaupt nicht in seiner Qualität zur Disposition. Es gilt als selbstverständlich, dass die angebotenen Artikel in diesem Sektor den Anforderungen entsprechen. Zum anderen kann die Apotheke diese Qualität nur bei selbst hergestellten Spezialitäten beeinflussen. Die Leistung einer Apotheke definiert sich also weniger über die Qualität der Produkte als über den Umfang und das Niveau der angebotenen Waren und Dienstleistungen.

Sortimentsstrategien

Die *Breite des Sortimentes*, d.h. die Möglichkeit für den Kunden, möglichst viele Bedarfsfelder in der Apotheke abzudecken, und die *Sortimentstiefe*, d.h. die Auswahl zwischen gleichartigen Produkten ist in weiten Bereichen der Arzneimittel wegen der Versorgungsverpflichtung kein wirkliches Profilierungsinstrument.

Lediglich im OTC-Bereich könnte die Apotheke über eine Auswahl vergleichbarer Produkte in Grenzen ihr Leistungsangebot variieren.[30] Dies gilt möglicherweise für bestimmte Spezialitäten im Bereich nicht verschreibungspflichtiger Sortimente wie homöopathischer oder phytopharmazeutischer Präparate. Die Bevorzugung bestimmter Spezialitäten wird daher in diesen Bereichen wohl eher durch die kunden- und indikationenspezifische Beratung erreicht.

So bleibt im Bereich der Produktauswahl lediglich der geringe Sektor des apothekenüblichen Ergänzungssortimentes. Theoretisch ist hier aktive Sortimentspolitik durch Variation der Breite (Warengruppen), Tiefe (Marken, Spezifikationen) und Qualitäten (Preislagen) möglich. Gerade Apotheken,

---

[30] Der Versuch einer hessischen Apotheke, nach Auffassung des Apothekenleiters eher unwirksame Produkte öffentlich zu diffamieren, ist gerichtlich untersagt worden und hatte auch wohl nicht die Marketing-Wirkung im Sinne einer Qualitätsoffensive.

die eine gewisse Schwerpunktbildung betreiben wollen, sollten in diesem Sortimentsbereich kreativ Breite und Tiefe pflegen.

Für die Wachstumsstrategie ist diese Richtung interessant: Gelingt es, zusätzlich zu den üblichen Sortimenten weitere Bedarfsbereiche aufzunehmen, so steigen die Ausgaben je Einwohner und damit das Standortpotenzial. Einer solchen Sortimentserweiterung sind den Apotheken durch die Apothekenbetriebsordnung auch nicht mehr extrem enge Grenzen gesetzt. Der Begriff der apothekenüblichen Waren nach § 25 „Mittel sowie Gegenstände und Informationsträger, die der Gesundheit von Menschen und Tieren mittelbar oder unmittelbar dienen oder diese fördern" lässt sicher Bedarfsfelder zu, die je nach Standort und Profil der Apotheke sehr weit ausgelegt werden können. Der Weg zum Drugstore und zum Haus der Gesundheit ist eröffnet. Solche extensiven Ergänzungssortimente sind insbesondere an Standorten mit geringer Einwohnerzahl aber hohem Nahversorgungsbedarf oft die einzige Möglichkeit, Wachstum zu erzielen, sofern nicht andere Fachanbieter diesen Bedarf schon abdecken. Dennoch sind gerade wohnorientierte Apotheken in der Erweiterung ihres Sortimentes in dieser Richtung noch sehr zögerlich.

Eine Variation des Qualitätsniveaus aber ist auch im Ergänzungssortiment nicht wirklich gegeben. Zwar ist die Möglichkeit verlockend, dem aggressiven Angebot eines Kaffee-Filialisten für Blutdruckmessgeräte ein entsprechend preisgünstiges Gerät in der Apotheke entgegen zu stellen. Wenn die Funktionsdauer dieses Gerätes aber sehr eingeschränkt ist, wird man dies dem Filialisten vielleicht verzeihen, der Apotheke nicht. Hier gilt es, andere Wettbewerbsinstrumente zu aktivieren, keinesfalls aber einen Qualitätsdiscount.

Wenn aber Produktqualität, Sortimentsbreite und -tiefe nur in engen Grenzen in den Entscheidungsbereich der Apotheke fallen, können diese Dimensionen der Leistungspolitik in der klassischen Apotheke nicht entscheidend zur Positionierung dienen.

Will sich die Apotheke über das Sortiment positionieren, kann dies in der Regel nur mit einer konsequenten Schwerpunktbildung erfolgen. Oft wird von Spezialisierung gesprochen. Davon kann eigentlich nicht die Rede sein, da die Verfügbarkeit aller Rx-Artikel auch bei Sportapotheken, Diabetes-Apotheken o.ä. gegeben sein muss. Besser spricht man daher von Schwerpunktbildung.

Dabei haben sich verschiedene Varianten als erfolgreich herauskristallisiert, die entweder das Sortiment oder den Kunden in dem Mittelpunkt stellen:

(1) Die klassische Schwerpunktbildung erfolgt auf spezifische Indikationen. Diese Typenbildung vereint Produktkategorien und Zielgruppen. Beispiele sind hier die Schwerpunkte Diabetes, Stoma usw. Diese Indikationsschwerpunkte bedingen dann natürlich bestimmte Ausrichtungen im Bereich der OTC-Sortimente, der Heil- und Hilfsmittel und des Ergänzungssortimentes.

(2) Ein zweiter Bereich legt den Schwerpunkt auf bestimmte Sortimentsausprägungen, so z.B. die Homöopathie oder die Phytopharmazie. Hier folgt umgekehrt aus den Sortimentsschwerpunkten die Ansprache spezifischer Zielgruppen.

(3) Eine dritte Schwerpunktbildung stellt eindeutiger den Kundentyp, meist nach soziodemographischen Merkmalen (z.B. Alter oder Familienstand) oder Verhaltensweisen (z.B. Sportaktivitäten, Umweltbewusstsein) in den Vordergrund. Auch hier erwachsen aus der Zielgruppenansprache konsequenterweise Anforderungen an die Sortimentsbreite und -tiefe.

Diese Art der Schwerpunktbildung hat im Apothekenmarketing eine lange und meist erfolgreiche Tradition; es gab sie schon lange, bevor in der Marketing-Theorie mit dem Begriff „Category Management" die Forderung formuliert wurde, die Sortimentsstruktur konsequent aus dem Blickwinkel des Kunden, eben der Zielgruppe zu optimieren.[31]

Im klassischen Handel kann eine starke Ausrichtung auf eine spezielle Zielgruppe immer auch den Verlust anderer Kundengruppen bedeuten. Ein stark auf jungendliche Kunden setzendes Modehaus wird die anderen Generationen nur schwer bedienen können, da Sortiment, Mitarbeiter und Ambiente nicht akzeptiert werden.

Im Apothekenmarkt ist diese Gefahr weniger akut. Dennoch ist eine konsequent auf „Mutter und Kind" ausgerichtete Apotheke bei Senioren nicht beliebt, eine Apotheke mit Schwerpunkt „Naturheilmittel" wird durch die Art der Offizineinrichtung weniger den Sportler ansprechen. Je konsequenter das gesamte Apothekenumfeld (Offizineinrichtung, Mitarbeiterqualifikation) auf spezielle Zielgruppen ausgerichtet ist, umso eher werden diese an die Apotheke gebunden, andere dagegen möglicherweise vernachlässigt. Bei

---

[31] Vgl. die Ausführungen bei Barth: Betriebswirtschaftslehre des Handels S. 193 ff.

indikationenorientierten Schwerpunktbildungen besteht solch eine Gefahr in der Regel nicht.

Nicht unerwähnt bleiben soll aber auch die Profilierung der Apotheke eben dadurch, dass sie keine Schwerpunkte bildet, sondern den klassischen „alltäglichen Bedarf" ihrer Kunden im sogenannten „Hausapotheken-Modell" abbildet. Eine solche Sortimentsprofilierung wird sehr gut zu einer Positionierung über den Service (Convenience-Profil) passen, wie er im übernächsten Abschnitt näher erläutert wird

Dienstleistungsstrategien

Eine Schwerpunktbildung ist dann konsequent und erfolgreich, wenn sie auch die angebotenen *Dienstleistungen* mit einbezieht.

Dienstleistungen unterliegen in Handelsunternehmen aber schwerwiegenden Problemen aus der Sicht des Angebotes und der Akzeptanz durch den Kunden.[32] Da Dienstleistungen immaterielle Leistungen sind, können diese nicht auf Vorrat, sondern nur in dem Moment erbracht werden, in dem der Kunde sie nachfragt. Das bedeutet für die Apotheke hohe und leider fixe Bereitschaftskosten, meist im Sinne von Personalkosten für persönliche Dienstleistungen oder Kapitalkosten für die Bereitstellung von Geräten.

Ein zweiter Problembereich ist, dass Dienstleistungen aus Kundensicht insbesondere in Verbindung mit der Ware gerne als Serviceleistungen angesehen werden, die die Apotheke erbringt, um Ware zu verkaufen oder den Kunden an sich zu binden. Selten ist er bereit, für solche Leistungen ein Entgelt zu zahlen. Den hohen Fixkosten stehen also keine selbstständigen Erlöse für diese Leistungen gegenüber. Also ist die Apotheke gezwungen, diese Kosten über die Kalkulation ihrer Sortimente zu decken. Preisspannenverordnungen, insbesondere nach dem Kombimodell, lassen dazu aber nur geringen Spielraum, und Ergänzungssortimente wetteifern im Preis wiederum häufig mit Discountern und fachfremden Anbietern, sodass die Margen hier auch keine Kompensation erlauben. Diese Serviceleistungen werden deshalb auch nicht hier, sondern in einem späteren Abschnitt unter dem Begriff Einkaufserleichterungen behandelt. Der unten aufgeführte Katalog wird deutlich machen, dass die Dienstleistungen nicht immer von diesen

---

[32] Vgl. zur generellen Problematik des Dienstleistungsmarketings das Standardwerk von Meffert / Bruhn: Dienstleitungsmarketing.

Serviceleistungen konsequent in dem hier verstandenen Sinn zu trennen sind.

Umso wichtiger ist es, für die Dienstleistungen als eigenständige Leistungen ein spezielles Marketing-Konzept zu entwickeln, damit diese vom Kunden auch als eigenständig angesehen werden, weil sie ihm einen konkreten Nutzen unabhängig vom Arzneimittel stiften.

Ein kleiner Katalog[33] zeigt die Vielfalt dieser Dienstleistungen auf:

(1) *Warenbezogene Dienstleistungen,* die über die reine Verfügbarkeit der Produkte hinausgehen. Obwohl gerade hier die Problematik einer Akzeptanz als eigenständige und damit auch getrennt zu vergütende Leistung besteht und oft spezielle rechtliche Vorschriften mit diesen Leistungen verbunden sind, seien an dieser Stelle genannt
   – Herstellung bestimmter Rezepturen,
   – Blisterung nach Patientenbedarf (z.B. für Altenheime),
   – Zustellung (z.B. bei Immobilität),
   – Bestellung besonderer Produkte nach Kundenwunsch (z.B. Hilfs- und Pflegeartikel).

(2) *Beratungsleistungen,* sofern diese nicht nur im Zuge der Bedienung in der Offizin erfolgen. Es sind selbständige Aktionen in der Apotheke, beim Kunden oder in Veranstaltungen, und sie werden in der Regel durch schriftliches oder elektronisches Informationsmaterial unterstützt. Die möglichen Themen hier sind kaum überschaubar und nur in Gruppen aufgezählt:
   – Alternative Behandlungen und Medizin
     (Ayurveda, Bachblüten, Aromatherapie, etc.),
   – Gesunde Lebensführung
     (Ernährung, Entspannung, Wellness, Sport, Fitness etc.),
   – Indikationenbezogene Themen der typischen Krankheitsbilder
     (Rheuma, Osteoporose, Inkontinenz, Diabetes, Neurodermitis, etc.),
   – Pflegeanleitungen nahezu aller Körperbereiche
     (Haut, Mund und Zähne, Füße, Haare),
   – Suchtberatung, Entwöhnung in den verschiedenen Suchtbereichen
     (Alkohol, Rauchen, Übergewicht, etc.),

---

[33] Der Katalog gibt ausgewählte Leistungen wieder, die durch eine einmalige Begehung der Apotheken einer Stadt mit knapp 100.000 Einwohnern in Rheinland-Pfalz ermittelt wurden.

–   Vorsorge-Beratung
    (Krebs, Schlaganfall, Herzinfarkt, Impfungen, etc.).

(3) *Analytische und diagnostische Leistungen*, in der Regel:
    –   Kundenbezogene Analysen des Blutes, der Harnes, der Haut, des
        Haares, der Knochendichte, des Körperfettes, der Venen,
    –   Stoffbezogene Analysen von Boden und Wasser,
    –   Überprüfungen von Hausapotheken, Reiseapotheken, Kfz-
        Verbandskästen, Erste-Hilfe-Einrichtungen in Haushalten und Un-
        ternehmen.

(4) *Bereitstellungsleistungen* von Geräten, welche die Kunden nicht dauer-
    haft benötigen oder neu in Besitz nehmen müssen. Dabei ist die Bereit-
    stellung nicht immer vom Verkauf dieser Produkte zu trennen. Anlässe
    können sein:
    –   Babypflege, Schwangerschaft
        (Wannen, Waagen, Milchpumpen),
    –   Behandlungsunterstützung
        (Infrarot-Lampen, Inhaliergeräte, Gymnastikprodukte),
    –   Gewöhnung an medizinisch-technische Geräte
        (Hörgeräte, Krücken, Rollstühle),
    –   Krankenpflege
        (Wannenlifte, Pflegebetten, Rollstühle, Toilettenstühle).

(5) *Behandlungsleistungen* am Kunden, häufig in Verbindung mit eigenen
    Behandlungsräumen innerhalb der Apotheke,
    –   Anmessungen in Verbindung mit dem Erwerb von Bandagen, Einla-
        gen, Strümpfen,
    –   Behandlungsleistungen in Verbindung mit bestimmten Indikationen
        (vgl. Analysen von Blut, Körperfett, etc),
    –   Behandlungsleistungen als selbstständige Dienstleistung
        (Kosmetik, Maniküre, Fußpflege, Narbenkorrektur, Haarentfer-
        nung).

Diese Beispiele zeigen nicht nur das breite Spektrum auf, sondern auch die
beschriebenen Probleme einer sauberen Abgrenzung zum Service im Sinne
der Einkaufserleichterung. Und gerade die zuletzt beschriebenen Behandlungsleistungen eröffnen zudem das Feld zu eigenständigen Geschäftsfeldern, die losgelöst von der Apotheke angeboten werden. Diese werden im
vierten Teil unter dem Stichwort „Diversifikation" näher betrachtet.

Ein erfolgreiches Angebot dieser Dienstleistungen stellt aber annähernd gleiche oder vielleicht sogar höhere Anforderungen an das Marketing-Konzept als das Warensortiment. Dienstleistungsmarketing umfasst alle Facetten einer Sortimentspolitik (welche Dienstleistungen in welcher Qualität und welcher Variationsbreite?), einer Preispolitik (Höhe des Preises, Kopplung an den Umsatz?) und vor allem der Kommunikationspolitik (Werbung mit und für Dienstleistungen).

2.3.2   Positionierung über den Preis

Der Preis als Aktionsinstrument ist natürlich in Apotheken nur eingeschränkt nutzbar. Durchschnittlich mehr als 70% des Sortimentes sind verschreibungspflichtige Arzneimittel und daher in der Preisbildung durch das Kombimodell vorgegeben. Also verbleiben lediglich die Sortimentsbereiche der Selbstmedikation und das apothekenübliche Ergänzungssortiment, um durch die Preisstrategie eine Profilierung gegenüber dem Wettbewerb beim Kunden zu erreichen.

Dazu sind zwei Dinge erforderlich: Zum einen setzt dauerhafte Preisführerschaft dauerhafte Kostenführerschaft innerhalb der Apotheke voraus. Zum anderen muss der Kunde diese Preisführerschaft durch Mehrumsatz honorieren.

Preis- und Kostenführerschaft

Die notwendige *Kostenführerschaft* bedeutet für die Apotheke, in *allen* Kostenarten eine deutlich geringere Belastung zu erreichen als der Wettbewerb. Die Durchschnittswerte weisen die durchschnittliche Kostenbelastung mit knapp 24% des Umsatzes (inkl. MwSt.) aus.

Tab. 2.2: Kosten- und Ergebnisrechnung durchschnittlicher Apotheken

Auswertungsposition	in % der Erlöse mit MwSt.	in % der Erlöse ohne MwSt.
Umsatzerlöse brutto (m. MwSt.)	100,0	
./. MwSt.-Inkasso	13,6	
= Umsatzerlöse netto (o. MwSt.)	86,4	100,0
./. Wareneinsatz	62,0	71,8
= Rohertrag	24,4	28,2
Personalkosten (m.UL)	15,1	17,5
Miete, Raumkosten, AfA	3,2	3,7
alle übrigen Kosten	5,3	6,3
Gesamtkosten	23,6	27,4
Betriebsergebnis	0,8	0,8
Umsatz je beschäftige Person	279.200 €	241.229 €
Umsatz je qm Geschäftstraum	10.140 €	8.761 €
Personalkosten je Mitarbeiter	42.159 €	42.159 €
Raumkosten je qm	324 €	324 €

Quelle: IfH: Apotheken 2004

Die Belastung mit *Handlungskosten* kann nur dadurch gemindert werden, dass entweder das Kostenniveau deutlich unter oder die Produktivität deutlich über dem Wettbewerb liegt.

Am Beispiel der Personalkosten soll dies verdeutlicht werden: Die Personalkostenbelastung sei in Anlehnung an die Betriebsvergleichszahlen 15% der Erlöse.[34] Die Erlöse werden hier inkl. MwSt. gerechnet. Die Handlungskosten beinhalten auch sogenannte kalkulatorische Kosten, die nicht in der Buchhaltung erfasst werden, aber dennoch durch die Apotheke erwirtschaftet werden müssen, in erster Linie der Unternehmerlohn der Apothekenleiterin oder des Apothekenleiters, aber auch die Miete für genutzte eigene Räume und Zinsen für das eingesetzte Eigenkapital. Ohne diese kalkulatorischen Kosten liegen die sogenannten steuerlichen Handlungskosten deutlich niedriger. Die Treuhand Hannover rechnet mit 9% bis 10% Personalkosten ohne Unternehmerlohn.

---

[34] Vgl. Hasan-Boehme: Betriebsvergleich 2005, S. 5ff.

Diese Personalkostenbelastung ergibt sich aus dem Umsatz pro beschäftigter Person (hier ca. 280.000 €) und den Personalkosten (inkl. Unternehmerlohn) je beschäftigter Person (hier ca. 42.000 €). Soll diese Personalkostenbelastung deutlich gesenkt werden, kann dies nur entweder über ein geringeres Kostenniveau oder eine erhöhte Produktivität erfolgen.

Das Kostenniveau, hier die Personalkosten je Mitarbeiter, kann dadurch gesenkt werden, dass weniger qualifiziertes (pharmazeutisches) Personal eingestellt wird, Weiterbildungskosten eingespart werden, kurz, die Qualität der apothekerlichen Leistung eingeschränkt wird.

Die Produktivität kann erhöht werden, wenn die Beratung schneller oder weniger intensiv erfolgt, wenn die Warenprozesse nicht so viel Aufwand verursachen, kurz, wenn für den gleichen Umsatz weniger Mitarbeiter benötigt werden.

Eine Absenkung der Kosten je Mitarbeiter um ca. 10% (auf 38.000 €) und eine Steigerung der Produktivität um 10% (auf 300.000 €) führt so zu einer Kostenbelastung von 12,67 % und damit zu einem Kostenvorteil von 2,3 Prozentpunkten.

Vergleichbare Überlegungen können bei den Kosten und Leistungswerten aller Faktoren angestellt werden. Größere Apotheken sind dabei in jedem Fall im Vorteil, weil sie insbesondere die Betriebsprozesse rationeller gestalten können. Dies geht über die Personalorganisation und Personaleinsatzplanung, den Einsatz von Automaten, das bessere Controlling bis hin zu günstigeren Konditionen bei der Finanzierung.

Das ist die Erfolgsformel der Discounter (Aldi, Lidl): Sie erreichen durch schlanke Prozesse so hohe Produktivitäten, dass die Kostenbelastung nur die Hälfte der Kosten in klassischen Betriebsformen ausmacht.

Die Belastung der *Wareneinsatzkosten* kann nachhaltig nur durch besonders günstige Konditionen der Lieferanten gemindert werden. Auch hier wird die Umsatzgröße eine bedeutsame Rolle spielen. Einkäufe im Verbund und Konzentration auf wenige Lieferanten können hier vielleicht größenbedingte Nachteile mittelständischer Betriebe etwas kompensieren.

Preisführerschaft also ist nur auf zwei Wegen zu erreichen: Durch schlanke Betriebsprozesse bei reduziertem Leistungsangebot (Discountprinizp) oder durch deutlich größere Betriebs- und Unternehmenseinheiten. Dem Discountprinzip sind durch Charakter und Ordnung der Apotheke (Beratungspflicht, Verfügbarkeit) enge Grenzen gesetzt, Großunternehmen werden trotz maßvoller Freigabe des Mehrbesitzes nicht entstehen.

Preisaktionen und Kompensationskalkulation

Die Absage an eine generelle Profilierung der Apotheke über den Preis bedeutet jedoch nicht, dass Marktanteile nicht über *gezielte Preisaktionen* gewonnen werden können. Dabei muss klar sein, dass solche Aktionen den Rohertrag des Aktionsartikels zum Teil deutlich schmälern. Eine Preissenkung von 10% drückt die ursprüngliche Handelsspanne von 30% auf 22,2%. Solche Ertragseinbrüche können nur durch zwei Wege aufgefangen werden, die im Handel unter dem Begriff der Kompensation subsumiert werden:

Die *Selbstkompensation* erwartet von der Preisreduzierung einen so deutlichen Mehrumsatz, dass der reduzierte Stückertrag durch diese zusätzliche Menge aufgefangen wird. In welchem Umfang dieser Mehrumsatz erwartet wird, lässt sich in Abwandlung der bereits aus dem ersten Kapitel bekannten Formel umrechen:

$$Erforderlicher\ Mehrumsatz\ in\,\% = \left[\frac{Handelsspanne\ in\,\%}{Handelsspanne\ in\,\% - Rabatt\ in\,\%} - 1 \right] x100$$

In dem angeführten Beispiel also ist der erforderliche Mehrumsatz

$$Erforderlicher\ Mehrumsatz\ in\,\% = \left[\frac{30\,\%}{30\,\% - 10\,\%} - 1 \right] x100 = 50\,\%$$

Aus dieser Formel ermittelt sich dann auch die bestens bekannte Tabelle, welche die Mehrumsätze bei entsprechenden ursprünglichen Spannen und den Rabatten wiedergibt.

Tab. 2.3: Zusammenhang von Rabatt und Mehrumsatz

Rabatt	Handelsspanne							
	10%	15%	20%	25%	30%	35%	40%	50%
1%	11,1%	7,1%	5,3%	4,2%	3,4%	2,9%	2,6%	2,0%
2%	25,0%	15,4%	11,1%	8,7%	7,1%	6,1%	5,3%	4,2%
3%	42,9%	25,0%	17,6%	13,6%	11,1%	9,4%	8,1%	6,4%
4%	66,7%	36,4%	25,0%	19,0%	15,4%	12,9%	11,1%	8,7%
5%	100,0%	50,0%	33,3%	25,0%	20,0%	16,7%	14,3%	11,1%
10%		200,0%	100,0%	66,7%	50,0%	40,0%	33,3%	25,0%
15%			300,0%	150,0%	100,0%	75,0%	60,0%	42,9%
20%				400,0%	200,0%	133,3%	100,0%	66,7%
25%					500,0%	250,0%	166,7%	100,0%

Eine solche Selbstkompensation kann nur bei Artikeln gelingen, die sehr stark auf Preisveränderungen reagieren, also eine hohe Elastizität aufweisen.

Eine solch hohe Elastizität weisen zum einen Artikel auf, die durch geringere Preise zu einem vermehrten Verbrauch anregen, ein Effekt, der bei Arzneimitteln unerwünscht oder verboten ist, jedoch im Bereich der Gesundheitsvorsorge oder der „wellness" durchaus relevant sein könnte. Hier können gezielte Preisaktionen bei den Kunden den Bedarf steigern oder sogar erst schaffen und damit auch nach der Einführungsaktion zu dem dann „normalen" Preis für dauerhaften Umsatz sorgen.

Eine hohe Elastizität weisen aber auch Artikel auf, die in hartem Wettbewerb innerhalb des Apothekenumfeldes oder zu anderen Vertriebsformen (Drogeriemärkten, Reformhäusern) stehen. Hier wird der Mehrumsatz zu Lasten der „Kollegen" gehen, die dann möglicherweise darauf mit ähnlichen Aktionen reagieren. Der im ersten Kapitel beschriebene Kino-Effekt tritt ein, der Preis spielt sich auf einem niedrigen Niveau ein, die Marktanteile haben sich nicht zu Gunsten des Initiators verschoben, und die Selbstkompensation ist missglückt.

Schließlich neigen Artikel mit einer hohen Elastizität zum Hortungskauf. Der Mehrumsatz in der Apotheke wird dann durch Umsatzeinbrüche nach der Preisaktion bestraft.

Ob ein Artikel letztlich in der Preisaktion erfolgreich war, kann über den Umsatzzuwachs gemessen werden, sofern die geschilderten Störungen berücksichtigt werden. Welcher Aufwand dazu allerdings erforderlich war, welche Warenbestände gelagert und finanziert werden mussten, geht aus dem reinen Mehrumsatz nicht hervor. Hier gibt eine Kennzahl Auskunft, die den erwirtschafteten Rohertrag zu dem eingesetzten Warenbestand dieses Artikels ins Verhältnis setzt: Die Brutto-Nutzen-Ziffer (BNZ). Aus dieser Kennzahl leiten sich durch mathematische Aufspaltung zwei sehr bekannte Kennzahlen ab, die ihrerseits die beiden Komponenten der Aktion wider-spiegeln: Die Aufschlagsspanne (Rohertrag in % des Einkaufspreises) do-kumentiert den erzielten Ertrag, die Lagerumschlagsgeschwindigkeit (Ver-kaufte Stückzahlen, bezogen auf den durchschnittlichen Lagerbestand) den Mehrumsatz.

Abb. 2.6: Die Brutto-Nutzen-Ziffer und ihre Komponenten

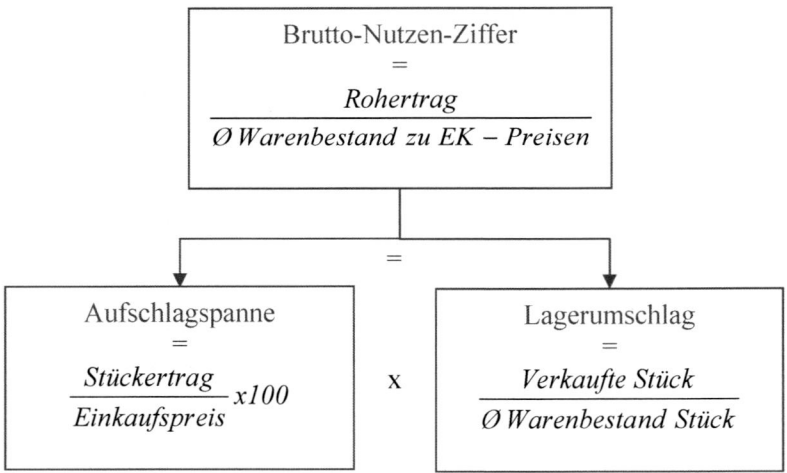

Sinkt die Spanne stärker als der Umschlag steigt, so war die Aktion selbst kein Erfolg. Erst wenn die BNZ vor und nach der Aktion gleich geblieben oder höher geworden ist, kann von einer gelungenen Selbstkompensation gesprochen werden.

Ein fiktives Beispiel mag dies verdeutlichen:

Tab. 2.4: Aktionsbeispiel

Position	Ausgangs-situation	Aktion 1	Aktion 2
Verkaufspreis o. MwSt.	10,00 €	9,50 €	9,50 €
Einkaufspreis netto	7,50 €	7,50 €	7,50 €
Stückertrag	2,50 €	2,00 €	2,00 €
Absatz in Stück	100	125	125
Umsatz	1.000 €	1.188 €	1.188 €
Ertrag	250 €	250 €	250 €
Lagerbestand in Stück	10	10	12
Lagerumschlag	10,0	12,5	10,4
Handelsspanne	25,0%	21,1%	21,1%
Aufschlagsspanne	33,3%	26,7%	26,7%
Brutto-Nutzen-Ziffer	333%	333%	278%

In der Ausgangslage wird ein Ertrag von insgesamt 250 € erzielt. Wird der Preis nun um 5% gesenkt, sinkt auch der Stückertrag und zwar um 20%. Es ist ein Umsatzzuwachs von 25% erforderlich, um den gleichen Ertrag zu erreichen. Nur wenn dies ohne zusätzliche Investitionen in den Lagerbestand dieses Artikels gelingt, ist die Aktion tatsächlich ein Erfolg (Aktion 1): die BNZ ist gleich geblieben. Bei Aktion 2 dagegen musste (realistischerweise?) zusätzlich der Lagerbestand erhöht werden, wenn auch nur um 10%, und schon stimmt das Verhältnis von Ertrag und im Lager gebundenem Kapital nicht mehr, die BNZ sinkt.

Sind die Erfolgsaussichten durch Selbstkompensation also nicht gegeben, bleibt noch die *Fremdkompensation*. Sie ist dann anzuwenden, wenn ein intensiver Wettbewerb insbesondere zu fremden Betriebsformen des Handels, z.B. Drogeriemärkten, SB-Warenhäusern oder Discountgeschäften ausgetragen werden muss. Die Kostenstrukturen verbieten hier natürlich ein permanentes Unterbieten des Marktpreises. Der Wettbewerb verlangt andererseits ständig wechselnde preisaktive Sortimentsteile. Nicht selten finden sich in den Tageszeitungen Anzeigen oder Beilagen von Apotheken, die mit erstaunlichen Preisen klassische Markenpräparate anbieten.

Sofern aber der Aktionsartikel nicht aus eigener Kraft den Ertragsverlust kompensiert, braucht die Apotheke andere Artikel, die nicht unter diesem Wettbewerbsdruck stehen, also mit höheren Margen kalkuliert werden können, um diese Artikel zu kompensieren.

Im Gegensatz zu den Aktionsartikeln (sogenannte Kompensationsnehmer), die eine hohe Elastizität aufweisen und so selbst den Ausgleich schaffen, eignen sich als Kompensationsartikel (Kompensationsgeber) nur solche Artikel mit geringer Elastizität: Eine Preiserhöhung sollte bei diesen Artikeln im Markt kaum merkbare Absatzreaktionen zeigen, weil das Preisbewusstsein entweder nicht stark ausgeprägt ist oder der Kunden keine sinnvolle Alternative zum Kauf dieses Produktes hat.

Besonders geschickt wäre es, Kompensationsgeber und Kompensationsnehmer so mit einander zu verknüpfen, dass beide Artikel zusammen gekauft würden. Dann würde der vermehrte Absatz des Aktionsartikels gleichzeitig auch den Abverkauf des Ertragsspenders mehren.

Solche Verbundwirkungen (Komplementärwirkungen) sind im Sortiment entweder natürlich gegeben (ein sogenannter Bedarfsverbund, wie er bei manchen Arzneispezialitäten bestehen kann) oder werden mehr oder weniger intensiv angeregt durch Verbundplatzierung, eine gemeinsame Werbeaktion oder Verkaufsgespräche (cross-selling oder Angebotsverbund).

Besonders gefährlich sind diese Kalkulationsvarianten, wenn sie zwei Artikel betreffen, die nicht komplementär zu einander stehen, sondern sich gegenseitig substituieren (z.B. unterschiedliche Spezialitäten mit gleichen Wirkstoffen). Hier wird der Kunde in der Regel den Aktionsartikel zu Lasten der Kompensationsartikel wählen, sodass das Rechenbeispiel nicht aufgeht.

Bonussysteme und Kundenkarten

Die bisher angestellten Überlegungen zur Preisbildung und Preisaktion betreffen in erster Linie die Strategie, durch neue Kunden, manchmal auch durch Zusatzumsätze bei bestehenden Kunden den Umsatz zu steigern. Wenig effizient wird es aber sein, mit dieser reinen Kalkulationsstrategie eine dauerhafte Bindung der bestehenden Kunden zu erreichen. Die Kunden werden ihre Umsätze nur dann auf die eine Apotheke konzentrieren und nicht, wie üblich, auf zwei bis drei Apotheken je nach Arztstandort oder

Gelegenheit verteilen, wenn nicht der Einzelpreis eines Artikels, sondern das Einkaufen in der Apotheke insgesamt attraktiv ist.

Um eine solche Kundenbindung zu erreichen, setzen zurzeit viele Handelsunternehmen und immer mehr Apotheken Bonussysteme und Kundenkarten ein. Noch nie wurden in Deutschland so viele Punkte gesammelt, Karten gezeigt, Coupons geschnitten. Die Vielfalt ist unüberschaubar und darin liegt das Problem.

Abb. 2.7: Typen von Kundenkarten

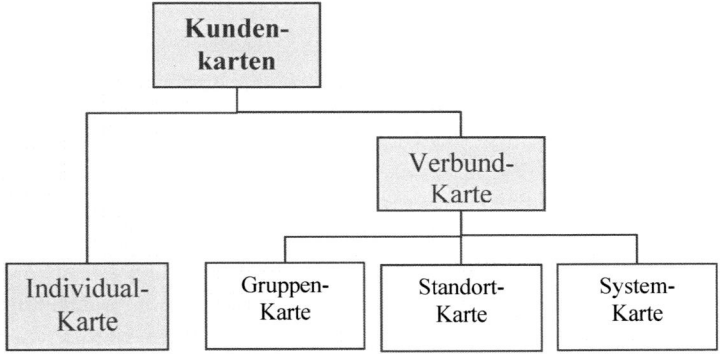

Wenn die Apotheke eine Kundenkarte zum Einsatz bringen will, muss sie sich entscheiden, ob sie diese individuell nur für diese Apotheke organisieren oder sich einem Kartenverbund anschließen will. Der Vorteil der individuellen Karte liegt eindeutig in der höheren Effizienz zur Kundenbindung, (sofern der Kunde diese Karte akzeptiert) und in der besseren Nutzungsmöglichkeit der Informationen zur Kundenstruktur und zum Einkaufsverhalten. Die Akzeptanz der Karten ist aber umso größer, die Organisation professioneller, die Kosten geringer, je mehr Betriebe diese Karte einsetzen. Und dies ist natürlich bei den bekannten Systemkarten wie payback, happy digits oder miles & more eher der Fall als bei einer Individualkarte. Zwischen diesen beiden sind Modelle angelegt, welche bestimmte Partner unterschiedlicher Branchen eines Standortes oder einer Region akzeptieren und die meist von regionalen Institutionen (z.B. Zeitungsverlagen, Energieversorgern oder Werbegemeinschaften der Städte) organisiert werden. Schließlich geben auch Einkaufsgemeinschaften oder Marketing-Kooperationen Kundenkarten heraus, die den Vorteil der Individualität mit dem Vorteil professioneller Organisation verbinden.

Oft, aber nicht zwangsläufig, werden diese Kundenkarten mit speziellen
Bonussystemen verbunden. Die Gestaltungsmöglichkeiten dieser Bonussysteme sind im Handel ebenso vielfältig.

Abb. 2.8: Typen von Bonussystemen

Anlass / Bonusbasis	Differenzierung	Bonushöhe	Bonusform
Umsatzhöhe	Gesamtumsatz	konstanter %-Wert	Barauszahlung
Zahl der Besuche	Nur bestimmte Warenbereiche oder	Bonusstaffeln	Verrechnung
Zahl der Rezepte	Aktionen		Warengutschein

Spezielle Anlässe:
–   Empfehlung
    neuer Kunden
–   Probe neuer
    Produkte
	Ohne bestimmte
	Warenbereiche oder
	Aktionen
			Sachprämien
			
			Punkte

Nicht nur die Höhe des Gesamtumsatzes, des Umsatzes in speziellen Warengruppen (z.B. nur Ergänzungssortiment) oder ohne spezielle Warengruppen (z.B. keine Rx-Artikel) eines Kunden, sondern auch andere Anlässe wie
Test neuer Sortimente, Werbung neuer Kunden, kann zu Bonuszahlungen
führen.

Bonusstaffeln haben in der Tat eine große Wirkung auf die Kundenbindung.
Bei additiven Staffeln erreicht der Kunde mit zunehmenden Umsätzen eines
Zeitraumes einen immer höheren Bonussatz, um den dann der jeweilige
Einkaufsbetrag gemindert wird. Bei kumulativen Staffeln ist der Preisvorteil
noch höher, da die höheren Bonussätze nun auch für die zurückliegenden
Umsätze ausgezahlt werden. Hier würde eine Vergütung nicht unmittelbar
erfolgen können, sondern mittels Gutscheinen oder Rückvergütung nach-
träglich abgerechnet.

2.3.3   Positionierung über Einkaufserleichterungen

Es gibt erfolgreiche Handelsunternehmen, die im Urteil der Kunden weder
als besonders leistungsstark (bekannte Marken, riesige Auswahl, hervorra-

gender Service) noch als besonders preiswert gelten. Gemeint sind nicht nur die oft zitierten Tankstellen mit ihrem Warensortiment. Fachgeschäfte der Unterhaltungselektronik, Küchenstudios, Bäcker- und Fleischerfachgeschäfte gehören zu dieser Gruppe von Handelsunternehmen, die sich dadurch auszeichnen, dass der Kunde zu bedarfsgerechten Zeiten an bedarfsorientierten Standorten ohne besondere Beschaffungsanstrengungen seine Waren und Dienstleistungen bekommt. Dafür ist er bereit, vielleicht auf spezielle Leistungen (z.B. eine besondere Auswahl) zu verzichten, vor allem aber ist er bereit, einen Preis zu zahlen, der sich nur wenig am Wettbewerb der Discounter und Großbetriebsformen orientiert.

Diese Leistungen des Handels verstehen sich tatsächlich als Serviceleistungen,[35] die von der Apotheke angeboten und vom Kunden als solche angesehen werden, um den Umsatz der Hauptleistung (Sortiment und Dienstleistungen) zu fördern. Sie stiften dem Kunden einen Nutzen, weil er seine Einkäufe bequemer, also mit geringerem Beschaffungsaufwand, oder bedarfsgerechter tätigen kann.

Hier soll nicht ein umfassender Katalog möglicher Serviceleistungen vorgestellt werden,[36] lediglich die wesentlichen Typen solcher Einkaufserleichterungen aus Kundensicht seien angeführt:

Erreichbarkeit

Bereits bei der Analyse der Standortqualität wurde der Aspekt der Erreichbarkeit beschrieben. Dieser Wettbewerbsvorteil ist bei den Apotheken oft entscheidend für die Auswahl, allerdings liegt er nicht immer unmittelbar in der Gestaltungskompetenz der einzelnen Apotheke.

Zur Erreichbarkeit allerdings kann die Apotheke auch in ungünstigen Situationen etwas beitragen, sei es, dass es ihr möglich ist, eigene Parkplätze anzubieten, sei es, dass bei öffentlichen Parkplätzen die anfallenden Gebühren mit dem Kaufbetrag verrechnet werden. Bei wenig frequentierten Standorten verbessern möglicherweise Hinweisschilder die Situation.

---

[35] Auf die lange währende Diskussion um die Begriffe „Service" und „Dienstleistungen" und die Zuordnung der jeweiligen Leistungen, z.B. der Beratungsleistung, soll hier nicht eingegangen werden. Vgl. hierzu Barth: Betriebswirtschaftslehre des Handels, S. 37.
[36] Vgl. die Typisierung der Serviceleistungen bei Neudecker: Apothekenmarketing, S. 207f.

Zu den örtlichen Einkaufserleichterungen gehören natürlich auch alle Maßnahmen für den barrierefreien Zutritt zur Apotheke, nicht nur für behinderte Kunden, sondern auch für Kunden mit Kinderwagen.

Und schließlich kann durch die Zustellung der Ware die mangelnde örtliche Erreichbarkeit der Apotheke kompensiert werden, wenngleich diese Leistung eher zur Kompensation von Defekten oder in ihrer extremen Form als Versandhandel in eine ganz andere Wachstumsstrategie gehört.[37]

Verkaufsbereitschaft

Natürlich ist die Versorgungssicherheit ohne zeitliche Begrenzung durch die Apothekerschaft insgesamt an jedem Standort noch gewährleistet. Vielleicht ist dies ein Grund, weshalb die *Öffnungszeiten* der einzelnen Apotheke nicht ausschließlich in deren Ermessen gestellt sind, sondern außer den (noch) gültigen Ladenschlusszeiten auch die Regelungen der Standesvertretung am jeweiligen Standort zu berücksichtigen sind. Zu bedenken ist aber, dass bei den Kunden durchaus ein Bedarf nach Verkaufsbereitschaft besteht, der nicht unbedingt etwas mit einem Notfall zu tun hat.

Die individuelle Gestaltung der optimalen Öffnungszeiten hängt vom Standort der Apotheke und damit vom Einkaufsverhalten der Kunden einerseits und der internen Personalsituation sowie der Organisation der Arbeitsabläufe anderseits ab.

Es ist sicher verständlich, dass eine Apotheke in einem Ärztehaus ihre Öffnungszeiten eng an die Sprechzeiten der Praxen anlehnt. Das Verständnis hält sich allerdings dann in Grenzen, wenn dieses Ärztehaus in einer stark frequentierten Einkaufsmeile liegt und die vielen potenziellen Kunden am Mittwoch- oder Samstagnachmittag vielleicht sogar generell in der Mittagspause vor einer geschlossenen Offizintür stehen. Diese restriktive Öffnungszeit wird in wohnorientierten Standorten dagegen kaum einen Umsatzverlust nach sich ziehen.

Bei den internen Abläufen sind größere Apotheken im Vorteil, weil diese ihre Verkaufsbereitschaft wesentlich besser an die Kundenfrequenz anpassen können. In kleineren Apotheken ist die Möglichkeit, diesen Ausgleich mit Teilzeitkräften zu erreichen, nur begrenzt gegeben.

---

[37] Vgl. hierzu die Vorbemerkungen zu Teil 3.

Zu der zeitlichen Komponente zählt auch der Kaufvorgang in der Apotheke selbst. Nur selten wird dieser Aspekt von den Kunden bemängelt. Die Personalverfügbarkeit der meisten Apotheken ist mehr als ausreichend, Wartezeiten halten sich in engen Grenzen, z.T. helfen Kommissionierautomaten diese Bedienungszeiten weiter zu verkürzen.

Lieferbereitschaft

Hier arbeiten nahezu alle Apotheken durch den Versorgungsauftrag auf einem hohen Niveau. Das ist zwar erfreulich, führt aber dazu, dass sich die einzelne Apotheke über eine hohe Lieferbereitschaft kaum noch positiv vom Wettbewerb abheben kann. Der Kunde erwartet, dass die Arzneimittel verfügbar sind, und er wird in der Regel nicht enttäuscht. Eventuell eingetretene Defekte werden innerhalb kürzester Zeit durch Zustellung kompensiert. Dieses hohe Niveau könnte allerdings dadurch gefährdet werden, dass der Versandhandel die „Rosinen" des Bedarfs bei den Kunden abdeckt (z.B. regelmäßiger Bedarf chronisch kranker Menschen), hier also leicht die Versorgung sicherstellen kann, während die Offizinapotheke, insbesondere in wohnorientierten Lagen, dann die Verfügbarkeit der Restsortimente mit wesentlich höheren Durchschnittskosten sicher zu stellen hat. Ob dann allerdings die jeweilige Preisspannenverordnung ökonomisch für das Überleben der Apotheke ausreicht, muss bezweifelt werden.

Auch für die Optimierung der Lieferbereitschaft hat der Standort eine besondere Bedeutung. So ist es schon erstaunlich, dass eine sonst logische Gesetzmäßigkeit bei Apotheken nicht grundsätzlich gilt: Eigentlich ist es selbstverständlich, dass eine hohe Verfügbarkeit mit einem hohen Lagerbestand erkauft werden muss, niedrige Defektquoten also zwangsläufig zu niedrigen Lagerumschlags-Kennzahlen führen. Stellt man diese beiden Kennzahlen verschiedener Apotheken einander gegenüber, so erwartet man eine starke Korrelation dieser beiden Werte. Eine Darstellung der Verteilung zeigt jedoch ein erstaunliches Bild.

Abb. 2.9: Defektquote und Lagerumschlag

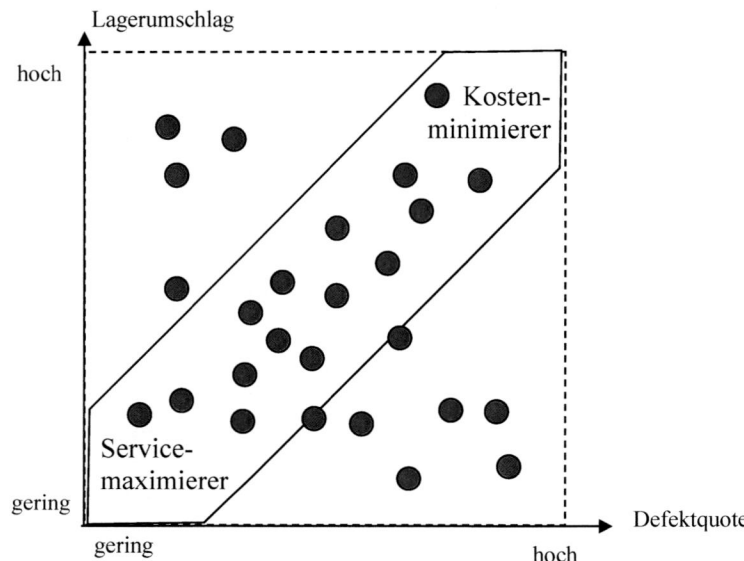

Quelle: Schematische Darstellung einer Auswertung aus Pharma-Benchmark
(Prokas).

In der Diagonalen finden sich die typischen Apotheken. Sie zielen entweder
auf hohe Kundenbindung durch ständige Lieferbereitschaft und nehmen die
hohen Lagerbestände in Kauf, oder sie setzen im Sinne einer Kostenführerschaft stark auf schlanke Bestände und nehmen daher auch die hohe Defektquote hin. Der Kunde wird dies nur akzeptieren, wenn er dafür entweder
geringere Preise, z.B. im OTC-Bereich vermutet, wenn er von der Leistung
der Apotheke in anderen Bereichen (z.B. in der Beratung) überzeugt ist oder
wenn die Apotheke einen Standort hat, an dem ein erneuter Besuch keinen
großen Aufwand mit sich bringt, bzw. sich durch Zustellung erübrigt.

Die Erscheinungen oberhalb und unterhalb der Diagonalen können natürlich
Apotheken mit besonders gutem oder schlechtem Management sein. Diese
Kombinationen von Umschlag und Lieferbereitschaft können aber auch
durch den Typ der Apotheke bedingt sein. So haben Apotheken mit starker
Ärztekonzentration den großen Vorteil, ihre Warenbestände sehr genau auf
das Verhalten „ihrer" Verschreiber abstellen zu können. Daher können eine
geringe Defektquote und dennoch ein hoher Umschlag erreicht werden.

Im unteren Teil des Diagramms ist das Gegenteil der Fall. Hier könnten sich Apotheken in den 1a-Lagen großer Städte, in Einkaufzentren oder in Großflächen befinden, die trotz intensiver Bevorratung durch das große Einzugsgebiet wenige Chancen haben, alle Verschreibungen zu erfüllen. Für sie kommt erschwerend hinzu, dass auch kaum eine Kompensation durch erneuten Besuch des Kunden oder durch Zustellung erfolgen kann. Defekte sind hier tatsächliche Umsatzverluste.

Dokumentations- und Abrechnungshilfen

Ein exzellentes Instrument der Kundenbindung sind alle Serviceleistungen, die über einen langen Zeitraum regelmäßig erbracht werden.

Zu denken ist hier an die kundenbezogene Erfassung der insgesamt abgegebenen Präparate, sei es zur Dokumentation des Medikationsverhaltens unterschiedlicher Verschreiber oder zur Geltendmachung von Erstattungen gegenüber Behörden, Versicherungen oder Finanzämtern.

Zusätzliche Dienstleistungen können hiermit verbunden werden, zum Beispiel die Hilfen bei der Abrechnung mit Privatversicherungen und Beihilfestellen oder gar der Aufschub der Zahlung bis zum Eingang der Erstattungen.

2.3.4   Kommunikation des Profils

Eine klare Profilierung der Apotheke ist nur dann erfolgreich, wenn sie in das Bewusstsein der Kunden (und Nicht-Kunden) gedrungen ist. Diese Selbstverständlichkeit bedeutet vor allem, dass die wesentlichen Elemente des Profils intensiv und konsequent beworben werden müssen. Gegen beide Forderungen wird aber oft verstoßen:

Von intensiver Kommunikation kann zunächst nicht gesprochen werden, wenn man sich die Werbekosten der Apotheken im Vergleich zu anderen Branchen ansieht:

Tab. 2.5: Werbekosten in Apotheken und im Fachhandel

Branche	Werbekosten		
	in %		je Kunde
	Umsatz	Ges.Ko.	
Apotheken	0,70	2,95	0,25 €
Parfümerien	2,20	4,80	0,82 €
Naturkosthandel	1,20	3,85	0,15 €
Buchhandel	1,10	3,37	0,17 €

Quelle: IfH: Apotheken 2004.

In % des Umsatzes liegen die Apotheken weit hinter vergleichbaren Branchen, auch bezüglich des Anteils der Werbekosten an den Handlungskosten (inkl. kalkulatorischer Kosten). Die Werbekosten pro Kunde stellen sich mit 25 Cent dagegen einigermaßen dar. Geht man aber davon aus, dass die Rezeptumsätze nicht Gegenstand der Werbung sein sollen und dürfen, rechnet man also die Werbekosten lediglich auf die OTC- und Freiwahlumsätze von etwa 20% des Gesamtumsatzes, so erreichen die Apotheken einen durchaus stattlichen Anteil von 3,5% des Barumsatzes (ohne Privatrezepte).

Wesentlicher ist jedoch die Frage, ob auch konsequent das gewünschte Profil zu jedem Anlass in allen Medien und an allen Orten vermittelt wird.

Die Stoßrichtung der Profilierung muss sich in den *Kommunikationsanlässen* ausdrücken. Das bedeutet, dass dieses Profil Bestandteil der sogenannten Corporate Identity werden muss, die als generelle Leitlinie, eben als Identität, allen Kommunikationsprozessen zu Grunde liegen muss.

Dies betrifft natürlich in erster Linie den Gesamtauftritt der Apotheke nach außen, das sogenannte Corporate Design. Die Gestaltung aller Kommunikationsmedien, von der Fassade über Offizineinrichtung, Mitarbeiterkleidung, Gestaltung aller Schriftstücke bis hin zu konkreten Anzeigen, Handzetteln oder Plakaten soll nicht nur in einem einheitlichen Design erscheinen; dieses Design muss auch das Profil der Apotheke deutlich machen. So ist der Auftritt einer Apotheke mit dem Schwerpunkt „Mutter und Kind" sicher anders zu gestalten, als der einer Nachbarschaftsapotheke, die serviceorientiert ist oder der einer Apotheke in einem Einkaufszentrum mit starker Preisaktivität.

Diese generelle Ausrichtung findet dann ihren Niederschlag in konkreten Maßnahmen:

Imagekampagnen nehmen die Themen des Profils als Motto auf, *Verkaufs-förderungsaktionen* berücksichtigen dieses Profil bei der Auswahl der Warengruppen und der Marken sowie der Gestaltung der Medien.

Die konkrete Ausrichtung der Wachstumsstrategie wird sich in der *Kommunikationsstreuung* wieder finden. Diese Streuung betrifft die Orte, die Zielgruppen und die Medien der Kommunikation.

Soll das Wachstumsziel vor allem durch Neukundengewinnung erreicht werden, so müssen die Medien genutzt werden, die in erster Linie von denjenigen Zielgruppen genutzt werden, die noch nicht Kunden der Apotheke sind. Somit ist das Streugebiet im Wesentlichen das Einzugsgebiet; bei der Auswahl der Medien zählen Reichweite und Genauigkeit, mit der die gewünschte Zielgruppe getroffen wird. Bei der Auswahl der Medien werden die Kommunikationskosten in einem sogenannten Tausenderpreis gegenübergestellt (Kosten pro 1.000 Personen der Zielgruppe ohne Streuverluste).

Ist Kundenbindung das strategische Wachstumsziel, kann die Zielgruppe genau definiert werden. Also werden Maßnahmen gewählt, die entweder unmittelbar in der Offizin (allgemein am point of sale) oder direkt beim Kunden durch Direktwerbung ansetzen.

Abschließend sei noch etwas zu dem Problem des *Kommunikationserfolges* und seiner Messung gesagt. Eine Kommunikationsstrategie oder -aktion ist dann erfolgreich, wenn die damit beabsichtigten Ziele erreicht wurden. Kundenbindungskommunikation wird dementsprechend überprüft am Umsatz pro Kunde, Kundenakquisition am Kundenzuwachs.

Eine konkrete Messung des Aktionserfolges, also die Beantwortung der Frage, ob eine bestimmte Kampagne mehr Kunden oder mehr Umsatz pro Kunde erreicht hat, fällt schwer.[38] Selbst ein einfacher Vergleich der Abverkaufsdaten eines beworbenen Artikels vor und während der Aktion bringt meist keinen Beweis für Erfolg oder Misserfolg aus zwei wesentlichen Gründen.

Zum einen werden Aktionen in einem dynamischen Umfeld innerhalb und außerhalb der Apotheke veranstaltet. Die eigene Apotheke kombiniert mehrere Werbemittel, die Kosten der Aktion (insbesondere die internen Kosten für Mitarbeiter) sind nicht genau zurechenbar. Wettbewerber veranstalten

---

[38] Zum Problem der Werbeerfolgskontrolle vgl. z.B. Barth: Betriebswirtschaftslehre des Handels, S. 263 ff.

gleichartige oder andere Aktionen. Vielleicht hat auch ein Hersteller der Warengruppe eine eigene Aktion in den Medien gestartet. Und möglicherweise gibt es einen Saison- oder Wachstumsschub in der gesamten Branche. Wie also will man der einzelnen Aktion Mehrkosten und Umsatzzuwachs zuordnen?

Selbst wenn dies möglich wäre, stört noch ein anderer Effekt die unmittelbare Zuordnung im Zeitablauf, den die Marketing-Fachleute als „Spill-over-Effekt" bezeichnen. Er wurde bereits bei der Preisaktion beschrieben. Ein zusätzlicher Umsatz bei einer Preisaktion kann z.B. dadurch relativiert werden, dass die Kunden Vorratskäufe tätigen oder in Erwartung dieser Aktion in der Vorperiode ihre Nachfrage reduzierten. Er kann aber auch zu Neukunden führen, die nach der Aktion weiter für erhöhten Verkauf dieses Artikels sorgen. Und schließlich kann der zusätzliche Absatz eines Produktes durch geringeren Absatz anderer Produkte kompensiert werden oder den zusätzlichen Verkauf anderer Produkte stimulieren, weil diese in einer komplementären Beziehung zu einander stehen.

Erfolgsmessung der Kommunikation ist also problematisch. Umso wichtiger ist es, die eigene Kommunikationsstrategie in ihrer Planung so auszurichten, dass die Ziele und die Profilierungsschwerpunkte in Inhalt, Streuung und Medien schlüssig berücksichtigt werden.

2.4   Management by objectives zur Durchsetzung der - Intensivierung

Ist das Profil der Apotheke geschärft und sind die Kunden wirkungsvoll von dieser Alleinstellung am Standort überzeugt, müssen die innerbetrieblichen Voraussetzungen geschaffen werden, damit der erhoffte Umsatzzuwachs auch problemlos und möglichst ohne zusätzliche Fixkosten realisiert werden kann. Dabei können Schritte helfen, die im Rahmen eines ganzheitlichen Führungskonzeptes unter dem Begriff „Management by objectives" entwickelt wurden:[39]

(1) Der mit der gewählten Profilierung der Apotheke avisierte höhere Marktanteil muss in konkrete, operationale Ziele umgewandelt werden.
(2) Diese Ziele müssen mit den betroffenen Mitarbeitern detailliert vereinbart werden.
(3) Zu Erreichung dieser Ziele könnte ein leistungsorientiertes Vergütungssystem helfen.

2.4.1   Kennzahlen zur Operationalisierung der Wachstumsziele

Die Steigerung des Marktanteils als Ziel wurde bereits durch die beiden Kennzahlen Kundenfrequenz und Kundenkaufbetrag konkretisiert.[40]

Zur Umsetzung reichen aber solch allgemeine Richtlinien nicht aus. Vielmehr gilt es, diese Kennzahlen weiter auf bestimmte Warenbereiche oder Kundengruppen herunter zu brechen und für diese Segmente quantifizierte Zielwerte vorzugeben.

Für die Differenzierung der Kennzahlen bieten sich Bereiche an, die auch in der Apotheke getrennt disponiert, präsentiert und abgerechnet werden und die ev. sogar in der Verantwortung unterschiedlicher Mitarbeiter liegen, z.B.:

---

[39] Näheres hierzu bei Rahn: Unternehmensführung.
[40] Vgl. die Ausführungen zur Kapazitätsausschöpfung (Abschnitt 1.3.2) und zur Strategieauswahl und -kontrolle (2.1.3).

- nach Umsatzbereichen: z.b. GKV-, PKV-, OTC, sog. Bar-Umsätze,
- nach Lagerorten: z.b. Alphabet, Sichtwahl, Freiwahl,
- nach Kundengruppen: z.b. Kartenkunden, sonstige Kunden,
- nach Indikationen oder Fachrichtungen der Verschreiber,
- nach Mitarbeitertypen: z.b. Approbierte, PTA, PKA, Sonstige.

Das so entstandene Kennzahlensystem in der folgenden Abbildung spaltet also die Produktivitätskennzahl der Mitarbeiter im ersten Schritt in die Zielkomponenten Frequenz und Kaufbetrag auf, um die Zusammenhänge zu verdeutlichen. Sodann werden beide Unterkennzahlen nach den Verantwortungsbereichen (hier nur nach Rezept- und Bar-Umsatz) getrennt. Gleichermaßen könnte diese Trennung auch bereits bei der Leit-Kennzahl „Umsatz pro Mitarbeiter" erfolgen, sodass für Rezept- und Barumsätze getrennte Kennzahlensysteme vorliegen könnten.

Innerhalb dieses Systems sind nun die Zielwerte zu definieren und den Ist-Werten gegenüber zu stellen. Die Zielwerte können aus externen Benchmarkwerten[41] der klassischen Betriebsvergleiche oder der Warenwirtschaftssysteme entnommen werden. Die Funktionsweise wird nachstehend an einem fiktiven Beispiel erläutert, dem z.T. Werte des Kölner Betriebsvergleichs zugrunde liegen.

---

[41] Z.B. Betriebsvergleiche des Kölner Instituts für Handelsforschung oder der Treunhand Hannover. Werte ermitteln oft auch die Apothekenrechenzentren. Auf die Problematik der Eignung von Durchschnittswerten als Zielwerte wurde bereit in Abschnitt 1.3.2 eingegangen.

Abb. 2.10: Kennzahlensystem zur Analyse der Personalproduktivität

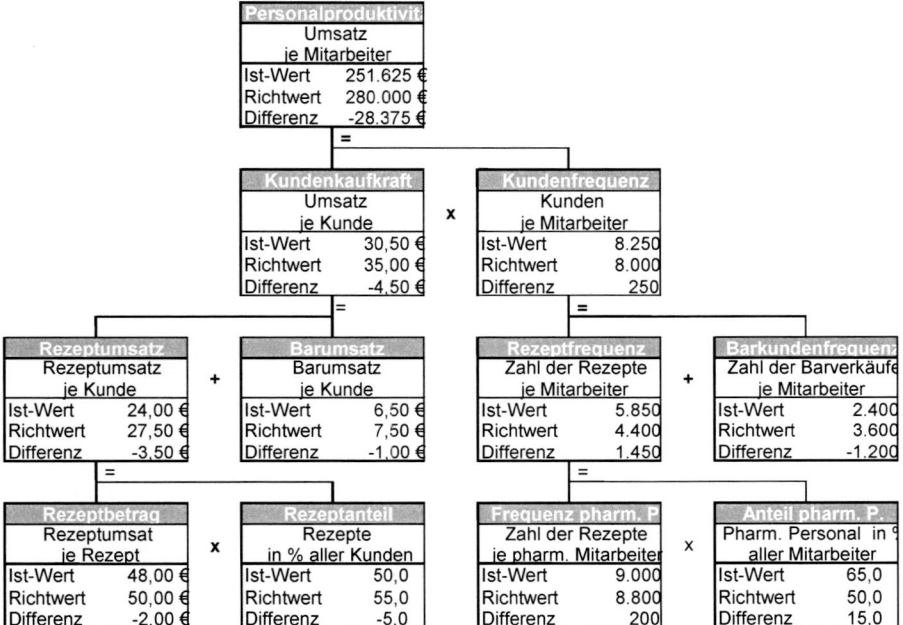

Der Vergleich mit den Benchmarkwerten zeigt, dass der Umsatz je beschäftige Person nur 90% des Durchschnitts beträgt. Die Aufgliederung dieser Spitzenkennzahl macht deutlich, dass die Kundenzahl nicht die Schwachstelle darstellt (+3%), sondern der Umsatz pro Kunde. Da der Rezeptumsatz nicht im Ermessen der Apotheke liegt (um 3,50 € niedriger), ist dem Barverkauf größere Aufmerksamkeit zu widmen. Das zeigt sich auch bei der Frequenz, die bezüglich der Barverkäufe noch zu wünschen übrig lässt.

Ansatzstelle in dieser Apotheke muss also nicht unbedingt eine höhere Anzahl der Rezepte sein, sondern eine größere Zahl von Barkunden, die einen höheren Barumsatz in die Apotheke bringen.

Aus dem nebulösen Wunsch „Höherer Marktanteil" wurden durch die Konkretisierung die eindeutigen Ziele „Barumsatz pro Kunde um 15%, Barkundenzahl um 50% steigern". Ob diese quantifizierten Werte auch realistisch sind, bleibt dahingestellt. Sie werden es, wenn zusätzlich gesagt wird, in welcher Zeit diese Ziele zu erreichen sind.

2.4.2   Zielvereinbarung zur Durchsetzung der Wachstumsziele

Diese Ziele, auch wenn sie klar und realistisch berechnet wurden, werden sich nur dann durchsetzen lassen, wenn jeder Mitarbeiter sie kennt, versteht und akzeptiert. Hier kommt der eigentliche Sinn der „Führung durch Zielvorgabe" ins Spiel. Dabei ist es durchaus frei gestellt, wie dieser Prozess der Zielvereinbarung in der Apotheke abläuft. Zu unterscheiden sind im Kern zwei Verfahren:

Das *Top-down-Verfahren* entspricht einer Grundhaltung der Apothekeführung, die stark durch die Person der Apothekenleiterin oder des -leiters geprägt ist. Hier werden von der Leitung getroffene Entscheidungen dem Team vermittelt. Gerne wird diese Vorgehensweise mit dem Begriff „autoritäre Führung" belegt. Der damit verbundene Beigeschmack altmodischer, ineffizienter Führung ist jedoch nicht gerechtfertigt. Gerade in mittelständischen Unternehmen, so auch in Apotheken, hat sich oft ein sehr stark an der Unternehmerpersönlichkeit orientierter Führungsstil herausgebildet, der den Mitarbeitern ein hohes Maß an Sicherheit bietet. Voraussetzung ist allerdings, dass diese Führungskraft ihrer Verantwortung im Sinne einer Vorbildfunktion (Management by locomotion) gerecht wird und die Entscheidungsbefugnis nicht allein aus der formalen Autorität des Eigentümers („Shareholders"), sondern aus der fachlichen Autorität ableitet.

Das *Bottom-up-Verfahren* lässt den Teammitgliedern einen wesentlich größeren Freiraum bei der Mitgestaltung von Entscheidungen (teamorientierte Führung). Aufgabe der Apothekenleitung ist hier im Wesentlichen die Information des Teams über den zugrunde liegenden Sachverhalt, die Motivation der einzelnen Teammitglieder, die Koordination der Einzelentscheidungen und die Überwachung der Ergebnisse.

In der Ausarbeitung einer Zielvereinbarung unterscheiden sich beide Vorgehensweise in den jeweiligen Arbeitsstufen, nicht jedoch in der Ausgangssituation und auch nicht im Ergebnis.

Abb. 2.11: Führungsschritte der Zielvereinbarung

	Top-down-Strategie	Bottom-up-Strategie
1	Leitung erarbeitet und erläutert das operationale Gesamtziel mit Daten und Teilzielen	
2	Leitung bespricht Teilziele und Maßnahmen mit dem Team oder einzelnem Mitarbeiter	Mitarbeiter / Team erarbeiten das relevante Teilziel und schlägt Maßnahmen vor.
3	Mitarbeiter / Team prüft Teilziele und Maßnahmen auf Realisierbarkeit und erarbeitet Korrekturen und Ergänzungen	Leitung prüft Teilziele und Maßnahmen auf Kompatibilität mit anderen Teilzielen und Oberziel.
4	Leitung korrigiert und ergänzt Gesamtziel und Teilziele	Mitarbeiter / Team korrigiert und ergänzt Teilziele
5	Leitung vereinbart konkrete individuelle Ziele als Basis für die Arbeit / Vergütung im Jahres- oder Quartalsgespräch	

Immer steht am Anfang das Gesamtziel der Apotheke und am Ende eine konkrete Vereinbarung mit jedem einzelnen Mitarbeiter im Rahmen eines hoffentlich regelmäßig stattfindenden Gespräches zwischen Apothekenleitung und Mitarbeitern. Und vielleicht wird in diesen Gesprächen auch vereinbart, inwieweit sich die Erreichung des vereinbarten Zieles auf die Vergütung der Mitarbeiterin oder des Mitarbeiters auswirkt.

2.4.3   Prämiensysteme zur Belohnung für den Wachstumserfolg

Noch immer werden in der Mehrzahl der Apotheken die Mitarbeiterinnen und Mitarbeiter mit einem festen Gehalt für ihre Tätigkeiten entlohnt. Ob diese starre Form der Vergütung der Effizienz der Apotheke förderlich ist, soll hier nicht im Detail diskutiert werden. Für eine solche Entlohnung spricht möglicherweise, dass es Ziel der Apotheke ist, Kunden durch objektive, individuelle Beratung und Betreuung dauerhaft an die Apotheke zu binden und diese Bindung nicht durch kurzfristige Verkaufserfolge zu gefährden. Das wiederum unterstellt, dass diese beiden Ziele „Kundenbindung" und „Umsatzerfolg" Gegensätze sind und dass die Kundenbindung nicht auch Bestandteil einer leistungsbezogenen Vergütung sein kann.

Die Gestaltung von leistungsbezogenen Vergütungssystemen kann theoretisch so dargestellt werden.

Abb. 2.12: Grundkonzept von leistungsbezogenen Vergütungssystemen

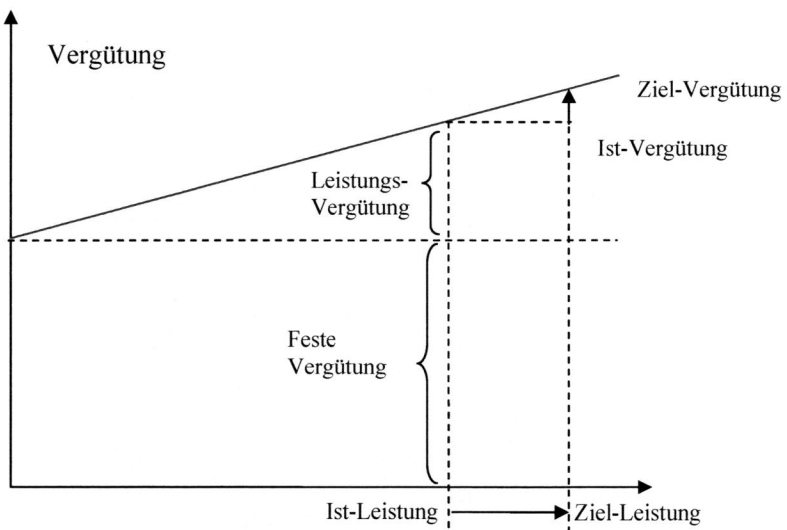

Der Grundaufbau mag am Beispiel einer einfachen, umsatzbezogenen Leistungsvergütung beschrieben sein:

Die Vergütung einer Mitarbeiterin betrage zurzeit monatlich brutto 3.000 €. Sie erreicht einen monatlichen Bar-Umsatz im Bereich OTC und Freiwahl von 6.000 €. Es wird vereinbart, dass ab dem nächsten Quartal ein Teil dieses Gehaltes, und zwar 20% erfolgsabhängig gezahlt werden. Dabei soll die Mitarbeiterin natürlich bei ihrer jetzigen Leistung das gleiche Gehalt verdienen, aber vom steigenden Bar-Umsatz profitieren.

Die Berechnung des neuen Gehaltsmodells ist denkbar einfach. Wenn 20% des jetzigen Gehaltes (das sind 600 €) leistungsbezogen ausgezahlt werden sollen und diese Leistung beträgt zurzeit 6.000 € Umsatz, so erhält die Mitarbeiterin 10% der Bar-Umsätze als Prämie. Als Fixum verbleiben demnach 2.400 €.

Wird der Umsatz nun gemäß der Zielvereinbarung tatsächlich um 10% auf 6.600 € gesteigert, so erhält die Mitarbeiterin entsprechend 60 € zusätzlich.

Nun ist der Umsatz eine einfach zu ermittelnde und im Sinne des Wachstumszieles auch sinnvolle Basisgröße. Dieses einfache Modell bleibt aber auch dann grundlegend richtig, wenn andere Kennzahlen aus dem Warenwirtschaftssystem als Basis dienen, wie z.B.:
–   Rohertrag (Umsatz abzüglich Wareneinsatz),
–   Zahl der Barkverkäufe,
–   Umsatz je Barkunde,
–   abgegebenen Packungen.

Immer aber sollte bei der Wahl der Prämienbasis und der Prämienhöhe das anzustrebende Ziel den Ausschlag geben.

Außer diesen integrierten Bestandteilen des Gehaltsmodells sind natürlich auch Prämien denkbar, die erst bei der Erreichung des Zieles als feste Größe ausgezahlt werden.

Und natürlich muss die Prämie oder Leistungsvergütung nicht immer nur in der Zahlung von Geld bestehen. Sachleistungen oder sonstige Belohnungen (Incentives) sind ebenfalls denkbar.

Schließlich gilt es zu entscheiden, ob die Prämie für die einzelne Person, für eine bestimmte Gruppe (z.B. PTAs) oder das gesamten Apothekenteam ermittelt und ausgezahlt wird. Welcher Form der Vorzug zu geben ist, hängt sehr von der Art der Leistungsbasis und der Art der Aufgabe der einzelnen Mitarbeiterin oder des Mitarbeiters ab. Teamprämien bieten sich eher an, wenn z.B. der Erfolg nicht eindeutig einer Person zuzuordnen ist, wenn ein Wettbewerb zwischen den Mitarbeitern um den Kunden vermieden werden soll, wenn soziale Elemente (Krankheit, Ausbildungsstand, Arbeitsschwerpunkt) einzelner berücksichtigt werden sollen und wenn auch solche Aufgaben zu erledigen sind, die nicht die Prämien fördern, aber dennoch getan werden müssen (Ordnungsarbeiten, Sendungen bearbeiten).

Gleichgültig, wie konkret welche Basiswerte, Prämienstufen und Auszahlungsmodalitäten gewählt werden, einige Grundsätze sind immer zu beachten:

Leistungsentlohnungen sollten sein:
- verursachungsgerecht,
  d.h. der Prämienempfänger soll die Leistung selbst maßgeblich beeinflussen können und möglichst wenig durch andere interne und externe Ereignisse gestört werden, und die Höhe der Prämie muss im Vergleich zur Leistung anderer nachvollziehbar sein;
- transparent,
  d.h. das Zustandekommen der Prämie muss für den Empfänger schnell nachvollziehbar sein, auch wenn durch die Berechnung möglicherweise die Verursachungsgerechtigkeit etwas leidet, weil nicht alle Leistungskomponenten in die Berechnung eingehen können;
- zeitnah,
  d.h. die Auszahlung der Prämie sollte unmittelbar nach der Leistung erfolgen; so sind Basiswerte, die schnell und einfach zu ermitteln sind denjenigen vorzuziehen, die erst später, aber dafür vielleicht korrekter zur Verfügung stehen.

Fazit: **Kundenbindung und -akquisition durch profiliertes Marketing und zielorientiertes Management**

1. Mehr Umsatz und Ertrag am bestehenden Standort verlangt einen höheren Marktanteil in diesem Gebiet. Und ein höherer Marktanteil kann nur erreicht werden, wenn ein größerer Anteil der Kunden einen größeren Anteil des Bedarfs in dieser Apotheke deckt. Intensivierung des Marktanteils bedeutet deshalb immer mehr Wettbewerb mit den Kollegen oder mit fremden Anbietern im Gesundheitswesen, denen diese Kunden und dieser Bedarf genommen werden.

2. Diesen Wettbewerb kann man nur gewinnen, wenn die zur Verfügung stehenden Marketinginstrumente gezielt zur Bildung oder Schärfung einer Alleinstellung eingesetzt werden. Da Sortiment und Beratung bei allen Apotheken auf hohem Niveau vergleichbar sind, und da der Preis zur Profilierung entweder nicht eingesetzt werden darf oder durch die Kostenbelastung der Apotheke behindert wird, sind es die Dienstleistungen, die den Unterschied machen. Als Serviceleistungen binden sie Kunden an die Apotheke, oder als eigenständige Beratungen, Analysen oder Behandlungen erhöhen sie den Kundenumsatz unmittelbar.

3. Die spezielle Profilierung der Apotheke durch Leistungs- oder Serviceführerschaft wird dem Kunden nur bewusst, wenn die gesamte Kommunikation, die Corporate Identity der Apotheke in Art und Inhalt ausgerichtet ist. Voraussetzung für den Erfolg der Kommunikation ist, dass dieser Zusammenhang konsequent in der Planung und Durchführung beachtet wird, auch wenn der konkrete Erfolg einer Werbemaßnahme kaum exakt zu messen ist.

4. In der Apotheke müssen die Wachstumsziele realistisch erarbeitet und allen Beteiligten präsent sein. Differenzierte Kennzahlen sind für Planung und Kontrolle unersetzlich.

5. Die Realisierung der Wachstumsziele fällt leichter, wenn alle von diesem zusätzlichen Umsatz und Ertrag profitieren. Gleichgültig, wie konkret das leistungsbezogene Vergütungsmodell konstruiert wird: Es sollte verursachungsgerecht, transparent und zeitnah angelegt sein.

3.   Wachstum durch Filialisierung

Sind die Möglichkeiten der Apotheke ausgeschöpft, ihren Marktanteil am Standort zu steigern, müssen andere Quellen des Wachstums gesucht werden. In der hier vorliegenden Systematik gilt es als nächsten Schritt zu prüfen, ob das am alten Standort bestehende und erfolgreiche Konzept auf andere Standorte übertragbar ist, um das Einzugsgebiet auf diese Weise zu vergrößern.[42]

Seit dem 1. Januar 2004 sind Apotheken-Unternehmer in die Lage versetzt, offen über Möglichkeiten des Wachstums durch Filialisierung nachzudenken. Diese Filialisierung ist nur in quantitativ und regional überschaubaren Grenzen erlaubt: Quantitativ, da zurzeit lediglich drei zusätzliche Filialen möglich sind und regional, da diese Filialen ihren Standort in angemessenem Abstand zur Hauptapotheke haben müssen.

Es ist also nicht die Rede von Massenfilialsystemen (in dieser Branche häufig auch als Ketten bezeichnet), wie sie bei Apotheken in anderen Ländern oder in Deutschland bei Drogeriemärkten (Rossmann, dm oder Schlecker) oder Parfümerien (Douglas) auftreten. Aber immerhin ist es möglich, sich Branchen zum Vorbild zu nehmen, in denen gerade mittelständische Unternehmen in ihrer Region kleine, überschaubare Filialgebilde aufgebaut haben. So finden sich im Parfümerie-Fachhandel, bei den Reformhäusern, bei den Optikern oder Sanitätshäusern, aber auch im modischen Fachhandel (Schuhe, Oberbekleidung) zum Teil – aber natürlich nicht immer – sehr erfolgreiche Unternehmen, die in der betriebswirtschaftlichen Literatur gerne als „local heroes" (regionale Helden) bezeichnet werden.

Die Möglichkeit der Filialisierung wird seitdem von Apotheken auch mehr oder weniger intensiv genutzt.

---

[42] Auf die zweite Variante, das Umsatzgebiet durch Versandhandel zu erweitern, wurde in der Einführung (Abschnitt 1.2) bereits eingegangen.

Tab. 3.1: Filialisierungsgrad der Apotheken nach Bundesländern 2005

Bundesländer	Öffentliche Apotheken insgesamt	davon Filialen	
	absolut	absolut	in %
Stadtstaaten	1.507	95	6,3
Alte Bundesländer*	16.906	882	5,2
Neue Bundesländer*	3.063	251	8,2
Gesamt	21.476	1.228	5,7

ohne Stadtstaaten und Berlin
Quelle: ABDA: Daten, Zahlen, Fakten 2005.

Dabei fällt vor allem auf, dass die Filialisierungsmöglichkeiten in den neuen Bundesländern wesentlich intensiver wahrgenommen werden als in den alten Ländern, auch als in den Stadtstaaten Berlin, Hamburg oder Bremen. Diese Statistik ist aber auch im Gesamtergebnis interpretationsbedürftig, weil in den 1.228 Filialapotheken die Hauptapotheken nicht enthalten sind.

Der besseren Verständlichkeit halber seien folgende Begriffe von einander unterschieden:

– Als *Apotheke* wird die einzelne Betriebsstätte bezeichnet. Sie kann im Sinne des § 2 des Apothekengesetzes als Hauptapotheke oder Filialapotheke betrieben werden.

– Als *Hauptapotheke* wird demnach die Apotheke bezeichnet, die durch den Betreiber persönlich geführt wird.

– Als *Filialapotheke* (oder einfach Filiale) wird die Apotheke bezeichnet, die nicht durch den Betreiber selbst, sondern durch einen von diesem als Verantwortlichen benannten Filialleiter geführt wird.

– Haupt- und Filialapotheken sind Bestandteile eines *Apotheken-Unternehmens* oder auch Filialunternehmens.

Zur Klarstellung: Eine Hauptapotheke und drei Filialapotheken (Filialen) bilden ein Apothekenunternehmen mit vier Apotheken (Betriebsstätten).

Tab. 3.2: Struktur der Filialapotheken

	Haupt-apotheken	Filialen	Apotheken gesamt	in %
Apotheken ohne Filialen			19.148	89,2
Hauptapotheken mit 1 Filiale	989	989	1.978	9,2
Hauptapotheken mit 2 Filialen	94	188	282	1,3
Hauptapotheken mit 3 Filialen	17	51	68	0,3
Apotheken gesamt	1.100	1.228	2.328	10,8
Gesamt			21.476	100,0
Durchschnittliche Apothekenzahl pro Apotheken-Unternehmen				2,12
Durchschnittliche Filial-Apotheke pro Hauptapotheke				1,12

Quelle: *Auf der Grundlage von: ABDA: Zahlen, Daten, Fakten 2005 und Diener: Konsolidierung der Branche.*

Wenn in der Tabelle 1.100 Hauptapotheken insgesamt 1.228 Filialen betreiben, sind von den 21.476 Apotheken 2.328 in Filialunternehmen eingebunden. Das sind somit Ende 2005 bereits 10,8 % aller Apotheken. Entsprechend groß ist die Aufmerksamkeit im Umfeld der Apotheken. Publikationen[43] in den Fachzeitschriften und Seminarveranstaltungen zu diesem Thema sind vielfältig, Warenwirtschaftsprogramme stehen zur Filialsteuerung bereit.

Etwas weniger hoch wird die Bedeutung innerhalb der Apothekerschaft eingeschätzt. Bezieht man nämlich die filialisierenden 1.100 Hauptapotheken auf die Gesamtzahl der Apotheken ohne Filialapotheken (20.248), so reduziert sich der Anteil filialisierender Apotheken auf etwas mehr als 5%.

Ob diese Filialisierungen stets das Ergebnis strategischer Überlegungen sind oder eher zufällig durch familiäre Ereignisse oder scheinbar interessante Kauf- und Übernahmeangebote induziert wurden, mag dahin gestellt bleiben. In jedem Fall aber verursachen Filialisierungsentscheidungen tief greifende Veränderungen in Marketing, Führung und Controlling der Apotheke, die im Folgenden untersucht werden.[44]

---

[43] Vgl. nur beispielhaft die Monographie von Herzog: Filialapotheken.
[44] Grundlage dieses Kapitels sind die Ergebnisse eines Projektes im Rahmen des Seminars Unternehmensstrategien des Studienganges Handelsmanagement der Fachhochschule.

3.1   Anlässe und Typen der Filialisierung

Von Filialsystemen spricht man im Einzelhandel,[45] wenn rechtlich und wirtschaftlich unselbstständige Betriebsstätten an unterschiedlichen Standorten betrieben werden. Und Filialisierung bedeutet die strategische Ausweitung dieses Netzes durch Neueröffnung oder Übernahme solcher Betriebsstätten.

Von einem solchen Phänomen sind die Apotheken-Unternehmen noch weit entfernt. Zu vielfältig sind die Anlässe, die Standortbedingungen und die Ergebnisse einer solchen moderaten Expansion:

Abb. 3.1: Varianten der Filialisierung

Filialisierungs-varianten					
Anlässe		Akquisition	Konzeption		
Situative Anlässe	Strategische Ziele	Übernahme	Standort-Konzept	Marketing-Konzept	Führungs-Konzept
Familiäre Anlässe	Standort-Sicherung	Fusion	Identischer Standort	Duplikat	Zentral
Spontane Angebote	Standort-Expansion	Neu-gründung	Gleicher StO-Typ	Variation	Sparte
			Untersch. StO-Typ	Modifi-kation	Selbst-ständig

Situative Filialisierung ist gegeben, wenn bereits vorhandene Apotheken innerhalb der Familie unter eine Regie zusammengefasst werden.

Diese Art des Mehrbesitzes war auch unter den alten rechtlichen Gegebenheiten Realität, wenn mehrere Familienmitglieder je eine Apotheke betrie-

---

Worms im Wintersemester 2005/2006. Hierbei wurden 45 Filialapotheken befragt, deren Antworten im Folgenden einfließen.
[45] Barth: Betriebswirtschaftslehre des Handels, S. 118 f.

ben. Nun kann eine solche Gruppe durch „Zusammenführung von Ehepart-
nerapotheken" oder „Übernahme aus elterlichem Eigentum"[46] zu einem einheitlich geführten Unternehmen werden.

Von außen initiiert sind auch eher zufällige Gelegenheiten, bestehende Apotheken am gleichen oder benachbarten Standort zu übernehmen, weil der
Inhaber diese Apotheke aufgibt und sie dem Kollegen anbietet.[47]

Nicht immer sind solche eher *zufälligen* Gelegenheiten der Übernahme von
den Filialisierungsanlässen zu unterscheiden, die aus einem *strategischen*
Plan erfolgen: Die Filialisierung kann im gleichen Einzugsgebiet durchaus
zur Abschöpfung des Standortpotenzials im Sinne der bereits besprochenen
Intensivierungsstrategie, aber auch zur Prophylaxe gegen einen tatsächlichen oder befürchteten Wettbewerber betrieben werden.

Diese Filialisierung zur *Standortsicherung* im gleichen Einzugsgebiet ist
von der hier zu behandelnden Filialisierung *zur regionalen Expansion* zu
unterscheiden, die unmittelbar das Wachstumsziel als Hintergrund hat.

Abb. 3.2: Anlässe der Filialgründung oder -übernahme

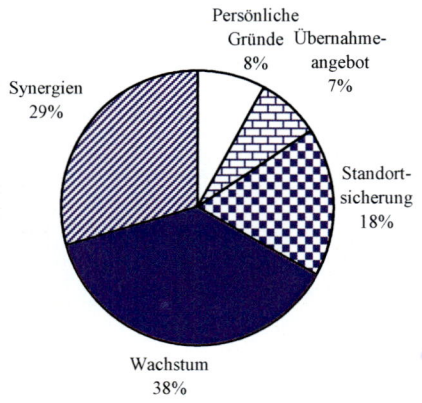

Quelle: Studie FH-Worms 2005

Alle Anlässe für eine Filialisierung sind bei den befragten Filial-Apotheken
angegeben worden. Immerhin zeigt sich in den Äußerungen der Befragten,
dass der *Wachstumsaspekt* mit Zielen wie Zukunftssicherung, Umsatz-

---

[46] Begriffe nach Herzog: Filialapotheken, S. 178.
[47] Herzog: Filialapotheken, S. 178 f.

wachstum und der *Synergieaspekt* mittels Senkung der Kosten und Verbesserung der Einkaufskonditionen in großem Maße vertreten ist.

Als mögliche Formen der Filialisierung stehen sich Gründung und Übernahme gegenüber. Die Tendenz deutet eindeutig in Richtung Übernahme. Von den 53 eröffneten Filialen der in der Studie befragten Filial-Apotheken geschah dies bei 38 Filialen (= 72%) durch Übernahme.[48]

Diese beiden Formen des Aufbaus neuer Filialen sind oft genug beschrieben worden, nicht nur unter dem Aspekt der Filialisierung, sondern der Apothekengründung überhaupt.[49] Stets werden die Vor- und Nachteile von Gründung und Übernahme gegenübergestellt: Das erhöhte Risiko einer neuen Apotheke steht der geringeren Flexibilität bei der Übernahme gegenüber. Was bei der Erstgründung gilt, hat bei der Filialisierung erhöhte Bedeutung. Gerade im Hinblick auf die Einpassung der neuen Apotheke in die Unternehmensstruktur wird bei einer Übernahme die schwierigere Anpassung der Marketingausrichtung und der Führungsphilosophie in die Waagschale geworfen. Bei der Übernahme von Unternehmen allgemein wird dem Thema der Verträglichkeit unterschiedlicher Unternehmenskulturen, der sogenannten „Due Diligence"-Prüfung, ein hoher Stellenwert eingeräumt.[50] Andererseits könnte eine neue zusätzliche Filiale den Wettbewerb an dem betroffenen Standort verschärfen, eine Übernahme dagegen gestaltet sich zunächst wettbewerbsneutral.

Auch stellen Übernahme und Neugründung nicht die einzig möglichen Verfahrensweisen einer solchen Filialisierung dar. Zumindest theoretisch ist denkbar, dass sich rechtlich und wirtschaftlich unabhängige Apotheken zu einer Fusion[51] entschließen, um als ein Unternehmen mit einheitlichem Auftritt im Markt mehr Synergien zu heben.

Schließlich unterscheiden sich Filialisierungsstrategien hinsichtlich der strategischen *Konzepte*, die damit verfolgt werden:

(1)   Sollen die neuen Standorte vergleichbar mit dem Standort der Hauptapotheke sein?

---

[48] Zum gleichen Verhältnis von 30% Neugründung zu 70% Übernahme kommt Braun: GMG.
[49] Z.B. die Betriebswirtschaftslehren der Apotheken: Franzen: Apothekenbetriebslehre, Leetsch: Wirtschaftshandbuch.
[50] Berens, u.a.: Due Diligence.
[51] Die Rechtsordnung verlangt dazu noch die Rechtsform der oHG oder GbR.

(2) Soll das Marketing-Konzept der Hauptapotheke 1:1 auf die Filialen übertragen werden, oder sollen Modifikationen vorgenommen werden, oder soll die Filiale sogar eine völlig andere Betriebstypenausrichtung erhalten?

(3) Sollen die Filialen streng an die Entscheidungen der Hauptapotheke angebunden sein, oder erhalten sie eine gewisse Eigenverantwortung bezüglich ihres Ergebnisses?

Diese konzeptionellen Fragen stehen im folgenden Kapitel dieses Teils im Vordergrund.

3.2   Analysen zur Vorbereitung der Filialisierung

Strategische Entscheidungen bedürfen der sorgfältigen Vorbereitung und eines möglichst rationalen Entscheidungsprozesses. Gleichgültig, ob die Filiale durch Übernahme oder Neugründung entsteht, immer ist die Filialisierung eine Investition, die erhebliche Mittel langfristig bindet und deren Erfolg oder Misserfolg sich letztlich an den zusätzlichen Erträgen messen lassen muss.

Die Betriebswirtschaftslehre hat für diese Investitionsentscheidungen eine Fülle von Verfahren bereitgestellt, die auch in die Betriebswirtschaftslehren für Apotheken Eingang gefunden haben.[52] Diese Verfahren versuchen auf der Basis von künftigen Gewinnen oder Überschüssen zu ermitteln, ob sich eine bestimmte Investitionssumme lohnt, oder wie hoch eine Investitionssumme für ein solches Objekt höchstens sein darf. Gerade die Ermittlung der künftigen Überschüsse stellt das zentrale Problem bei Apotheken in der heutigen Zeit dar. Voraussetzungen, unter denen eine Apotheke vor Jahren geführt werden konnte, stehen heute zur Disposition, eine Prognose auf dieser Basis ist daher problematisch.

Aus diesem Grunde müssen andere, eher qualitative Entscheidungshilfen herangezogen werden, um die Erfolgsaussichten weiterer Filialen wenn auch nicht zu berechnen, so doch einzuschätzen. Hier gilt es, zunächst die Potenziale des Standortes zu ermitteln und seine Eignung für die geplante Filialkonzeption zu prüfen. Dann erst können der Wert eines zur Verfügung stehenden Objektes ermittelt, seine Stärken und Schwächen bewertet oder eine neue Filiale geplant werden.

Standort- und Betriebsanalyse stehen also in einem logischen und zeitlichen Zusammenhang, der in der folgenden Abbildung als Ablaufdiagramm skizziert ist.

Die Ergebnisse beider Prüfungen sollten dann in eine Entscheidungstabelle (Scoring) Eingang finden und systematisch analysiert werden, um die Neugründung oder Übernahme vorzubereiten.

---

[52] Franzen: Apothekenbetriebslehre; Leetsch: Wirtschaftshandbuch; Herzog: Filialapotheken, vor allem aber Witte: Apothekenbewertung.

Abb. 3.3: Analyseprozess vor einer Filialisierung

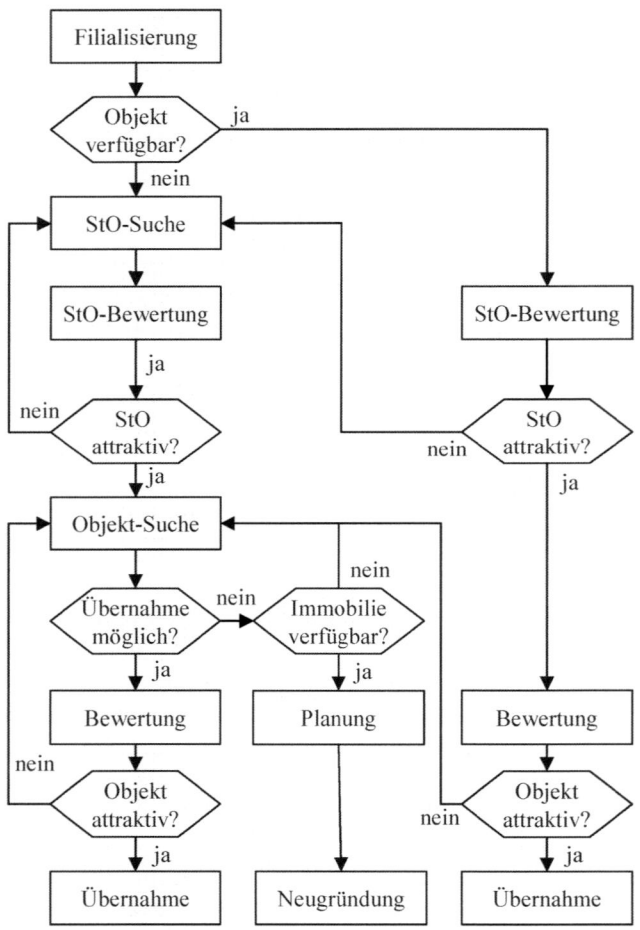

3.2.1   Akquisition und Bewertung neuer Filialstandorte

Eine Standort*suche* ist erforderlich, wenn kein konkretes Objekt zur Übernahme ansteht. Eine Standort*prüfung* ist immer erforderlich. Auch bei noch so günstigen Übernahmeangeboten – es wurde schon eine Apotheke über ebay angeboten – ist der Standort die Basis für den künftigen Geschäftserfolg. Nur in Ausnahmefällen[53] ersetzen ein kreatives Apothekenkonzept und eine kreative Apothekenführung einen guten Standort.

In der Regel aber – zumindest bei strategischen Filialisierungsentscheidungen – gilt es als erstes, einen entsprechenden Standort zu suchen, diesen Standort auf seine Eignung zu prüfen und wenn diese Prüfung positiv ausfällt, dann nach geeigneten Objekten zur Übernahme oder – wenn solche nicht vorhanden oder eine Übernahme nicht gewollt ist - nach geeigneten Immobilien zum Erwerb oder zur Miete zu suchen. Allerdings kann die Standortprüfung auch ergeben, dass der Standort zwar gefunden ist, er aber nicht in das Marketing-Konzept der geplanten Filiale passt. Hier ist zu prüfen, ob Variationen des Filialkonzeptes möglich und auch gewünscht sind, bevor mit der Bewertung des Standortes fortgefahren werden kann.

Im Folgenden soll davon ausgegangen werden, dass die strategische Entscheidung „Filialgründung" am Anfang steht und dafür ein geeigneter Standort zu suchen ist. In diesem Fall sind die Analyseschritte am weitestgehenden.

Standortsuche

Die Suche geeigneter Standorte für Filialen erfolgt in einem mehrstufigen Prozess. Die Auswahl des regionalen Umfeldes wird durch das Apothekengesetz[54] noch eng begrenzt. Das erleichtert die Auswahl der überhaupt in Frage kommenden Gebiete. Mit Hilfe von Karten und Tabellen lassen sich die Qualitäten durchaus übersichtlich darstellen und die Auswahl erleichtern.

---

[53] vgl. Abschnitt 3.2.3 dieses Kapitels.
[54] Nach § 2 Abs. 4 Nr. 2 ApoG ist die Ausdehnung regional sehr begrenzt auf denselben Kreis oder dieselbe kreisfreie Stadt und die Nachbarkreise oder Städte. Vgl. in Detail hierzu bei Herzog: Filialapotheken, S. 116 ff. Wichtig auch hier der Hinweis, dass der Begriff „benachbarte Kreise" durchaus von verschiedenen Regierungspräsidien unterschiedlich interpretiert wird (S. 20).

Von den benachbarten Gemeinden sind die wesentlichen Potenzialparameter zu erfassen: Einwohnerzahl, Apotheken, Verschreiber (möglichst differenziert nach Allgemeinmedizinern und Fachärzten). Aus diesen Werten lassen sich problemlos zwei oder drei Kennzahlen berechnen. Ein Beispiel mag dies verdeutlichen:[55]

Tab. 3.3: Beispiel einer Gebietsevaluation

Ort	Ein-wohner	Apo-theken	Ärzte	Ew/ Apo	Ew/ Arzt	Ärzte/ Apo	Zentra-lität	EW/ Apo
	(1)	(2)	(3)	(4)	(5)	(6)	(7)	(8)
A	5.300	1	4	5.300	1.325	4,0	0,66	3.506
B	10.000	3	28	3.333	357	9,3	1,54	5.145
C	15.000	4	24	3.750	625	6,0	0,99	3.721
D	22.000	5	35	4.400	629	7,0	1,16	5.094
Ø BRD	82.500.000	21.500	130.000	3.840	635	6,0	1,00	3.840

Quelle: Eigene Berechnung auf Basis der Durchschnittswerte der ABDA: Zahlen, Daten, Fakten 2005, und KBV: Grunddaten.

Die „Einwohner pro Apotheke" (Spalte 4) stellen einen Indikator für die Wettbewerbsintensität in diesem Gebiet dar. Selbstverständlich sind Gebiete mit einer unterdurchschnittlichen Versorgungszahl für die Filialisierung positiv zu bewerten. In diesem Beispiel ist eindeutig der Ort A der Sieger, Ort B wird am geringsten geachtet.

Bei der Kennzahl „Einwohner je Arzt" (Spalte 5) ist die Beurteilung umgekehrt. Je höher hier die Arztdichte, je geringer also die Einwohnerzahl pro Arzt ist, umso stärker ist die Anziehungskraft dieser Gemeinde, denn entsprechend geringer ist die Abwanderungsgefahr des Rezeptvolumens. Die Präferenzen tauschen hier die Plätze: A ist stark unterbesetzt, B hat den Spitzenplatz.

Zum Vergleich steht eine weitere Kennzahl: „Ärzte pro Apotheke" (Spalte 6). Hier liegt wieder Ort B an der Spitze. Diese Kennzahl könnte als Grund-

---

[55] Formular als Datei D8 auf der beigefügten CD.

lage für die sog. Zentralitätskennzahl genommen werden, indem dieser Wert ins Verhältnis zum Durchschnittswert des Landes gesetzt wird (Spalte 7).

Die Zentralität drückt aus, inwieweit Einwohner ihre Käufe an anderen Orten tätigen oder Einwohner anderer Orte am betrachteten Standort kaufen (sog. Pendler). Im Apothekenmarkt ist die Dichte der Ärzte sicher ein Maß für solche Pendlerströme. B erhält nun den Wert 9,3 dividiert durch 6,0 = 1,54. Wenn die Einwohnerzahl pro Apotheke mit diesem Zentralitätswert multipliziert wird, ergibt sich eine modifizierte Kennzahl „Einwohner je Apotheke" (Spalte 8), die nun den Rang des Ortes ausweist. Hier also wäre B der Ort mit der ersten Präferenz.

Die Auswertung solcher Kennzahlen für den Standort setzt ein eher wettbewerbsfriedliches Verhalten voraus. Die Apotheke wählt denjenigen Standort, der eine weitere Apotheke am ehesten verträgt, bzw. wo der Wettbewerb auch zum jetzigen Zeitpunkt relativ gemäßigt ist.

Es ist zu erwarten, dass im Falle eines extensiven Mehrbesitzes unter Aufgabe des Fremdbesitzverbotes die Ketten nicht so rücksichtsvoll planen werden. In anderen Branchen ist es üblich, ohne Rücksicht auf die bestehende Wettbewerbsintensität einen Standort mit einer Filiale zu besetzen, weil dieser Standort als solcher attraktiv ist und man der Überzeugung ist, einen bestimmten Marktanteil in jedem Fall auf Kosten der Mitbewerber zu erhalten. Hier wird nur noch die Entscheidung am Potenzial und an der konkreten Standortlage ausgerichtet: „Reicht der für das Unternehmen geplante Marktanteil für eine Umsatzgröße, die eine Filiale zum wirtschaftlichen Betrieb erfordert?" ist die wesentliche Prüfung des Standortes.

Kompatibilität

Nach der Auswahl wünschenswerter und möglicher neuer Einzugsbereiche gilt es, die wünschenswerte Lage für die Filiale bei Neugründungen zu definieren oder angebotene Standorte bei Übernahme hinsichtlich der Lage auf die Kompatibilität mit dem Konzept zu prüfen.

Zwar ist die City interessant, Center-Apotheken sind in aller Munde, aber immer noch dominiert die wohnorientierte Apotheke, sowohl bei der Hauptapotheke als auch bei der Filiale:

Abb. 3.4: Verteilung der Apotheken auf Standorte

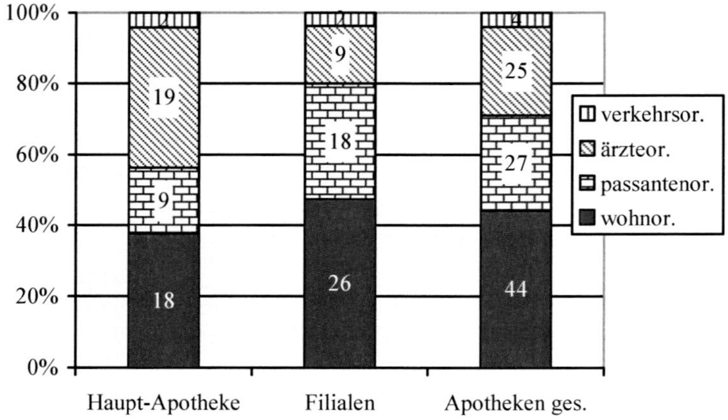

Quelle: Studie FH-Worms.

Die konkrete Lage eines Einzelhandelsgeschäftes entscheidet maßgeblich über den Erfolg. „All business is local" ist der klassische Spruch in der Handelsbranche. Selbst große Handelskonzerne lernen langsam, dass zwischen Globalisierung und Lokalisierung kein Widerspruch bestehen muss.

Für die Apotheken gilt dies ebenso. Darüber kann auch nicht die bereits vorgetragene Tatsache hinweg täuschen, dass große Teile des Sortimentes, wesentliche Aktivitäten der Kalkulation und manche Formen der Kommunikation in dieser Branche vorgegeben oder doch in ihren Formen reglementiert sind. Auch bei Apotheken gilt: Der Standort bestimmt das Konzept. Daraus folgt: Ist der Standort vorgegeben, muss das Konzept an diesen Standort angepasst werden; ist das Konzept vorgegeben, gilt es, den geeigneten Standort zu finden.

Seit im Jahre 1985 der Deutsche Apothekerverein in Zusammenarbeit mit der Marketinggesellschaft Deutscher Apotheker ein allgemein gültiges Marketing-Konzept für die Apotheken aus der Taufe gehoben hat, ist es üblich und richtig, sogar bei den Apotheken von standortorientierten Typen zu sprechen. Begriffe wie Ärztehausapotheke, City- oder Center-Apotheke oder Nachbarschaftsapotheke machen die enge Beziehung zwischen Apothekentyp und Standort deutlich.[56] Um diese Beziehung zu verdeutlichen,

---

[56] MGDA: DAV-Marketing-Konzept, in jüngster Zeit: Herzog: Standort, S. 3 ff.

sei noch einmal auf die spezifischen Positionierungsmöglichkeiten aus dem vorangegangenen Teil 2[57] hingewiesen.

Leider ist aber eine eindeutige Beziehung Standort – Betriebstyp schon deshalb nicht immer möglich, weil Standorte häufig nicht so klar einer Kategorie zugewiesen werden können.

Abb. 3.5: Standort- und Apothekentypen

		nachgeordnete Standortorientierung		
		passanten-orientiert	ärzte-orientiert	wohn-orientiert
hauptsächliche Standort-orientierung	passanten-orientiert	City-Apotheke		Stadt-Apotheke
	ärzte-orientiert		Ärztehaus-Apotheke	
	wohn-orientiert	Markt-Apotheke		Nachbar-schafts-Apotheke

Natürlich sind die 1a-Lagen der Großstädte eindeutig passantenorientiert. Auch wenn an diesem Standort eine Ärztekonzentration herrscht und manchmal noch Leute in den Innenstädten wohnen, spielen diese Merkmale für die Profilbildung keine entscheidende Rolle. Die City-Apotheke erfordert ein Marketing-Konzept, das in erster Linie der hohen Kundenfrequenz Rechnung trägt. Attraktive Außenfront und Offizingestaltung sind hier ebenso wesentlich wie eine hohe Lieferbereitschaft, ein aktives Preisgebaren wegen des herrschenden Wettbewerbs wahrscheinlich. Apotheken in Einkaufszentren werden sich ähnlich verhalten.

---

[57] Vgl. Abschnitt 2.3.

Natürlich richtet sich eine Apotheke in einem Wohnort abseits des Zentrums auf die Nahversorgung ihres unmittelbaren Umfeldes mit breitem OTC- und Ergänzungssortiment, ausgeprägtem Service und hoher Kundenbindung ein.

Und natürlich passen Ärztehausapotheken ihr Sortiment und Beratungsverhalten eng an die in der Umgebung niedergelassenen Verschreiber an.

Alle Apotheken aber, die nicht diese eindeutigen Standorte haben, werden immer entscheiden müssen, welcher Standortanforderung sie den Vorzug geben werden:

Eine Innenstadtapotheke in einer Mittelstadt wird sehr wohl auch die Versorgung der Wohnbevölkerung im Auge haben, wie auch das Verschreibungsverhalten der wichtigsten Ärzte in ihrem unmittelbaren Umfeld. Und die Apotheke in einem Wohnvorort oder in einer kleinen Gemeinde, die mitten im Ortskern liegt, hat sehr wohl die zu bestimmten Zeiten erhebliche Frequenz zu beachten, z.B. in der Gestaltung ihrer Öffnungszeiten.

So entstehen durch Kombination der Standortausrichtungen vielfältige Apothekentypen, zumindest Apothekenvarianten.

Bewertung der Standorte

Dies alles gilt es zu bedenken, wenn eine gefundene Immobilie oder sogar eine zur Übernahme anstehende Apotheke zu Beurteilung ansteht.

Bewertet man den Standort nach quantitativen und qualitativen Kriterien, so gelten diese sicher für alle Standortvarianten, aber nicht mit derselben Bedeutung.

Abb. 3.6: Kriterien zur Beurteilung der Standort-Attraktivität

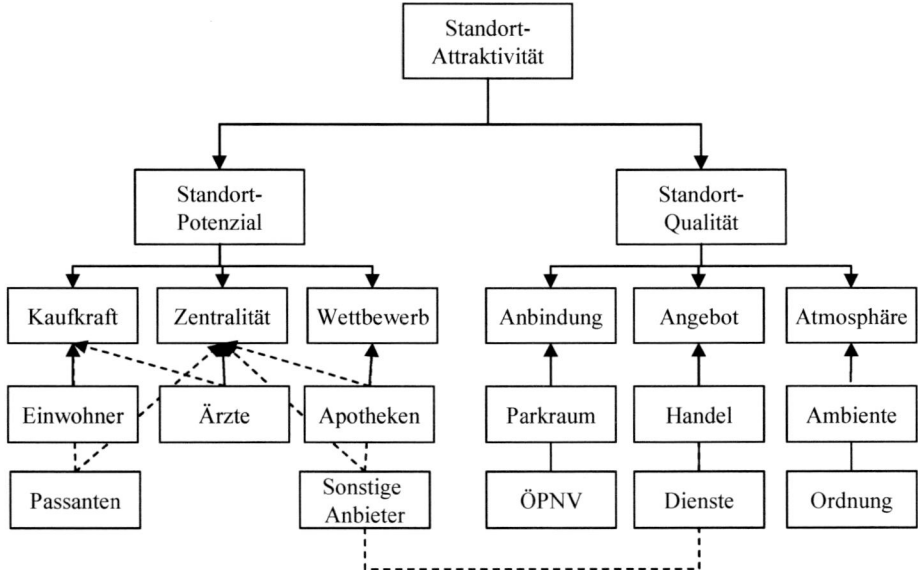

Das *Standortpotenzial* wurde bereits bei der Diskussion um die Ausschöpfung der Hauptapotheke[58] und bei der Bewertung des gesamten Einzugsgebietes angesprochen. Das gleiche Verfahren ist natürlich auch bei der Begutachtung möglicher Filialstandorte anzuwenden. Dabei können je nach Standorttyp aber andere Verfahren sinnvoll sein: Bei passantenorientierten Standorten gilt die Passantenfrequenz vor der Apotheke, bei ärzteorientierten die Zahl und Art der Verschreiber.[59]

Die Kriterien für die *Standortqualität* spielen für alle Standorttypen eine Rolle, ihre Bedeutung aber ist durchaus unterschiedlich. So ist die Frage der Anbindung durch den öffentlichen Nahverkehr bei ärzteorientierten Standorten von absoluter Priorität, Parkraum dagegen bei wohnorientierten Standorten wichtig. Atmosphäre der Umgebung durch das städtebauliche und kulturelle Ambiente ist bei City-Apotheken von Bedeutung, ebenso wie die Ordnung, Sauberkeit und Sicherheit: Kriterien, die in den Innenstädten oft die Attraktivitätsvorteile der Einkaufszentren gegenüber gewachsenen Innenstadtbereichen ausmachen.

---

[58] Vgl. Abschnitt 1.3.
[59] Vgl. zu beispielhaften Berechnungen Herzog: Standort, S. 30 ff.

Zur Bewertung der Standorte kann ein ähnliches Formular genutzt werden, wie es bereits bei der Analyse des eigenen Standortes[60] Verwendung fand. Allerdings ist hier zu bedenken, dass nicht die Ausschöpfung, sondern das Potenzial selbst das entscheidende Kriterium zur Bewertung darstellt. Es ist daher in seiner modifizierten Form noch einmal im Anhang hinterlegt.

---

[60] Vgl. Abschnitt 1.3.1 und Checklisten 1.1. bis 1.3. als Datei D1-D3 auf der beigefügten CD.

Checkliste 3.1: Bewertung von Filialstandorten

1 Hat das Einzugsgebiet der Apotheke ausreichend Kundenpotenzial?

Gemessen an dem Verhältnis von Einwohnerzahl pro Apotheke

Wert über 4.500 Einwohner je Apotheke	= Note 1
Wert zwischen 4.000 und 4.500 Einwohner je Apotheke	= Note 2
Wert zwischen 3.500 und 4.000 Einwohner je Apotheke	= Note 3
Wert zwischen 3.000 und 3.500 Einwohner je Apotheke	= Note 4
Wert unter 3.000 Einwohner je Apotheke	= Note 5

entsprechende Note oben eintragen

2 Ist der Standort mit Allgemen-Ärzten gut besetzt?

Gemessen am Verhältnis von Einwohnerzahl und Ärzten der allgemeinen Fachrichtungen inkl. Internisten

Wert unter 1.200 Einwohner je Arzt	= Note 1
Wert zwischen 1.200 und 1.300 Einwohner je Arzt	= Note 2
Wert zwischen 1.300 und 1.400 Einwohner je Arzt	= Note 3
Wert zwischen 1.400 und 1.500 Einwohner je Arzt	= Note 4
Wert über 1.500 Einwohner je Arzt	= Note 5

entsprechende Note oben eintragen

3 Ist der Standort mit Fach-Ärzten gut besetzt?

Gemessen am Verhältnis von Einwohnerzahl und Fachärzten ohne Internisten

Wert unter 1.000 Einwohner je Arzt	= Note 1
Wert zwischen 1.000 und 1.100 Einwohner je Arzt	= Note 2
Wert zwischen 1.100 und 1.300 Einwohner je Arzt	= Note 3
Wert zwischen 1.300 und 1.400 Einwohner je Arzt	= Note 4
Wert über 1.400 Einwohner je Arzt	= Note 5

entsprechende Note oben eintragen

Note Standortpotenzial
Bitte alle 3 Noten addieren und durch 3 teilen

4 Bitte beurteilen Sie die folgenden Standortkriterien unmittelbar vor der Apotheke

Noten von 1 = sehr gut bis 5 = mangelhaft unten eintragen

Passantenfrequenz
Ärzte in unmittelbarer Nachbarschaft
Altenheime, Kliniken, Kurbäder
Parkplätze vor der Apotheke
Erreichbarkeit mit Bus oder Bahn
Atmosphäre, Ordnung, Sauberkeit

Note Standortqualität
Bitte alle 6 Noten addieren und durch 6 teilen

Gesamtnote Standort-Attraktivität insgesamt
Bitte Noten für Potenzial und Qualität addieren und durch 2

3.2.2   Planung und Bewertung neuer Filialen

Was ist eine Apotheke wert? Wie viel soll der Betreiber für die künftige Filialapotheke zahlen?

Bei der Suche nach einem gerechten Kaufpreis für eine Apotheke wird der Blick ausschließlich auf die vergangenen Umsätze und Erträge der Problematik nicht gerecht. Vielmehr muss eine intensive Betriebsanalyse durchgeführt werden, um die Stärken und Schwächen der zu übernehmenden Apotheke transparent zu machen. Die gängigen Verfahren zur Ermittlung des Kaufpreises können daher nur erste Anhaltspunkte liefern, ob dieser in vernünftiger Relation zu den Erfolgspotenzialen steht. Und bei neuen Betriebsstätten müssen völlig andere Wege gefunden werden, um die Entscheidung zur Filialisierung vorzubereiten.

Filialisierung als Investitionsentscheidung

Aus Sicht der Betriebswirtschaft sind Gründung einer neuen oder Übernahme einer bestehenden Apotheke nur zwei Varianten des gleichen Phänomens „Investition". Die Fragestellungen sind im Kern gleich:

–   „Lohnt sich die Investition eines bestimmten Kapitalbetrages für die Gründung, weil die daraus zu erwartenden Gewinne bzw. Überschüsse eine angemessene Verzinsung dieses Kapitals versprechen?" Oder:

–   „Wie hoch darf der Kaufpreis für eine bestehende Apotheke sein, damit die daraus zu erwartenden Gewinne bzw. Überschüsse noch eine angemessene Verzinsung versprechen?"

Entsprechend ähnlich sind auch die Methoden, die von der Betriebswirtschaftslehre angeboten werden.[61]

---

[61] Einfache Hilfestellungen zu diesen Begriffen und Verfahren sind zu finden in der Online-Enzyklopädie „Wikipedia", aber auch in jedem Lehrbuch der Betriebswirtschaftslehre, z.B. Olfert: Betriebswirtschaftslehre, oder spezieller: Olfert: Investitionen.

Abb. 3.7: Verfahren der Investitionsrechnung

Anwendung	Verfahren	
	statisch	dynamisch
Beurteilung der Vorteilhaftigkeit von Investitionen	Kostenvergleichsrechnung Gewinnvergleichsrechnung Amortisationsrechnung	Kapitalwert-Methode
Ermittlung des Wertes ganzer Unternehmen	Substanzwert-Verfahren	Ertragswert-Verfahren

Die *statischen* Verfahren der Investitionsrechnung zeichnen sich durch große Einfachheit aus, wenn zur Beurteilung einer Investition die Kosten zweier alternativer Anlagen (z.B. Kommissionierautomaten) mit ihren Anschaffungspreisen verglichen werden (Kostenvergleichsrechnung).

Ähnlich verfährt man, wenn die Gewinne alternativer Apotheken (nach Abzug von Abschreibungen und Zinsen) miteinander verglichen werden (Gewinnvergleichsrechnung) oder geprüft wird, wann die zu zahlenden Ausgaben über die Überschüsse wieder zurück geflossen sind (Amortisationsrechnung).

Ähnlich einfach gestaltet sich auch die Bewertung einer Apotheke, wenn die Vermögensgegenstände der Aktivseite der Bilanz, korrigiert um sogenannte Stille Reserven (z.B. in den bereits abgeschriebenen Anlagegütern wie Offizineinrichtung oder EDV) oder Neubewertung der Bestände, und natürlich vermindert um die Schulden (das Fremdkapital) als Substanzwert gerechnet werden.

Diese statischen Verfahren haben den Nachteil, dass entweder Erträge und Gewinne keine Rolle spielen (z.B. im Substanzwertverfahren) oder nicht in ihrem Zeitablauf berücksichtigt werden. Schließlich sind Gewinne, die erst in zehn Jahren anfallen, nicht vergleichbar mit Gewinnen, die bereits in diesem Jahr zu erwarten sind.

Die *dynamischen* Verfahren berücksichtigen diesen Zeitaspekt, indem sie die künftigen Gewinne oder Überschüsse mit Zinsen bewerten, sodass später zu erwartende Zahlungen mit einem entsprechenden Zins diskontiert werden. 10.000 € in diesem Jahr gehen mit diesem Betrag in die Berechnung ein, 10.000 € aber, die erst in zehn Jahren anfallen, nur mit einem geringeren Wert, der dem Betrag entspricht, den der Investor anlegen müsste, um in zehn Jahren eben diese 10.000 € zu erhalten. Bei einer Verzinsung von 5% wären das nach der Formel für den Barwert

$$10.000 \text{ €} / (1+0,05)^{10} = 6.139 \text{ €}.$$

Eine Investition in eine neue Filiale wäre nach dieser Methode dann sinnvoll, wenn die Summe aller so auf den Stichtag diskontierten künftigen Gewinne oder Überschüsse über die gesamte Laufzeit größer ist als der Investitionsbetrag.

Ähnlich kann die Bestimmung des maximal zu akzeptierenden Kaufpreises berechnet werden: Auch hier gilt, dass die Summe aller diskontierten Gewinne oder Überschüsse zumindest dem geforderten Preis entsprechen muss. In einer vereinfachten Formel[62] bedeutet dies:

$$Kaufpreis~oder~Investitionsbetrag \leq \frac{\phi~\ddot{U}berschüsse}{Zinssatz}$$

Rechnet man also bei einer Übernahme mit künftigen regelmäßigen Überschüssen von 100.000 €, so sollte der Kaufpreis der Apotheke bei angenommenen 5% Zinsen nicht höher sein als 2 Mio. €.

Oder anders gerechnet: Bei einer Investition von 1 Mio. € in eine neue Apotheke, die 50.000 € jährlichen Überschuss erzielt, wird eine Verzinsung von 5% erreicht.

Diese Methode ist formal also sehr einfach, vorausgesetzt, die in dieser Rechnung eingebauten Größen sind gut zu ermitteln. Hier allerdings beginnen die Probleme:

Wie berechnet man den Überschuss?

---

[62] Diese Formel gilt unter der Annahme, dass die künftigen Überschüsse über die Jahre konstant sind und die Lebensdauer der Apotheke nicht begrenzt ist.

In den betriebswirtschaftlichen Lehrbüchern für Apotheken[63] wird der Überschuss als nachhaltiges Betriebsergebnis definiert. Nachhaltig bedeutet zunächst einmal, dass die Gewinne der vergangenen Perioden um die Bestandteile korrigiert werden müssen, die

– zufällig oder außerordentlich entstanden sind,
  z.B. Verluste aus Standortstörungen (Baustellen), sporadische Umsatzerhöhungen durch Inhaberwechsel einer Wettbewerbsapotheke, Verluste durch Diebstahl oder Schäden,
– betriebsfremd sind,
  z.B. Vermietung von Geschäftsflächen etc.

Dieser nachhaltig korrigierte Gewinn ist aber weiter zu bereinigen: Er ist zu kürzen

– um den kalkulatorischen Unternehmerlohn, da dieser als Kosten für die Tätigkeit des Apothekenleiters verdient und bei der Filiale dem Filial-Leiter gezahlt werden muss, bevor von Gewinn der Apotheke gesprochen werden kann;
– um eventuelle kalkulatorische Mietzahlungen, wenn sich die zu übernehmende Apotheke in eigenen Räumen des Vorbesitzers befindet und diese Kosten nach dem Erwerb auch zu zahlen sind.

Er ist zu ergänzen

– um die Zinsen des Fremdkapitals, da die Überschüsse mit diesem Zins ja diskontiert werden und
– um die Abschreibungen auf das Anlagevermögen der Apotheke, da lediglich im Sinne der Finanzrechnung die Überschüsse von Einzahlungen und Auszahlungen betrachtet werden.

Ebenso sind Bildungen oder Auflösungen von Rückstellungen und Rücklagen zu korrigieren, um zu einem Zukunftserfolgswert zu gelangen, der allein das Potenzial der Apotheke ausmacht.

Legt man die Durchschnittsapotheke zugrunde, welche 2005 ca. 1.900.000 € Gesamtumsatz inkl. MwSt. tätigte,[64] so ergibt sich mit einigen anderen Daten ergänzt[65] folgende Staffelrechnung:

---

[63] Bohl: Übernahme S. 39 ff., Franzen et al., Apothekenbetriebslehre 1995, S. 261
[64] ABDA: Zahlen, Daten, Fakten 2005.
[65] IfH: Apotheken 2004.

Tab. 3.4: Beispiel einer Überschussrechnung

Position	in 1.000 €	in %
Umsatzerlöse brutto	1.890	100,0
– MWSt-Inkasso	260	13,8
= Umsatzerlöse netto	1.630	86,2
– Wareneinsatz	1.170	61,9
= Rohertrag	460	24,3
– steuerl. Aufwendungen	330	17,5
= steuerl. Betriebsergebnis	130	6,9
– Unternehmerlohn	70	3,7
= betriebsw. Betriebsergebnis	60	3,2
+ Abschreibungen	20	1,1
+ Zinsen Fremdkapital	10	0,5
= Zahlungsüberschuss	90	4,8

Der so ermittelte Zahlungsüberschuss wird im Rechnungswesen gerne als „cash flow" bezeichnet. Er stellt letztlich die finanziellen Mittel dar, die der Apotheke zur Verfügung stehen, um Schulden zu tilgen, die Zinsen zu bezahlen, neue Investitionen zu tätigen und dem Inhaber über seine Vergütung als Apothekenleiter hinaus einen Gewinn auszuschütten. Das Verfahren, den Unternehmenswert auf dieser Basis zu berechnen, nennt man konsequenterweise „discounted cash flow".

Die zweite Frage, die sich ergibt ist: Welches ist ein angemessener Zinssatz, mit dem die Investition sich rentieren sollte. Allgemein nimmt man als Richtwert den marktüblichen Zins einer vergleichbaren Geldanlage. Aber was ist „marktüblich", und was ist „vergleichbar"?

Letztlich besteht Übereinstimmung darin, dass eine exakte Übernahme der Basiszinsen für langfristige Wertpapiere nicht ausreichen kann, da hier die Risikokomponente fehlt, die eben den Unterschied zwischen dem Kauf von Bundesschatzbriefen und dem Engagement in eine Apothekenfiliale darstellt.

Über die Höhe des Zuschlages aber streiten die „Gelehrten".[66] Diskutiert werden Zuschläge für
- das allgemeine Unternehmensrisiko: 2 %
- das spezielle Branchenrisiko „Gesundheitsmarkt":   2%,
- den Mobilitätsnachteil: 1%.

Hiervon wird meist ein Inflationsabschlag von zurzeit wohl 1,5 % abgezogen.

Bei einem Basiszins von 4,5% für langfristige Geldanlagen wären insgesamt nach dieser Rechnung 3,5% zuzuschlagen, damit erreichte man einen Kapitalisierungszins von 8%.

In unserem Rechenbeispiel würde der Überschuss von 90.000 € mit 8% verzinst einen Barwert von 1.125.000 € ergeben.

Ob die Branchenrisiken mit 2% vor dem Hintergrund der Gesundheitsreform tatsächlich ausreichend bewertet sind, mag dahingestellt sein. Eine deutliche Risikoerhöhung (z.B. auf 4%) senkt natürlich den Kaufpreis der Beispiels-Apotheke entsprechend auf 900.000 €.[67]

Die Praxis macht sich diese Mühe häufig nicht. Hier ermittelt sich der Preis einer Apotheke nach Angebot und Nachfrage. Gerne werden dabei Faustformeln verwendet, die zunächst jeglicher betriebswirtschaftlicher Begründung entbehren, indem der Wert als Anteil des Umsatzes berechnet wird. Diese Anteile reichen je nach Apothekengröße von 2,5% bis 27%.[68]

Allerdings ergibt sich durch einfaches Umrechnen, dass schon eine Beziehung besteht zwischen Zinssatz, Überschuss und Umsatz, wenn man den Überschuss als Cash-flow in % vom Umsatz ansetzt.

---

[66] Bohl: Übernahme, S. 42 und vor allem Bellinger: Kaufpreise.
[67] Z.T. wird mit Zinssätzen bis zu 12% insgesamt gerechnet.
[68] Bohl: Übernahme.

Die Berechnung des Kaufpreises nach der Ertrags-Formel lautet:

$$Kaufpreis = \frac{\phi\,\ddot{U}bersch\ddot{u}sse}{Zinssatz}\ \ \text{oder}$$

$$Kaufpreis = \frac{cash\ flow\ in\,\%\ x\ Umsatz}{Zinssatz}$$

Die Berechnung nach der Umsatz-Faustformel lautet

$$Kaufpreis = Umsatzanteil\ x\ Umsatz$$

Setzt man beide Formeln gleich und dividiert durch den Umsatz erhält man:

$$\frac{Kaufpreis}{Umsatz} = \frac{Umsatzrentabilit\ddot{a}t\ (cash\ flow\ in\,\%\ vom\ Umsatz)}{Kapitalisierungszinssatz\ in\,\%}$$

In unserem Beispiel mit einer Cash-flow-Rate von 4,8% des Umsatzes und einem Zinsfuß von 8% ergäbe sich für die Faustformel ein Kaufpreis von 60% des Umsatzes (also 1.134.000 €).

So also könnte der Wert einer zu übernehmenden Filiale oder die Investition in eine zu gründende Filiale berechnet werden, wenn nicht folgende Fragen das Rechenwerk stören würden:

Für die Neugründung ist zu fragen:

- Woher weiß man, wie sich die Umsätze und damit auch die Gewinne in einem neuen Objekt entwickeln werden?
- Können einfach Benchmarkwerte aus der Hauptapotheke auf die Filialen übertragen werden?
- Wird nicht die Hauptapotheke von der Neugründung profitieren (Synergien) oder wird diese zusätzlich belastet (Fixkosten)?

Und für Übernahme gilt zusätzlich:

- Können die alten Werte der Apotheke mit der neuen Konzeption, dem neuen Apothekenleiter einfach fortgeschrieben werden, oder müssen nicht auch die oben angesprochenen Veränderungen berücksichtigt werden?

Kurz:

> Die Berechnung solcher Werte ist für die Investitionsentscheidung nötig, reicht aber nicht aus. Sie muss ergänzt werden durch eine Sammlung vieler Informationen über Standort und Apotheke, um zu einem halbwegs sicheren Urteil zu gelangen.

Die Analyse des Standortes wurde bereits vorgenommen, die Analyse der zur Übernahme anstehenden Apotheke kann mit einigen wesentlichen Kennzahlen erfolgen:

Kennzahlen zur Analyse des Erfolgspotenzials

Eine Analyse der Erfolgsfaktoren der künftigen Filiale setzt natürlich am Ziel der Filiale an, nämlich einen Beitrag zur Rentabilität des gesamten Unternehmens zu leisten. Also ist es sinnvoll, die Rentabilität als oberste Leitkennzahl zu wählen, in der Regel gemessen in % des Umsatzes oder pro Kunde. Dabei sind natürlich – wie bereits in der Berechnung des Unternehmenswertes – alle „zufälligen" und „betriebsfremden" Erträge und Aufwendungen zu bereinigen und kalkulatorische Kosten (vor allem der Unternehmerlohn) zu ergänzen. Eventuell ist es auch im Sinne der Bewertungsrechnung sinnvoll, die Abschreibungen und Zinsen zu vernachlässigen, sodass statt des Gewinnes der sogenannte cash flow[69] im Zähler steht und auf den Umsatz oder die Kundenzahl bezogen wird.

Und da sich die Apotheke sowohl als Dienstleistungsunternehmen als auch als Handelsunternehmen versteht, gilt es, den Kunden als Basis für die Leistung der Apotheke zu nehmen und schließlich die Roherträge (bzw. die Handelsspanne) von den Handlungskosten (Personal, Raum, Werbung) zu trennen.

So entsteht ein System von Kennzahlen, die logisch und mathematisch aufeinander aufbauen[70] und für den konkreten Fall natürlich weiter differenziert und weitergeführt werden können. Bei der Diskussion um Zielvereinbarun-

---

[69] vgl. dazu die Hinweise in Abschnitt 3.2.1. Statt des cash flows findet sich in den Analysen der Bilanzen börsennotierter Unternehmen auch der Wert EBITA, eine Abkürzung für Earnigs before Interest, Taxes and Amortization (Gewinn vor Zinsen, Steuern und Abschreibungen). Vgl. die Definition bei Wikipedia-Enzyklopädie.

[70] Basis dieses Kennzahlensystems ist ein bewährtes Schema zur Betriebsanalyse des Kölner Instituts für Handelsforschung, das bereits Ende der siebziger Jahre des vorigen Jahrhunderts entwickelt wurde.

gen[71] wurde bereits ein Ausschnitt aus diesem System zur Analyse der Personalproduktivität angewandt. Hier ist nun das ganze System wiedergegeben:

Abb. 3.8: Schematischer Aufbau einer Kennzahlenanalyse

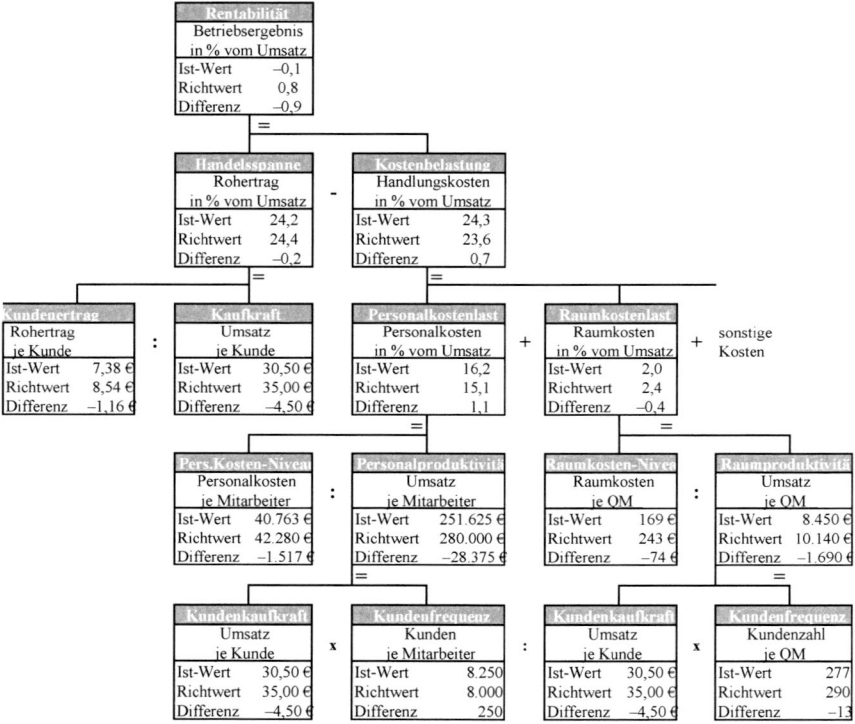

Daten: IfH: Apotheken 2004.

Mit diesem Schema lässt sich nicht nur ermitteln, ob die zu übernehmende Apotheke rentabel und wirtschaftlich arbeitet, sondern auch, wo die Schwachstellen sind und ob diese durch einen neuen Betreiber verbessert werden können:

Schwächen in der Ertragssituation lassen sich durch die Übernahme der möglicherweise verbesserten Einkaufskonditionen ausgleichen. Da an der

---

[71] vgl. Kapitel 2.4.

Gehaltsstruktur wegen der Übernahmeverpflichtungen der Mitarbeiter nur wenig veränderbar ist, bleibt die Hoffnung auf Besserung allein in der besseren Auslastung dieses Teams, sodass über steigende Kundenzahlen oder besseres „Verkaufen" die Produktivität der Mannschaft steigt.

Dieses Schema kann dann auch nach erfolgter Filialgründung oder Übernahme als Grundlage eines Filialcontrollings dienen[72] und ermöglicht so einen Vergleich der Filialen und der Hauptapotheke untereinander und in ihrer Entwicklung.

Für die Bewertung der zu übernehmenden Filiale möge eine Auswahl der Kennzahlen ausreichen. Neben der Spitzenkennzahl „Betriebsergebnis" sind es vor allem die Handelsspanne, die Produktivitäten von Mitarbeitern, Fläche und Lager (Lagerumschlag).

Neben diesen ausschließlich vergangenheitsorientierten Kennzahlen ist es bei der Übernahme der Apotheke unbedingt erforderlich, die Akzeptanz (Bekanntheitsgrad) und das Image durch eine Passantenbefragung zu erheben, sofern diese Informationen nicht aus aktuellen Umfragen bereitstehen. Der Fragebogen und die Auswertung wurden bereits im vorhergehenden Teil 2 besprochen. Diese Ergebnisse sollten in das Scoring ebenso mit einfließen, wie der erzielte Marktanteil vor der Übernahme. Diese Informationen sind besonders dann hoch zu bewerten, wenn die Apothekenfiliale mit dem alten Marketing-Konzept [73] weitergeführt werden soll.

In der folgenden Checkliste ist ein Beispiel willkürlich eingetragen: Eine sehr produktive Apotheke mit schlechter Spanne. Aber sie ist bekannt am Standort, leider mit nur durchschnittlichem Ruf.

---

[72] vgl. Kapitel 3.4.
[73] Vgl. hierzu die nähere Differenzierung im nächsten Kapitel 3.3.

Checkliste 3.2: Bewertung von Apotheken

1 Bietet der Überschuss (cash flow) eine angemessene Verzinsung des geforderten Kaufpreises?	3

Gemessen am Wert des Basiszinses für langfristige Anlagen

Verzinsung mehr als 5% über Basiszins	= Note 1
Verzinsung zwischen 4% und 5% über Basiszins	= Note 2
Verzinsung zwischen 2% und 4% über Basiszins	= Note 3
Verzinsung zwischen 1% und 2% über Basiszins	= Note 4
Verzinsung unter 1% über Basiszins	= Note 5

entsprechende Note oben eintragen

2 Wie wird der erzielte Rohertrag beurteilt?	5

Gemessen als Handelsspanne in % vom Umsatz inkl. MwSt.

Handelsspanne über 27%	= Note 1
Handelsspanne zwischen 25% und 27%	= Note 2
Handelsspanne zwischen 23% und 25%	= Note 3
Handelsspanne zwischen 21% und 23%	= Note 4
Handelsspanne unter 21%	= Note 5

entsprechende Note oben eintragen

3 Wie wird die Produktivität der Apotheke beurteilt?	1

Gemessen am Umsatz (inkl. MwSt.) je Mitarbeiter

Umsatz pro Mitarbeiter über 330.000 €	= Note 1
Umsatz pro Mitarbeiter zwischen 310.000 und 330.000 €	= Note 2
Umsatz pro Mitarbeiter zwischen 250.000 und 310.000 €	= Note 3
Umsatz pro Mitarbeiter zwischen 230.000 und 250.000 €	= Note 4
Umsatz pro Mitarbeiter unter 230.000 €	= Note 5

entsprechende Note oben eintragen

4 Wie wird die Warenwirtschaft der Apotheke beurteilt?	1

Gemessen am Lagerumschlag nach Jahresabschluss

Lagerumschlag über 14-mal	= Note 1
Lagerumschlag zwischen 12 und 14-mal	= Note 2
Lagerumschlag zwischen 10 und 12-mal	= Note 3
Lagerumschlag zwischen 8 und 10-mal	= Note 4
Lagerumschlag unter 8-mal	= Note 5

entsprechende Note oben eintragen

Note Wirtschaftlichkeit Bitte alle 4 Noten addieren und durch 4 teilen	2,5

5 Welchen Marktanteil hat die Apotheke erreicht?	1

Gemessen am erreichten Marktanteil im Vergleich zum Soll-Marktanteil
(100% dividiert durch Zahl der Apotheken)

Eigener Marktanteil mehr als 10 % über Soll-Marktanteil	= Note 1
Eigener Marktanteil 10% über Soll-Marktanteil	= Note 2
Eigener Marktanteil entspricht dem Soll-Marktanteil	= Note 3
Eigener Marktanteil 10% unter Soll-Marktanteil	= Note 4
Eigener Marktanteil mehr als 10% unter Soll-Marktanteil	= Note 5

entsprechende Note oben eintragen

6 Wie wird die Akzeptanz der Apotheke durch ihre Kunden beurteilt?	1

Gemessen am Anteil der Bekanntheit in % der befragten Passanten.
Bei fehlender Befragung hier Note 4 einsetzen

Bekanntheitsgrad über 85%	= Note 1
Bekanntheitsgrad 80% bis 85%	= Note 2
Bekanntheitsgrad 70% bis 80%	= Note 3
Bekanntheitsgrad 60% bis 70%	= Note 4
Bekanntheitsgrad unter 60%	= Note 5

entsprechende Note oben eintragen

7 Wie wird die Apotheke bei der Kundenbefragung beurteilt?	3

Gemessen an der Gesamtnote für das Image.
Bei fehlender Befragung hier Note 4 einsetzen

Note Akzeptanz und Image Bitte die Noten 5 bis 7 addieren und durch 3 dividieren	1,7

Gesamtnote Apotheken-Attraktivität insgesamt Bitte Noten für Potenzial und Qualität addieren und durch 2 dividieren	2,1

Planung für neue Filialen

Ist eine Neugründung beabsichtigt, sind solche Kennzahlen durch Planwerte zu ersetzen. Grob aufgebaut ergibt sich zunächst eine progressive Planungsrechnung, die Umsatz, Ertrag und Kosten der neuen Filiale ermittelt.

Die Planung erfolgt in verschiedenen Schritten: Als erstes gilt es, die *Kosten* zu ermitteln, die zur Betriebsbereitschaft der Apotheke erforderlich sind, in erster Linie die Raumkosten (Miete, Sachkosten der Geschäftsräume und Abschreibungen für Inventar), dann natürlich die Personalkosten für die Verkaufsbereitschaft in Abhängigkeit der Apothekengröße (ohne den Unternehmerlohn), schließlich noch die Zinsen auf das im Inventar und Lager gebundene Kapital.

Im Beispiel einer Filiale von 120 qm[74] könnten so folgende Fixkosten entstehen.

Tab. 3.5: Fixkostenplanung

	Position		Wert in €
	Geplante Geschäftsfläche	120 qm	
x	Raumkosten (Miete / Sachkosten) /qm	245 €	
=	Raumkosten gesamt		29.400 €
	Notwendige Mitarbeiter	3,00	
x	Personalkosten o. UL / MA	37.000 €	
=	Personalkosten gesamt		111.000 €
+	Apothekenleitung		60.000 €
	AfA je qm x geplante qm	90,00 €	
=	AfA gesamt		10.800 €
	Zinsen (nur FK) je qm x geplante qm	60,00 €	
=	Zinsen gesamt		7.200 €
	Gesamte feste Kosten		218.400 €

Diese festen Kosten müssen durch die Deckungsbeiträge (Erträge, abzüglich der anfallenden variablen Kosten) gedeckt werden.

Die Höhe der Deckungsbeiträge errechnen sich aus der Handelsspanne (Roherträge in % von Umsatz) abzüglich der Kosten, die mit den Umsätzen steigen oder fallen (variable Kosten), ebenfalls in % vom Umsatz.

---

[74] Die Daten wurden auf der Basis der Kennzahlen des IfH: Apotheken 2004, berechnet. Ein Berechnungsprogramm findet sich als Datei D 11 auf der beigefügten CD.

In unserem Beispiel könnte die Berechnung wie folgt aussehen:

Tab. 3.6: Deckungsbeitragsplanung

Handelsspanne (Umsatz o. MwSt.)		28,0%
variable Kosten		
- Werbekosten	1,1%	
- Gewerbesteuer	0,8%	
- Sonstige Kosten	3,5%	5,4%
Deckungsbeitrag		22,6%

Wenn die neue Filiale mindestens so arbeiten soll, dass die Deckungsbeiträge alle festen Kosten decken, so ergibt sich folgende Formel

$$Umsatz = \frac{Fixe\ Kosten}{Handelsspanne\ in\% - var.Kosten\ in\%}$$

In dem Beispiel also ergibt sich ein Mindestumsatz von

$$Umsatz = \frac{218.400\ €}{28,0\% - 5,4\%} = \frac{218.400\ €}{22,6\%} = 966.372€$$

Aus dieser Planungsrechnung ergibt sich sodann eine Plan-GuV-Rechnung,
wenn realistische Umsatzplanungen (z.B. aus der Standortanalyse) zugrunde
gelegt werden.

Tab. 3.7: Plan-GuV-Rechnung einer Filiale

Gewinn- und Verlust-Rechnung	Mindest-umsatz	Umsatzprognose		
		10%	20%	30%
Umsatzerlöse (o. MwSt.)	966.372 €	1.063.009 €	1.159.646 €	1.256.283 €
– Wareneinsatz	695.788 €	765.366 €	834.945 €	904.524 €
= Rohertrag	270.584 €	297.642 €	324.701 €	351.759 €
– Personalkosten Team	111.000 €	111.000 €	111.000 €	111.000 €
– Filialleitung	60.000 €	60.000 €	60.000 €	60.000 €
– Raumkosten	29.400 €	29.400 €	29.400 €	29.400 €
– Abschreibungen	10.800 €	10.800 €	10.800 €	10.800 €
– Zinsen	7.200 €	7.200 €	7.200 €	7.200 €
– Werbungskosten	10.630 €	11.693 €	12.756 €	13.819 €
– Gewerbesteuer	7.731 €	8.504 €	9.277 €	10.050 €
– Sonstige Kosten	33.823 €	37.205 €	40.588 €	43.970 €
= Gesamtkosten	270.584 €	275.802 €	281.021 €	286.239 €
= Betriebsergebnis der Filiale	0 €	21.840 €	43.680 €	65.520 €

Ob allerdings die festen Kosten auch bei einer Umsatzsteigerung von 30 % tatsächlich fest bleiben, ist zu prüfen.[75]

3.2.3   Entscheidungshilfen zur Filialgründung

Die Analysen von Standort und Apotheke sind gemacht, die Ergebnisse im Einzelnen durch Checklisten festgehalten. Das Ergebnis könnte sein:

Eine zur Übernahme angebotene Apotheke hat einen Standort mit ausgezeichnetem Potenzial, allerdings ist die Lage durch das städtebauliche Ambiente in der unmittelbaren Umgebung nicht gerade ansprechend. Aber die Apotheke hat einen guten Ruf, ist bekannt. Nur die Wirtschaftlichkeit lässt zu wünschen übrig (Beispiel A).

---

[75] Auf die Problematik der sprungfixen Kosten wurde bereits im 1. Teil eingegangen.

Bei Apotheke B dagegen sind die Zahlen überdurchschnittlich. Auch Bekanntheit und Image sind exzellent. Dadurch kann der schlechte Standort mit intensivem Wettbewerb ausgeglichen werden.

Viele einzelne Informationen also, welche die Entscheidung für oder gegen eine Filialgründung an diesem Standort mit der jeweiligen Apotheke beeinflussen. Aber wie soll letztlich diese Entscheidung aussehen, wenn die Ergebnisse der Analyse nicht eindeutig positiv oder eindeutig negativ sind?

Vielleicht hilft hier ein einfaches Verfahren, alle Ergebnisse in ihrer Bedeutung zu gewichten und in ihrer Bewertung vergleichbar zu machen. Das Verfahren ist aus der Bewertung von Leistungen bekannt. Eine Gesamtnote auf dem Schulzeugnis, im Staatsexamen, bei der Promotion wird dadurch ermittelt, dass die einzelnen Fächer mit Noten bewertet werden, der Anteil der Fächer an der Gesamtnote festgelegt wird und dann das gewogene arithmetische Mittel gebildet wird.

In der Entscheidungstheorie kennt man dieses Verfahren unter verschiedenen Begriffen, je nachdem, welche Bewertung (ob Schulnoten, Punktwerte oder Rangplätze) gewählt wird. Hier soll es allgemein als Scoring bezeichnet werden.

Fasst man die Kriterien aus der Standort- und Betriebsanalyse zusammen, könnte folgender Katalog entstehen:

Tab. 3.8: Scoring für eine neue Filiale

Kriterium	Gewicht	Angebot A	Angebot B
Standortpotenzial	30%	1,0	4,0
Standortqualität	20%	3,0	5,0
Standortattraktivität	50%	1,8	4,4
Wirtschaftlichkeit	40%	4,0	2,0
Akzeptanz	10%	2,0	2,0
Apothekenattraktivität	50%	3,6	2,0
Gesamtwert	100%	2,7	3,2

Gewichtet man diese Kriterien, so entsteht eine Gesamtnote, die etwas über die Attraktivität dieser Filialoption aussagt. Insbesondere bei mehreren Alternativen hilft eine solche Gegenüberstellung bei der Auswahl. In dem Beispiel wäre somit dem Angebot A knapp der Zuschlag zu geben.

Das Scoring kann zwar eine Hilfe sein, eine Entscheidung kann ein solches Rechenverfahren jedoch nicht automatisch treffen. Zu subjektiv sind die einzelnen Noten bei jedem Kriterium. Warum ist Alternative A in der Standortqualität mit der Note 3, B dagegen mit Note 5 bewertet worden? Warum beträgt der Unterschied bei der Potenzialbewertung drei Notenwerte, bei der Wirtschaftlichkeit aber nur zwei? Warum wird die Wirtschaftlichkeit vier Mal wichtiger genommen als die Akzeptanz? – Professionelle Scoring-Verfahren geben hier eindeutige Richtlinien vor. Hier mag der individuelle Eindruck des Apothekers ausreichen. Er entscheidet schließlich und muss diese Entscheidung höchstens seiner Bank gegenüber rechtfertigen.

Die Bewertung einer Filialalternative durch eine einzelne Gesamtnote ist auch nicht ganz ohne Probleme. Ist es richtig, dass Alternative A den Zuschlag erhält, obwohl die Apotheke selbst unterdurchschnittlich attraktiv ist? Warum wird B abgelehnt, obwohl Kaufpreis und Rentabilität angemessen erscheinen?

Aus diesem Grunde ist das Scoring nicht nur zur Berechnung der Gesamtnote wichtig. Fasst man die Kriterien nämlich – wie oben – zusammen und stellt einzelne Bereiche einander gegenüber, so entstehen strategische Tableaus, deren Felder interessante Aufschlüsse für die Bewertung geben.

Abb. 3.9: Standorttableau

Standort-Tableau		Standortpotenzial	
		schlecht Note 5	sehr gut Note 1
Standort-qualität	sehr gut Note 1	IIa	I
	schlecht Note 5	III	IIb

Natürlich stellt Feld I den besten, Feld III den schlechtesten Standort dar. Die Felder II sind in der Gesamtbeurteilung zwar gleichwertig, unterscheiden sich aber erheblich: IIa ist ein Standort in bester Lager mit guter Anbindung, schönem Ambiente, aber leider ist das Potenzial schlecht, entweder weil Einwohner oder Ärzte fehlen, oder aber weil der Wettbewerb sehr hart ist.

IIb kennzeichnet die gegensätzliche Situation: Schlechte Lage in einem ausgezeichneten Einzugsgebiet.

Die Entscheidungssituation ist also durchaus unterschiedlich: Im Feld IIa ist die Frage, ob die neue Apothekefiliale gegen den Wettbewerb bestehen und einen hohen Marktanteil gewinnen kann. Im Feld IIa dagegen lautet die Frage: Ist das Apothekenkonzept so attraktiv, dass die Kunden trotz der Geschäftslage den Weg zur Apotheke finden?

Eine ähnliche Situation liegt auch vor, wenn die beiden Komponenten der Apotheken-Attraktivität „Wirtschaftlichkeit" und „Akzeptanz" gegenübergestellt werden.

Abb. 3.10: Apothekentableau

Apotheken-Tableau		Wirtschaftlichkeit	
		schlecht Note 5	sehr gut Note 1
Akzeptanz	sehr gut Note 1	IIa	I
	schlecht Note 5	III	IIb

Auch hier stehen sich erfolgreiche und nicht erfolgreiche Alternativen in den Feldern I und III gegenüber. Und auch hier sind die Mittelplätze wieder interessant. In Feld IIa finden wir Apotheken mit exzellentem Image, denen es aber nicht gelungen ist, diese Kundenzufriedenheit in Wirtschaftlichkeit umzusetzen. Die Lieferbereitschaft ist hoch, die Lagerbestände auch, die Wartezeiten der Kunden sind niedrig, die Umsatzleistung der Mitarbeiter auch.

Feld IIb dagegen beherbergt diejenigen Apotheken, die optimale Prozesse organisiert haben, nicht aber das Image für Kompetenz, Freundlichkeit und Service.

Welche Apotheke ist für eine Filiale zu bevorzugen? Beide haben ihre Vorteile: Im ersten Fall könnte es gelingen, die hohe Akzeptanz zu nutzen, aber die erprobte Organisation der Hauptapotheke dort einzubringen. Im zweiten Fall kann eine gut geführte Apotheke übernommen werden, das Marketingkonzept der Hauptapotheke könnte dann vielleicht die Akzeptanz steigern.

Und schließlich ist es sinnvoll, auch die beiden Attraktivitätsebenen Standort und Apotheke selbst gegenüber zu stellen:

Abb. 3.11: Übernahme-/Gründungs-Tableau

Übernahme-/Gründungs-Tableau		Standort-Attraktivität	
		schlecht Note 5	sehr gut Note 1
Apotheken-Attraktivität	sehr gut Note 1	IIa	I
	schlecht Note 5	III	IIb

Angebote der Klasse I werden angenommen, solche der Klasse III abgelehnt. Aber auch hier liegen im Mittelfeld der Gesamtnote ganz unterschiedliche Apotheken:

Im Feld IIb liegt der Fall tragisch. Der optimale Standort wird nicht genutzt. Vielleicht ist die Übergabe aus Altersgründen schon lange geplant, vielleicht hat der Nachfolger doch einen anderen Lebensweg genommen. Und nun steht ein Innovationsstau an. Die Entscheidung ist sehr einfach: Nicht die Apotheke ist zu übernehmen, sondern allein der Standort. Warum sollte Geld für einen Firmenwert bezahlt werden, der trotz des guten Standortes nicht realisiert wurde. Der Unternehmenswert tendiert gegen Null, wenn keine Überschüsse zu erwarten sind. Und wenn Inventar und Ausstattung abgeschrieben sind, bleibt außer dem Warenlager auch nicht viel an Substanz übrig. Eine solche Übernahme hat trotzdem das Problem, alte Personalstrukturen und ein schlechtes Image mit zu übernehmen. Vielleicht ist es dann besser, statt einer wenn auch „günstigen" Übernahme die Neugründung nebenan zu wagen.

In Feld IIa finden wir Apotheken, die trotz des schlechten Standortes sehr erfolgreich arbeiten, weil sie ein klares Konzept auf diesen Standort bezogen vertreten. Die geringe Einwohner- und Ärztedichte wurde durch ein breites Ergänzungssortiment, die schlechte Passantenfrequenz durch intensive Werbung kompensiert. Ob eine solche Apotheke erfolgreich übernommen werden kann, hängt sehr davon ab, ob dieses Erfolgskonzept auch in die Filialisierungsstrategie der Hauptapotheke passt.

Diese Marketing-Konzeption der Filialisierung ist das Thema des folgenden Abschnittes.

3.3   Marketing-Strategien zur Profilierung der Filialen

Jede Filiale für sich genommen unterliegt natürlich den gleichen Anforderungen, die der Wettbewerb an jede Apotheke stellt, gleichgültig, ob diese nun als Filialbetrieb geführt wird oder als selbstständige Apotheke. Diese Anforderungen an die Profilierung über Leistung, Preis, Einkaufsbequemlichkeit wurde bereits bei der Intensivierungsstrategie[76] zur Abschöpfung des Standortpotenziales diskutiert. Sie gelten hier gleichermaßen und müssen nicht mehr wiederholt werden. Im Folgenden geht es darum, in welchem Umfang das Marketing-Konzept der Hauptapotheke an die besonderen Anforderungen der neuen Standorte anzupassen ist.

3.3.1   Anpassungsstrategien der Marketing-Konzeption

Wenn es das alleinige Ziel der Filialisierung ist, am neuen Standort möglichst hohe Marktanteile zu gewinnen, gilt: Je besser die Anpassung des Marketing-Konzeptes an die Standortbedingungen gelingt, umso intensiver kann das Marktpotenzial auf die neue Filiale geleitet werden. Das bedeutet standortspezifische Profilierung ohne Rücksicht auf das Marketing-Konzept der Hauptapotheke.

Allerdings sind diese Profilierungsinstrumente bei der Gründung oder (erst recht) bei der Übernahme einer Filiale auch unter dem Licht der zu erwartenden Synergien zu sehen. 29% der befragten Apotheken-Unternehmen nannten diese Synergien als eigentliches Ziel der Filialisierung. Das wiederum fordert eine möglichst einheitliche Marketing-Ausrichtung der Filiale durch die Hauptapotheke.

Also gilt es sich zu entscheiden zwischen einem einheitlichen und damit auf Synergien ausgelegtem Marketingkonzept oder einem eigenständigen und damit auf Marktabschöpfung ausgelegtem Marketingkonzept.

---

[76] Vgl. Abschnitt 2.3.

Abb. 3.12: Marketing zwischen Synergie und Marktabschöpfung

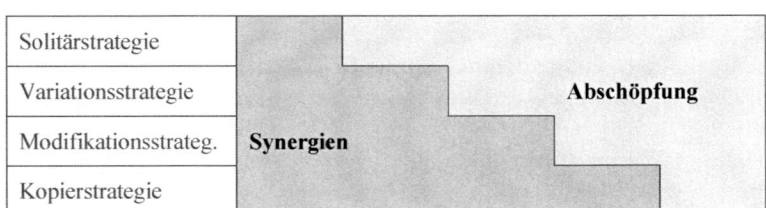

Solitärstrategie		
Variationsstrategie		**Abschöpfung**
Modifikationsstrateg.	**Synergien**	
Kopierstrategie		

Zwischen Individualisierung und Standardisierung aber sind Abstufungen denkbar, sodass die folgenden vier grundsätzlichen Marketing-Strategien im Zuge der Filialisierung unterschieden werden sollen:

Solitärstrategie bedeutet also die ausschließlich auf den konkreten Standort ausgerichtete Marketing-Konzeption einer Filiale ohne Rücksicht auf das Konzept der Hauptapotheke oder das der anderen bestehenden Filialen. Die einzelnen Apotheken treten in der Regel unter individuellen Namen und mit anderer Gestalt auf. Wachstumsziele stehen hier deutlich vor den Synergie- zielen. Als Ergebnis solcher Filialisierung entsteht letztlich ein heterogenes Gebilde, dessen Zusammenhang Außenstehenden nicht transparent wird. Es ist auch fraglich, ob hier noch von Haupt- und Filialapotheken gesprochen werden kann. Dieser Bezeichnung liegt eher der historische Gründungspro- zess und die rechtliche Vorschrift des Apothekengesetzes als die tatsächli- che Struktur zugrunde. Letztlich wird hier im Kleinen eine Holding-Struktur abgebildet, die allein auf die einheitlichen Besitzverhältnisse abstellt.

In Großunternehmen des Handels sind solche Erscheinungsformen – meist kurzfristig – nach der Übernahme anderer Unternehmen erkennbar. So er- folgte z.B. die Umstellung der Allkauf-SB-Warenhäuser auf das Konzept von Real, – durch den neuen Eigentümer, die Metro-Gruppe, erst lange nach dem Erwerb. Dauerhaft werden diese unterschiedlichen Konzepte dann bei- behalten, wenn völlig unterschiedliche Betriebsformen vorliegen. Dies ist z.B. bei der Douglas-Gruppe der Fall: Deren Vertriebgesellschaften wie Douglas, Hussel oder Appelrath-Cüpper lassen nicht mehr erkennen, dass diese Unternehmen, die Parfüm, Süßigkeiten oder Damenoberbekleidung verkaufen, alle zur gleichen Gesellschaft gehören.

Die *Kopierstrategie* stellt das andere Extrem der Filialisierung dar. Hier wird das Marketing-Konzept der Hauptapotheke mit allen Facetten bis hin zum einheitlichen Namen und Auftritt völlig identisch auf die Filialen übertragen. Man hofft, durch gleiche Sortimente optimale Einkaufskonditionen und durch einheitliche Abläufe Kosteneinsparungen realisieren zu können.

Der Vorteil des einheitlichen Marktauftrittes, der in klassischen Filial- und Franchisesystemen wie Body Shop, Fielmann oder Tschibo eine so große Rolle spielt, tritt bei Apotheken eher in den Hintergrund, da die Kunden einen relativ begrenzten Einkaufsradius für Medikamente haben. Eine Übertragung guter (oder schlechter) Erfahrungen in der einen Apotheke wird selten dazu verleiten, in die andere Apotheke der gleichen Gruppe zu gehen. Vielmehr hat die Standardisierung des Marktauftrittes im Wesentlichen den Vorteil, auch die Werbemaßnahmen und Aktionen ebenso wie Bekleidung der Mitarbeiter oder die Offizineinrichtung einheitlich zu gestalten. Synergien stehen auch im Marketing im Vordergrund.

Die *Modifikationsstrategie* kommt der Kopierstrategie nahe. Zwar wird das generelle Marketing-Konzept der Hauptapotheke in den wesentlichen Marketing-Instrumenten übertragen, in der Regel auch Name und Außendarstellung, jedoch können Anpassungen an die individuelle Situation des Standortes in den nachrangigen Profilierungsmerkmalen, z.B. Ergänzungssortiment und Preis, vorgenommen werden. Nach außen wird das Gesamtbild des Unternehmens deutlich.

Die *Variationsstrategie* schließlich passt wesentliche Profilierungsmerkmale dem Standort an. Allerdings bleibt noch erkennbar, dass die Filiale zur Hauptapotheke gehört, betont wird aber der andere Geschäftstyp (andere Sortiments- oder Indikationenschwerpunkte, besondere Dienstleistungen etc.). Name, Logo, Außendarstellung können durchaus verbindende Elemente aufweisen oder sogar gleich sein.

Modifikations- und Variationsstrategien sind klassische Betriebstypen-Konzepte auch der Kooperationen. So versuchen auch Gruppen im Apothekenmarkt, gleich ob sie vom Großhandel (z.B. Linda, EMG, A+, Vivesco) oder autonom (z.B. Parmapharm) getragen werden, die Gruppenzugehörigkeit dezent durch Tür- und Schaufensterbeschriftung oder auch etwas bunter mit einem Slogan kenntlich zu machen. Hier hat diese Markierung die Wirkung zum Kunden, die erforderlich ist, um gemeinsam gestreute Werbung auf die konkrete Apotheke zu lenken. Bei Kooperationen kommt hinzu, dass auch die Mitglieder selbst von Zeit zu Zeit daran erinnert werden müssen, dass sie einer Gruppe angehören.

Kooperationen anderer Branchen setzen die Modifikationsstrategie insbesondere dann ein, wenn unterschiedliche Betriebstypen innerhalb der Gruppe gekennzeichnet werden. So entstanden Unterbegriffe wie „moda" und „forma" bei Schuhfachgeschäften oder „Electronic-Partner" und „Service-Partner" im Unterhaltungselektronik-Fachhandel.

3.3.2   Einflüsse auf die Anpassungsstrategie

Welche der möglichen Transfer-Strategien gewählt werden sollte, hängt vor allem von der Art der Gründung und dem Standorttyp der neuen Filiale ab.

Übernahme oder Neugründung

Die Filialgründungen erfolgen zu 70% durch Übernahme. Übernahmen bestehender (hoffentlich in der Vergangenheit erfolgreicher) Apotheken legen aber nahe, das bestehende Konzept der alten Apotheke beizubehalten. Hier nutzt man das Image bei den Kunden, für das die übernehmende Apotheke ja auch den Firmenwert bezahlt hat. Durch ein solches Vorgehen entsteht letztlich ein Apothekenverbund, der relativ wenig an Synergien realisieren kann, weil durch das individuelle Marketing-Konzept auch die Einsparungen in den Prozessen[77] kaum zum Tragen kommen.

Abb. 3.13: Erfüllung der Synergieziele nach der Filialisierung

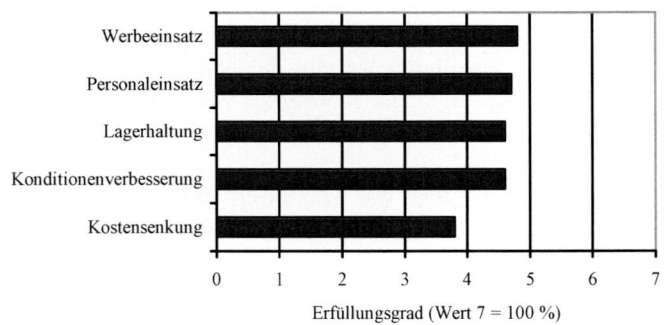

Quelle: FH-Studie 2005.

Auf die Frage, inwieweit die gesteckten Ziele durch die Filialgründung erreicht wurden, erzielten die Antworten maximal 4,8 auf einer Skala von 7

---

[77] Vgl. hierzu noch Abschnitt 3.4.1.

(sehr zufrieden) bis 0 (überhaupt nicht zufrieden). Besonders enttäuscht war man über den geringen Umfang der erreichten Kosteneinsparungen.

Standortbedingungen

Die Standortbedingungen wirken in zwei Situationen auf die Art der Vervielfältigung des Marketing-Konzeptes ein.

Wird eine Filiale im gleichen Einzugsgebiet gegründet, um Wettbewerb zu vermeiden oder den Standort besser auszuschöpfen, bietet sich natürlich die unabhängige Strategie, vielleicht noch die Variation an, nicht um den Kunden zu täuschen, sondern weil mit einem anderen Konzept auch andere Zielgruppen gewonnen werden sollen. So kann eine Natur-Apotheke durchaus eine sinnvolle Ergänzung zur klassischen Apotheke sein, ohne das Image der beiden Apotheken in irgendeiner Weise zu beschädigen. Diese Gefahr ist allerdings dann gegeben, wenn nicht beide Apotheken das gleiche Qualitätsniveau vertreten.

Wird die Filiale in einem neuen Einzugsgebiet gegründet oder übernommen, hängt die Übernahme eines Konzeptes der Hauptapotheke von dem an diesem Standort vorzufindenden Umfeld ab: Von der Geschäftslage, der demographischen Struktur der Einwohner und der Art und Intensität des Wettbewerbs. Je größer der Unterschied zwischen den Standorten und dem Einzugsgebieten ist, umso eher wird eine Variation oder sogar eine Individualisierung erzwungen. Der Einfluss des Standort-Typs wurde bereits bei der Kompatibilitätsprüfung im Vorfeld der Filialisierung diskutiert. Ihr Ergebnis bestimmt natürlich den weiteren Verlauf der Filialisierung. Zumindest eine Modifizierung des ursprünglichen Konzeptes wird sich in aller Regel nicht vermeiden lassen.

Es wurde schon gezeigt,[78] dass die wohnorientierten Standorte deutlich dominieren, auch bezüglich der Gründung neuer Filialen.

---

[78] Vgl. Abschnitt 3.2.1.

Abb. 3.14: Standorte der Hauptapotheken und ihrer Filialen

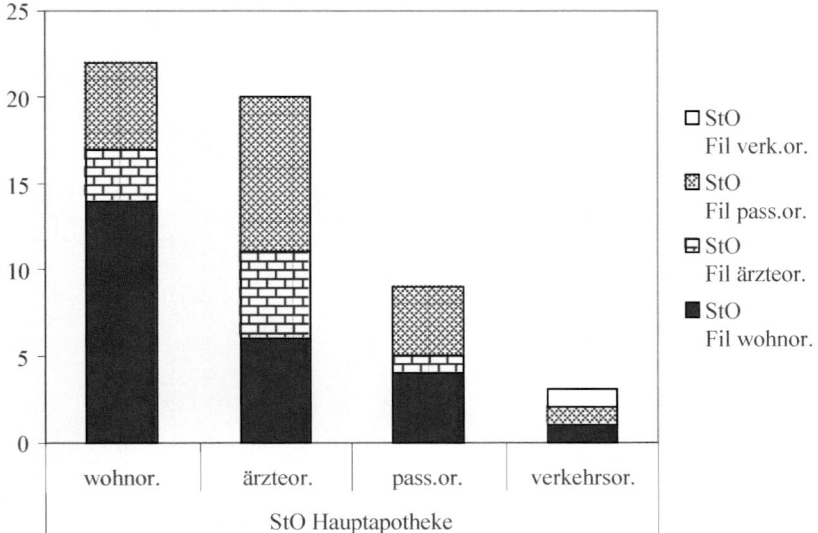

Wohnorientierte Hauptapotheken bilden den Schwerpunkt und gründen ihre Filialen zum überwiegenden Teil auch an wohnorientierten Standorten. Gerade in solchen Situationen wäre eine Anpassung des Marketings an die Hauptapotheke möglich und sinnvoll.

Stellt man die Standorte der Hauptapotheke und der Filiale gegenüber, so ergeben sich folgende Anpassungsmöglichkeiten, die aus der Ähnlichkeit der jeweiligen Standorttypen zueinander resultieren.

Abb. 3.15: Marketing-Anpassung und Standorttypen

Standortorientierung			Standort der Hauptapotheke						
			wohnorientiert			passanten-orientiert		verk.-orient.	AoA
			NA	MA	StA	CA	EZA	VMA	
Standort der Filialapotheke	Nahversorgungs-Apotheken	NA	**K**	**M**	**V**	S	S	S	S
	Marktapotheken	MA	**M**	**K**	**M**	**V**	S	S	V
	Stadtapotheken	StA	**V**	**M**	**K**	**M**	V	V	V
	City-Apotheken	CA	S	**V**	**M**	**K**	**M**	V	V
	Apotheken in Einkaufszentren	EZA	S	S	**V**	**M**	**K**	**V**	S
	Apotheken in Verbrauchermärkten	VMA	S	S	V	V	**V**	**K**	S
	Apotheken mit Arztorientierung	AoA	S	V	V	V	S	S	**K**

Anpassungsstrategien:
K = Kopie;   M = Modifikation;   V = Variation;   S = Solitär

In der Diskussion um die Kompatibilität eines gefundenen Standortes mit dem Konzept der Hauptapotheke wurde bereits auf die Vermischung von passantenorientierten und wohnorientierten Elementen hingewiesen.[79] Ob die Nähe unterschiedlicher Typen tatsächlich gegeben ist, entscheidet aber nicht nur die konkrete Geschäftslage, sondern auch die demographische Struktur, also Alter, soziales Niveau, Kaufkraft der Einwohner, und die Wettbewerbsintensität, also Zahl, Größe und Verhalten der Apothekenkollegen und sonstigen Anbieter auf dem Gesundheitsmarkt des Umfeldes. Nur wenn diese Bedingungen ebenfalls gleich sind, kann eine Kopierstrategie gewählt werden.

Fasst man die beiden Aspekte der Filialisierung, die Übernahme oder Gründung und den Standort zusammen, so können folgende Anpassungsstrategien empfohlen werden:

---

[79] Vgl. Abschnitt 3.2.1.

Abb. 3.16: Marketing-Anpassung nach Anlass und Standort

Anlass	Standort		Anpassung			
			Solitär	Varia-tion	Modifi-kation	Kopie
Über-nahme	alt		++	+	– –	– –
	neu	vergleichbar	+	–	+	++
		verschieden	+	++	–	–
Neu-gründung	alt		++	+	– –	– –
	neu	vergleichbar	– –	– –	+	++
		verschieden	+	++	– –	– –

Bei Gründungen und Übernahmen am gleichen Standort ist unbedingt eine Solitärstrategie oder eine Variationsstrategie aus den genannten Gründen zu empfehlen.

Bei Filialisierung an neuen, aber vergleichbaren Standorten wird eine Kopier- oder Modifikationsstrategie empfohlen, es sei denn, die zu übernehmende Apotheke hat ein überzeugendes eigenes Marketing-Profil entwickelt.

An sehr vom Standorttyp der Hauptapotheke unterschiedlichen, neuen Standorten ist eine Variation, vielleicht sogar eine vollständig eigene Konzeption zu empfehlen, um den Standortanforderungen optimal gerecht zu werden.

3.3.3   Anpassung der Profilierungs-Instrumente

Die Umfrage hat gezeigt, dass über 40% der Hauptapotheken vergleichbare Standorte zur Filialisierung gewählt haben, bei den wohnorientierten Lagen sind es sogar 64%. Trotzdem sind die Tendenzen zur Anpassung der Marketing-Instrumente relativ gering. Da der Anteil der Übernahmen bei Filialisierung mit 70% dominiert, ist dies auch erklärlich: Es wird die „alte" Apotheke erst einmal weiter betrieben, statt sie auf das neuen Marketing-Konzept umzustellen. Und wenn einheitliche Konzepte gefahren werden, dann in dem Marketing-Bereich, der von vorneherein einem starken Beharrungsvermögen unterworfen ist, der Preiskalkulation. Die einheitliche Konzeption bei der Servicestrategie mag daran liegen, dass diese Leistungen generell auf einem hohen Niveau angeboten werden.

Abb. 3.17: Differenzierung der Marketing-Instrumente

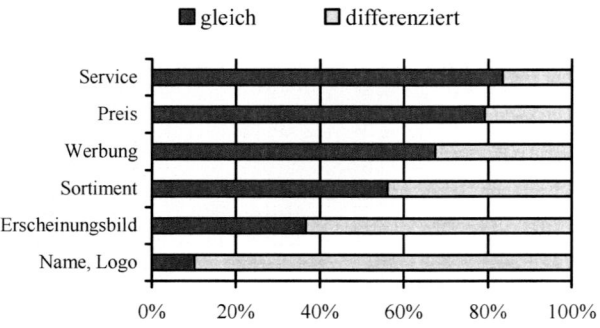

Quelle: Studie FH-Worms 2005

Analysiert man die einzelnen, der Apotheke zur Verfügung stehenden Instrumente[80] zur Profilierung im Detail, so sind diese nicht alle in gleichem Maße für Anpassungen an den Standort der Filialapotheke zugänglich.

Generell gibt es *Basis-Leistungen*, die für eine Apotheke auf hohem Niveau obligatorisch sind, weil der Gesetzgeber dies fordert (z.B. Versorgungsauftrag) oder der Kunde dies von einer Apotheke schlechthin erwartet.

Nicht variierbar sind auch die Instrumente, mit denen die Apotheke ihr Unternehmen als Ganzes prägt und die ihre Einzigartigkeit (USP) darstellen. Diese *Imagefaktoren* sind für Apothekenfilialen der Kopier- und Modifikationsstrategie unabdingbar. Bei den Apotheken mit Variations-Strategie können diese Instrumente je nach Apothekenprofil[81] unterschiedlich eingesetzt sein. Werden aber die Filialen unterscherschiedlicher Varianten unter der gleichen Dachmarke betrieben (das sogenannte Umbrella-Konzept), sind auch hier gewisse Marketing-Instrumente wiedererkennbar zu gestalten.

Schließlich bleiben noch *akzessorische Instrumente*, die tatsächlich nur dem Standort entsprechend ausgeprägt sein können.

---

[80] Vgl. Checkliste 2.1 zur Profilierung in Kapitel 2.3.
[81] Vgl. die Ausführungen zur Intensivierungsstrategie Kapitel 2.1.

Im Bereich der *Apothekenleistung* ist natürlich aufgrund des Versorgungsauftrages das Arzneimittelsortiment in Breite und Tiefe wenig differenzierbar. Allein die OTC-Bereiche können bei Schwerpunktbildung vertieft, das Ergänzungssortiment natürlich beliebig dem Standort oder dem Konzept der Hauptapotheke angepasst werden.

Gleiches gilt für die *Dienstleistungen*, die im Bereich der Beratung für alle Formen unabdingbar sind, im Bereich der zusätzlichen Leistungsangebote aber durchaus angepasst werden können.

Die *Preisstrategie* ist zwar bei den verschreibungspflichtigen Sortimenten vorgegeben, dennoch ist darauf zu achten, dass die OTC- und noch viel mehr die Ergänzungssortimente in ihrer Kalkulation den Anforderungen des unmittelbaren Wettbewerbs vor Ort richtig begegnen. Dagegen wird empfohlen, bei den Instrumenten der Kundenbindung (Bonuspunkte, Kundenkarten) möglichst für alle Filialen ein durchgehendes Konzept umzusetzen, um die z.T. erheblichen Kosten dieses Systems zu mindern.

Die im vorangegangenen Kapitel mit *Convenience* beschriebenen Marketing-Instrumente der Einkaufserleichterung sind typisch akzessorischen Charakters und nahezu immer an die individuellen Standortbedingungen anzupassen. Allerdings kann der Entscheidungsspielraum durch den gewählten Betriebstyp und das Niveau des Wettbewerbs eingeengt sein.

Die Flexibilität ist unstrittig bezüglich der Parkraumbewirtschaftung, die von alleine zur Anpassung zwingt. Dies gilt aber auch für Öffnungszeiten, die je nach Stadtgebiet einheitlich ausgerichtet sein sollten, in Einkaufszentren oder Verbrauchermärkten sogar müssen. Der Lieferservice schließlich, also Verfügbarkeit und Zustellbereitschaft, sind sehr vom Standorttyp und Wettbewerb abhängig und sollten dementsprechend auch bei sonst einheitlichen Konzepten angepasst werden, es sei denn, gerade diese Leistungen sind ein wesentliches Profilierungsmerkmal dieses Apothekentyps.

Die Instrumente der *Kommunikation* sind ähnlich zu unterscheiden wie die Apothekerleistung auch:

Über die Basis-Kommunikation durch das gotische rote A ist nicht zu diskutieren, es sei denn, man profiliert sich über das Image einer völlig andersartigen Apotheke internationaler Prägung und ersetzt es durch das grüne Kreuz.

Das Image der Apotheke prägt natürlich die Elemente, die auf allen Wegen der Kommunikation zum Kunden transportiert werden. Hierzu gehört der gesamte Auftritt im Sinne des Corporate Designs. Da Kopier-, Modifikations- und Variationsstrategie in der Regel nur anwendbar sind, wenn neue Standorte mit Filialen belegt werden, also in aller Regel auch neue Kunden angesprochen werden, stellt sich die Frage, wann solche Vereinheitlichungen von Außenfront, Offizinausstattung, Mitarbeiterkleidung und natürlich Logo und Apothekenname erforderlich sind.

Dieser einheitliche Auftritt ist dann erforderlich, wenn die Apotheken Standorte in unmittelbarer Nähe zueinander haben oder die unterschiedlichen Lebensräume der Kunden abdecken. So kann eine Wiedererkennung verschiedener Apotheken am Wohnort, Arbeitsplatz oder Einkaufszentrum eine zusätzliche Kundenbindung sein, auch wenn standortbedingt unterschiedliche Apothekenformen betrieben werden.

Insbesondere gleichartiger Name, Logo und Grundelemente vereinfachen aber auch die Kommunikation über generelle Werbebotschaften ganz erheblich. Hier können tatsächlich Synergieeffekte realisiert werden, wenn im gesamten Verbreitungsgebiet eines Mediums gleichartige Anzeigen geschaltet werden können. Davon unbenommen sind dann natürlich filialspezifische Aktionen, wenngleich auch Industrie und Großhandel erfreut zur Kenntnis nehmen, vielleicht sogar honorieren werden, dass hier gleich drei oder vier Apotheken ihre Aktion stützen.

Ein Kommunikationskonzept unter einer einheitlichen Marke „X-Apotheke" richtet sich aber nicht nur an die Kunden und Lieferanten, sondern auch an die übrigen Partner der Apotheke:
- an die Finanzdienstleister, die hier ein professionelles Management vermuten und das Ranking und damit die Zinsen freundlicher gestalten,
- an die Krankenkassen und Verschreiber, die so den kompetenten Partner erkennen können und
- an die Mitarbeiter, sowohl die im Unternehmen tätigen als auch die neu anzuwerbenden, die einen Arbeitgeber sehen, der eine zukunftssichere Größe und damit auch interessante Aufgaben hat.

Trägt man diese Überlegungen in den bereits bekannten Katalog[82] der Marketinginstrumente ein, so zeigt die Intensität der Farben an, in welchem Umfang die Instrumente für eine Differenzierung zur Verfügung stehen.

---

[82] Formular der Checkliste: Anlage D12.

Checkliste 3.3: Anpassung der Marketing-Instrumente

Positionierungsprofil		Anpassungsstrategien			
		Kopie	Modifikation	Variation	Solitär
Leistungs-Profil	Sortimentsbreite OTC	█	█	█	
	Sortimentstiefe OTC	█	█	░	
	Ergänzungssortiment	█	░		
	Schwerpunktbildung	█	░		
	Beratungsqualität	█	█	█	
	Dienstleistungen	█	█	░	
Preis-Profil	Preisaktivität OTC	█	█	░	
	Preisaktivität ES	█	░		
	Bonuspunkte / Rabatte	█	█	█	░
	Sonstige Preisaktivitäten	░			
Convenience-Profil	Erreichbarkeit /Parkplätze				
	Öffnungszeiten				
	Bedienungsbereitschaft				
	Lieferbereitschaft / Defekte				
	Abrechnungshilfen	█	█	█	█
	Sonstige Bequemlichkeit				
Kommunikations-Profil	Corporate Design insgesamt	█	█	░	
	Außenfront / Erscheinungsbild	█	█	█	
	Offizineinrichtung	█	░		
	Mitarbeiter-Kleidung	█	░		
	Internetauftritt	█	█	█	
	Imagekampagnen / PR	█	█	█	
	Verkaufsförderungsintensität	█	░	░	
	Werbeintensität	█	█	░	
	Sonstige Kommunikation	█			

3.4   Management-Konzepte zur Führung des Filialsystems

Die Führungsinstrumente zur Durchsetzung von Wachstumszielen in der klassischen Apotheke, insbesondere die zielorientierte Führung (management by objectives), wurde bereits bei der ersten Strategie der Intensivierung diskutiert. Die Filialisierung aber setzt völlig neue Voraussetzungen. Die lokale Trennung der Betriebsstätten schafft erhöhte Anforderungen, das Tagesgeschäft so zu organisieren, dass die Apothekenleitung letztlich auch bis zu vier Apotheken, später vielleicht mehr führen kann. Also ist es sinnvoll, von vorne herein über Managementkonzepte nachzudenken, die auch noch bei größeren Filialgebilden tragen.

Da nicht eine vollständige Managementlehre für Apotheken entwickelt werden kann und soll, werden lediglich zwei wesentliche Aspekte angeschnitten, die den Unterschied zwischen filialisierten Apothekenunternehmen und der Einzelapotheke ausmachen:

1. Wie sollen die Aufgaben und Kompetenzen künftig zwischen Hauptapotheke (besser Apothekenleitung) und Filiale verteilt werden?

2. Wie kann der Erfolg jeder Filiale durch ein sinnvolles Controlling abgesichert werden?

3.4.1   Organisationskonzepte zur Aufgabenverteilung

Die Aufgabenverteilung in der klassischen Einzelapotheke ist traditionell geprägt von einer sauberen Trennung von Leitungs- und Ausführungsaufgaben. Die Leitungsaufgaben, also Entscheidungs- und Kontrollaufgaben, liegen – auch durch Gesetze und Verordnungen festgeschrieben – bei den Inhabern der Apotheke. Eine Trennung von Führung und Inhaber steht nicht zur Diskussion, solange Fremdbesitz nicht erlaubt ist. Die weitere Aufgabenverteilung erfolgt meist nach Tätigkeitsschwerpunkten (verrichtungsorientiert, wie die Organisationslehre diese nennt) oder Sortimentsbereichen (objektorientiert) entsprechend der pharmazeutischen und kaufmännischen Qualifikation der jeweiligen Mitarbeiterinnen und Mitarbeiter.

Erst mit der neuen Filiale kommen weitere Fragen über die Aufgabenverteilung auf:

1. Sollen die Aufgaben in den Filialen ebenso verteilt werden, wie in der Hauptapotheke?
2. Werden die Mitarbeiterinnen und Mitarbeiter dem Leiter der Filialapotheke oder unmittelbar der Apothekenleitung der Hauptapotheke unterstellt?
3. Wie ist die Kompetenz des Leiters der Filiale auszustatten?
4. Welches Vergütungs- und Beteiligungsmodell des Filialleiters sichert Engagement und Solidarität?

Zentrale oder dezentrale Führung

Allen diesen Fragen vorangestellt ist die Entscheidung, ob das künftige „Apotheken-Filial-Unternehmen" vom Grundsatz her eher zentral oder dezentral zu führen ist. Diese Grundausrichtung berührt natürlich nicht das Verantwortungs- und Haftungsprinzip des Leiters der Hauptapotheke im Außenverhältnis, wie es das Apothekengesetz vorschreibt, sondern die Kompetenz insbesondere der Filialleitung im Innenverhältnis.

Eine *zentrale* Führung des Unternehmens bedeutet nicht, dass alle strategischen Entscheidungen letztlich durch die Apothekenleitung getroffen werden. Sie bedeutet auch nicht, dass den Mitarbeitern in der Filiale keinerlei Befugnisse eingeräumt werden. Diese beschränken sich aber letztlich auf das Tagesgeschäft.

Dezentrale Führung bedeutet, dass diejenigen Entscheidungen, welche die Filiale selbst betreffen, dort auch in eigener Verantwortlichkeit getroffen werden können.

Die kleine Umfrage bestätigt die Vermutung, dass Apotheken in der Regel stark zentral gesteuert werden. Dieser Weg wird auch dann nicht verlassen, wenn mehrere Filialen zu führen sind.

Abb. 3.18: Führungsprinzipien in Filialapotheken

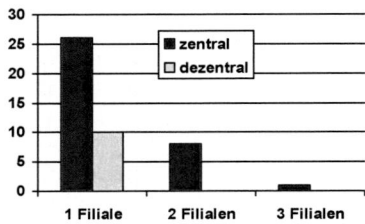

Quelle: Studie FH-Worms 2005.

Die Antworten erstaunen etwas, wenn man bedenkt, dass die gleichen Apothekenleiter angaben, das Marketingkonzept der Filialen weitgehend eigenständig zu belassen. Es fragt sich also, wie diese Zentralisierung so unterschiedlicher Aufgaben konkret aussehen kann.

Gerne wird dezentral mit modern und zentral mit antiquiert gleichgesetzt.
Sicher haben dezentral geführte Unternehmen den großen Vorteil, dass
– die Unternehmensleitung von vielen Aufgaben entlastet ist,
– Entscheidungen vor Ort schneller getroffen werden können,
– die Motivation des Teams gefördert wird und
– die Verantwortung für den Erfolg dem Team zukommt.

Allerdings setzt eine dezentrale Steuerung der Filialen auch voraus, dass
– der Unternehmer diese Verantwortung tatsächlich abgeben darf und will,
– die dort tätigen Mitarbeiter, insbesondere der Filialleiter, eine solche
  Verantwortung auch übernehmen können und wollen und
– ein aussagefähiges Controlling funktioniert, das den Erfolg der Filiale
  eindeutig dokumentiert.

Apotheken, die seit Jahren durch starke Apotheker- und Unternehmerpersönlichkeiten geführt wurden, lassen sich nicht schnell durch die Filialisierung umstellen. Die neue Betriebsstätte wird zunächst unmittelbar der Apothekenleitung unterstellt werden, der Filialleiter eher operative Entschei-
dungskompetenz erhalten. Dann allerdings wird das Wachstum nicht nur
durch das Mehrbesitzverbot auf wenige Filialen in unmittelbarer Nähe begrenzt bleiben, denn ein solcher Führungsstil ist nur in engen Grenzen um-
setzbar.

Kompetenz und Vergütung des Filialleiters

Betrachtet man die klassischen Aufgabenbereiche in der Apotheke, so lassen sich alle Entscheidungsfelder unterscheiden:

(1) nach dem Zeithorizont in
  – strategische, langfristige Entscheidungen, die das Unternehmen auf Dauer prägen und
  – operative, kurzfristige Entscheidungen, die das Tagesgeschäft steuern, sowie

(2) nach dem Gültigkeitsbereich in
  – Unternehmensentscheidungen, die das Unternehmen als Ganzes betreffen und
  – Filialentscheidungen, die keine oder geringe Konsequenzen auf andere Filialen aufweisen.

Checkliste 3.4: Aufgabenzuordnung

Bereich	Aktion	Zeithorizont		Gültigkeit		Entscheidung	
		strate-gisch.	operativ	Unter-nehmen	Filiale	Leitung	Filiale
Ware	Aufnahme neuer Warenbereiche	■		■		■	
	Aufnahme neuer Lieferanten	■		■		■	
	Konditionen-vereinbarungen	■		■		■	
	Warenpräsentation		■		■	▨	■
	Preiskalkulation	▨		▨		▨	
	Disposition		■		■		■
Werbung	Gestaltung, Corporate Design	■		■		■	
	Offizingestaltung	■		■		■	
	Werbebudget, Planung		■	■		■	
	Werbemedien / -themen festlegen		■		■	■	
	Aktionen		■		■	▨	■
	Kundenkarten	■		■		■	
	Dekoration, Schaufenster		■		■		■
Personal	Bedarfsplanung	■		■		■	
	Auswahl, Einstellung	■		■		■	
	Vergütungssystem	■		■		■	
	Aufgabenverteilung		■		■		■
	Ausstattung		■	▨		▨	
	Einsatzplanung		■		▨		■
Finanzen		■		■		■	

Erläuterung: trifft zu, entscheidet verantwortlich   ■

trifft zum Teil zu, Mitsprache

Unter der Voraussetzung einer weitgehend dezentralen Filialsteuerung sollten nach dem Subsidiaritätsprinzip alle Entscheidungen ohne Einflüsse auf
andere Filialen oder die Hauptapotheke in der Filiale selbst getroffen werden. In unserer Systematik wären das also zumindest die operativen Filialentscheidungen, wie z.B. die Warenpräsentation, die Disposition, vielleicht
auch die Kalkulation im Bereich der Ware, die Aktionsgestaltung oder
Schaufensterdekoration im Bereich der Werbung und die Personaleinsatzplanung, die Ausstattung der Mitarbeiter im Personalbereich.

Auf der anderen Seite verbleiben natürlich die strategischen Entscheidungen, die das Gesamtunternehmen betreffen, bei der Unternehmensleitung,
gleichgültig, ob diese Entscheidungen autoritär oder im Team mit allen Filialleitern getroffen werden. Dies gilt sicher für die Finanzentscheidungen,
aber auch für die Aufnahme oder den Wechsel der Lieferanten, die Konditi-
onenvereinbarungen, die Gestaltung des gemeinsamen Auftritts der Apotheken nach außen oder die Einführung des generellen Vergütungssystems.

Zu klären ist die Kompetenz bei den Entscheidungen, die zwar strategischen
Charakter tragen, aber nur die einzelne Filiale betreffen: Die Aufnahme
neuer Warenbereiche, die Gestaltung der Offizin, die Ermittlung des Perso-
nalbedarfs und die Einstellung der Mitarbeiter. Hier kann es nur eine gemeinsame Entscheidung der Unternehmens- und der Apothekenleitung geben.

Schließlich hängt die Intensität der Dezentralisierung auch von der Homo-
genität oder Heterogenität des Filialkonzeptes ab. Je ähnlicher die Filialen
untereinander und je ähnlicher sie der Hauptapotheke sind, umso eher können und müssen auch Entscheidungen zentral für alle Filialapotheken getroffen werden. Je differenzierter die Filialen auf die jeweils unterschiedlichen Standortbedingungen eingehen, umso eher betreffen Entscheidungen
nur die jeweilige Apothekenfiliale. Hier gilt es zu prüfen, ob solche Entscheidungen nicht schneller und effizienter in der Filiale selbst getroffen
werden können.

Welche Entscheidungskompetenzen letztlich auf die Filiale übertragbar sind
oder dort verbleiben, kann nur im Einzelfall geprüft werden.

Entsprechend differenziert ist auch die Kompetenz der Filialleiter in der
Praxis tatsächlich verteilt: Personaleinsatzplanung und Bestellung, also pri-
mär operative Entscheidungen, liegen weitgehend dezentral, Personalein-
stellung und Werbung weniger. Ob aber mit Sortimentskompetenz die Fä-

higkeit gemeint ist, über Arzneimittel Bescheid zu wissen, oder – wie in
diesem Zusammenhang befragt – die Möglichkeit, Sortimente im OTC-
Bereich oder Ergänzungssortiment aufzunehmen, zu verändern oder auszu-
listen, mag hier einmal dahingestellt bleiben.

Abb. 3.19: Kompetenzen der Filialleiter

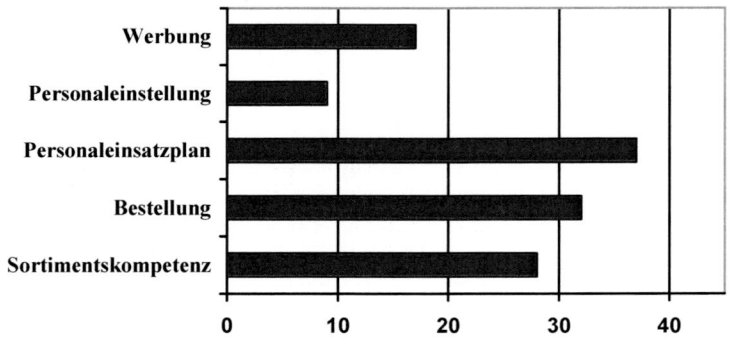

Quelle: Studie FH Worms 2005

Die Delegation von Verantwortung setzt natürlich ein bestimmtes Kompe-
tenzprofil des Mitarbeiters[83] voraus. Wenngleich die Leitung der Hauptapotheke letztlich für den Betrieb aller Filialen verantwortlich bleibt, ist natürlich die pharmazeutische Kompetenz auf hohem Niveau auch bei den Filialleitern absolute Voraussetzung. Daneben müssen auch wirtschaftliche, soziale und Personalführungs-Kompetenzen vorhanden sein.

Wenn dem Filialleiter entsprechende Aufgaben übertragen werden, dann
wird er auch die Verantwortung für das Ergebnis seiner Filiale übernehmen
müssen. Wenn ihm die Verantwortung für das Ergebnis seiner Filiale übertragen ist, dann sollte dies auch im Vergütungssystem und in der Höhe des
Gehaltes zum Ausdruck kommen. Auch hier gilt das Prinzip der Adäquanz
von Vergütungssystemen.

Welche Basis für ein Vergütungssystem zu wählen ist, hängt von den dele-
gierten Verantwortungsbereichen ab. Die in der Intensivierungsstrategie
beschriebenen Modelle wirken hier ebenfalls.

---

[83] Vgl. hierzu im Detail Borrmann: Filialleiter.

Eine *umsatzbezogene* Vergütung ist nur dann akzeptabel, wenn die Filialleitung keinerlei Einfluss auf andere Erfolgsgrößen wie Spanne und Kosten der Filiale hat, eine sicher nicht sehr realistische Unterstellung.

Eine *gewinnbezogene* Vergütung setzt demgegenüber voraus, dass wesentliche Erfolgsfaktoren durch die Filiale bestimmt werden. Auch das ist nicht sehr realistisch, wenn Einkaufskonditionen oder Mietverträge, wohl auch die Gehälter der Mitarbeiter, durch die Unternehmensleitung festgelegt werden.

Wenn also die Filiale nicht in hohem Maße selbstständig operieren kann und soll, dann werden Leistungskomponenten gefunden werden müssen, die konkret auf die Filiale zugeschnitten sind.

Basiswerte für solche Vergütungssysteme könnten Deckungsbeiträge als Differenz zwischen Roherträgen und den unmittelbar beeinflussbaren Kosten sein. Wie dieser Filialerfolg ermittelt werden kann, bleibt dem nächsten Abschnitt vorbehalten.

Stattdessen oder als Ergänzung ist es aber mit Sicherheit sinnvoll, die Vergütung auch von der Erreichung konkreter Zielsetzungen abhängig zu machen: Managment by objectives also, wie im vorangegangenen Teil 2 beschrieben.

In der Praxis hat sich eine leistungsabhängige Vergütung in keiner Weise durchgesetzt. Über 70% der Filialleiter erhalten ein reines Festgehalt, gleichgültig, ob das Unternehmen eine oder zwei weitere Filialen besitzt. Wenn aber doch eine leistungsbezogene Vergütung vereinbart wurde, dann stehen konsequenterweise auch Gewinn und Ertrag als Basis der Bemessung mit 20% im Vordergrund.

Abb. 3.20: Vergütung von Filialleitern

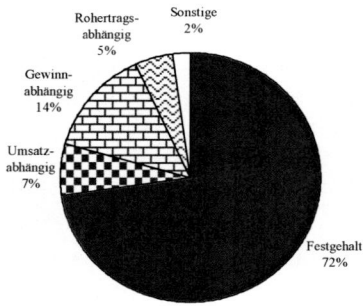

Quelle: Studie FH-Worms 2005.

Und in keiner der befragten Apotheken fand eine *Beteiligung* der Filialleiter am Unternehmen Anwendung. Eine solche Beteiligung ist sicher in Apotheken noch schwer zu gestalten, da die Rechtsformenauswahl noch auf Einzelunternehmen, Gesellschaften des Bürgerlichen Rechts und Offene Handelsgesellschaften beschränkt bleibt. Stille Gesellschafter sind nicht erlaubt, eine Beteiligung der Filialleiter als Vollhaftende Gesellschafter schließt sich in der Regel von beiden Seiten aus, da hier weder Risiko noch Mitsprache und Vertretungsrecht begrenzt werden können.

Beteiligungsformen der Kommanditgesellschaft oder der GmbH, bei denen der Filialleiter sukzessive Anteile mit beschränkter Haftung und – bei der KG – auch mit beschränkter Mitbestimmung dadurch erwerben kann, dass er seine Prämien nicht entnimmt, sondern der Apotheke als Kapital zur Verfügung stellt, stehen nicht zur Verfügung. Sie sind dagegen im Mittelstand sehr verbreitet und binden Führungskräfte dauerhaft an das Unternehmen.

Zu prüfen wäre zurzeit nur die Möglichkeit, Teile der Vergütung des Filialleiters in der Apotheke als Darlehen zu belassen, das natürlich verzinst wird. Wenn dieses Darlehen noch mit einer Nachrangigkeitsklausel versehen ist, hat es intern wie extern den Charakter des begrenzt haftenden Eigenkapitals bekommen. Dies wäre ein harmonischer Übergang zu einem künftigen Gesellschafter-Status des Filialleiters.

Organisation

All diese Facetten des Managements finden ihren Niederschlag letztlich in der Aufbauorganisation der „neuen" Unternehmung. Auch hier wird die grundsätzlich zentrale oder dezentrale Ausrichtung ihren Niederschlag finden.

Eine zentral gesteuerte, homogene Filiale in der unmittelbaren Nähe der Hauptapotheke mit relativ geringer Entscheidungsautonomie des Filialleiters wird konsequenterweise viel enger an die Hauptapotheke angegliedert sein als eine – vielleicht auch in Betriebstyp und Namen unterschiedliche – Filiale in etwas weiterer Entfernung. Als Organisationskonzept stehen im Kern entsprechend den beiden Alternativen zwei Modelle zur Verfügung.

Das sogenannte „*Verrichtungsorientierte Linien-Modell*" überträgt die bereits in der Hauptapotheke existierenden Stellen auf die jeweiligen Filialen. Bei kleineren Hauptapotheken, in denen alle Mitarbeiter unmittelbar der Apothekenleitung unterstellt sind, werden letztlich auch die Mitarbeiter der Filialen konsequent der Apothekenleitung der Hauptapotheke unterstellt. Der Filialleiter erhält lediglich die unmittelbar durch das Gesetz vorgeschriebene pharmazeutische Kompetenz und sorgt für den täglichen Einsatz der Mitarbeiter. Tatsächlich ist er weder Fachvorgesetzter noch Disziplinarvorgesetzter mit entsprechender Anweisungsbefugnis.

Bei größeren Hauptapotheken wird bereits eine gewisse Hierarchie strukturiert sein. Vielleicht gibt es getrennte Verantwortungsbereiche für Einkauf, Disposition, Verwaltung einerseits und Verkauf, Werbung andererseits. Die entsprechenden Funktionen in der Filialapotheke werden dann unmittelbar an die jeweiligen Funktionen der Hauptapotheke angebunden.

Abb. 3.21: Filialorganisation bei zentraler Steuerung

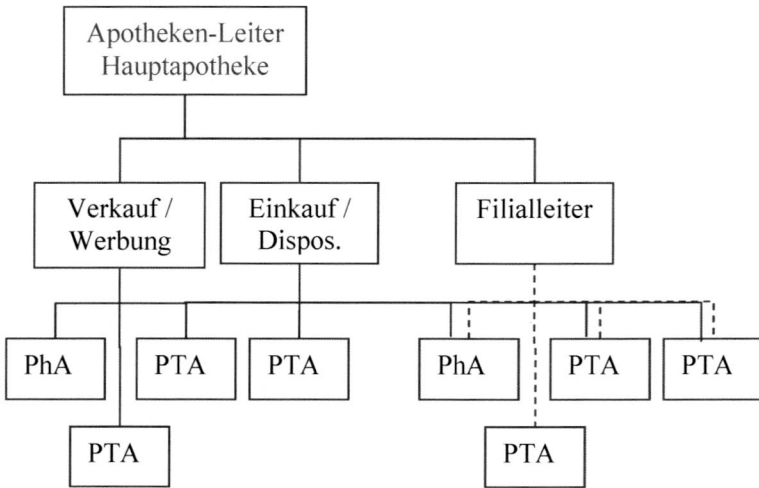

Wie bereits bei der Diskussion um zentrale oder dezentrale Kompetenzen angeführt, hat diese direkte Unterstellung den Vorteil einheitlicher Verfahrensweisen in Haupt- und Filialapotheke.

Wie aber auch bereits ausgeführt, kann dieses Modell nur Anwendung finden, wenn die Filiale in unmittelbarer Nähe und mit gleichem Marketingkonzept betrieben wird. Bereits bei drei oder vier Betriebsstätten wird die Leitungsspanne sowohl des Apothekenleiters wie auch der nachgeordneten Mitarbeiter zu groß, um effizient zu steuern und zu kontrollieren.

Sind die Filialen also relativ weit von einander entfernt, in ihrem Marktauftritt und in ihren Prozessen unterschiedlich, oder soll die Eigenverantwortlichkeit von Filialleiter und Filialteam bewusst gestärkt werden, dann bietet sich das zweite Modell an, das in der Literatur mit den Namen „*Spartenorganisation*", „*divisionalisierte Organisation*" oder „*Profit-Center-Organisation*" belegt ist.

Hier werden Funktionen und Kompetenzen der Hauptapotheke in den Filialen abgebildet und dem Filialleiter disziplinar und fachlich weitgehend unterstellt. Dieser ist wiederum lediglich dem Leiter der Hauptapotheke verantwortlich.

Abb. 3.22: Filialorganisation bei eigenverantwortlicher Steuerung

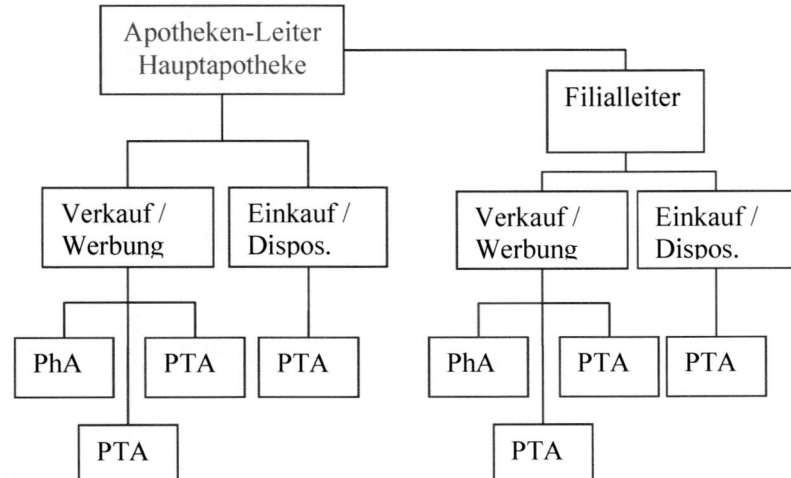

Der Vorteil liegt, wie gesagt, in der eigenverantwortlichen Arbeit der Filiale. Der Erfolg der Filiale kann gemessen werden, da sowohl die Verkaufsaufgaben (und damit die Erlöse) als auch die Prozesse (und damit die Kosten) in der Filiale beherrscht werden.

Das Diagramm zeigt aber auch gleich den Nachteil: Zusätzliche Stellen sind erforderlich, wenn in den Filialen auch Leitungsaufgaben wahrgenommen werden sollen.

Der Kompromiss folgt daraus fast zwangsläufig. Statt der zusätzlichen Leitungsebene in der Filiale werden die Mitarbeiter fachlich den entsprechenden Stellen in der Hauptapotheke unterstellt. Disziplinar aber bekommt der Filialleiter stärkere Regelungsfunktionen. Das Schaubild ähnelt dem der Abb. 3.21, nur dass die Linien sich verändern: unmittelbare Anweisungsbefugnis liegt nun bei der Filialleitung, fachliche Direktiven für Ein- und Verkauf aber kommen von der Hauptapotheke.

Damit aber haben wir eine Erfolgsspaltung. Die Hauptapotheke ist nun letztlich für die Handelsspanne verantwortlich, die Filiale für Umsatz und Kosten. Diese Unterschiede müssen dann auch in das Controlling der Filialen eingehen.

3.4.2   Controlling-Konzepte zur Absicherung des Filialerfolges

Die Einzelapotheke mittlerer Größe ist für die Apothekenleitung noch überschaubar. In der Regel reichen Finanzbuchhaltung, Warenwirtschaftssystem
und ein paar Kennzahlen völlig aus. Ob diese Instrumente auch im Zuge der
Filialisierung ausreichen, hängt sehr von Umfang und Art der Filialisierung
ab.

Warenwirtschaftssysteme

Wie kaum eine Handelsbranche verfügen Apotheken über ein Warenwirtschaftssystem gleich welchen Systemanbieters, das sie in die Lage versetzt,
zu jeder Zeit detaillierte Auskunft über Umsätze, Kunden, Rezepte, Packungen, aber auch über Roherträge, Handelsspanne, Lagermengen und Defektquoten zu erhalten. In kurzen Zeitabständen können Listen generiert werden, welche diese Daten nach Indikationen, Lagerorten, Sortimentsbereichen, Mitarbeitern, Herstellern und Lieferanten sortieren. Nicht das Angebot
an Informationen, sondern deren sinnvolle Nutzung ist das eigentliche Problem.

Die Filialisierung stellt neue Anforderungen an die Konzeption dieser Warenwirtschaftssysteme. Zu lösen sind Varianten
– des zentralen oder dezentralen Einkaufs,
– der zentralen oder dezentralen Disposition,
– der Möglichkeiten der Umlagerung zwischen Filialen und Hauptapotheke und
– dem Austausch von Umsatz-, Ertrags-, Kunden-, Rezept- und Führungs-
   daten.

Viele Systeme haben diese Variationen bereits berücksichtigt. Sie haben
eigenständige Konzepte der Filialsteuerung entwickelt oder Filiallösungen
in bestehende Programme integriert. Nach der Befragung installierten allerdings 20 von 45 Apothekenunternehmen nach der Filialisierung ein neues
Warenwirtschaftssystem; als Anbieter geeigneter Software wurden die üblichen Firmen genannt. Zwei Apotheken betreiben die Filialen mit anderen
Systemen als die Hauptapotheke, natürlich nach einer Übernahme.

Rechnungswesen

In der Einzelapotheke finden sich auch nur in Ausnahmefällen ausgeprägte Controllinginstrumente des Rechnungswesens. In der Regel erfolgt die finanzielle Führung des Unternehmens anhand der Daten der Finanzbuchhaltung. Die Instrumente der sonst in Unternehmen üblichen Kostenrechnung fehlen. Diese sind aber dazu geschaffen, um auch kurzfristig (monatlich) Auskunft darüber zu geben, welche Kosten in welchen Bereichen für welche Leistungen angefallen sind. Der Verzicht auf eine solche Rechnung trägt zum Beispiel dazu bei,

– dass der Unternehmerlohn der Apothekenleiterin oder des Apothekenleiters entweder gar nicht berücksichtigt oder in Abhängigkeit des erzielten Gewinnes wie Entnahmen angesehen wird,

– dass eigene Gebäude lediglich mit den Aufwendungen für Gebäude und Grundstücke in die Erfolgsrechnung eingehen, nicht aber mit der hier anzusetzenden Vergleichsmiete.

So entstehen Kennzahlengrößen auch in der Öffentlichkeit, die den Apotheken einen ordentlichen Gewinn vor Steuern von 9 bis 10% des Umsatzes (ohne MwSt.) bescheinigen und mit Peronalkosten von 10% des Umsatzes auskommen.[84] Die tatsächliche Rentabilität und Produktivität aber liegt unter Berücksichtigung der kalkulatorischen Kosten im Argen: Bei 17,5% Personalkosten inkl. Unternehmerlohn und 0,9% Betriebsergebnis vom Netto-Umsatz gerechnet[85] steht die Durchschnittsapotheke durchaus in einem anderen Licht da.

Kurzfristige Erfolgsrechnungen liefern die Rechenzentren und Buchstellen der Steuerberater oft in Form sogenannter Betriebswirtschaftlicher Auswertungen (BWA).

Neben den oben angesprochenen Bedenken muss hier gewährleistet sein, dass die Bestandsveränderungen im Lager aktuell gebucht werden. Im anderen Fall werden Wareneinkauf und Wareneinsatz gleichgesetzt. Dies hat zwar bei Apotheken nicht so grauenvolle Konsequenzen wie in Branchen mit starken saisonalen Schwankungen, kann aber doch zu Verschiebungen des Rohertrages führen.

---

[84] Vgl. die Betriebsvergleichszahlen für 2005 der Treuhand-Hannover: Hasan-Boehme, Betriebsvergleich 2005, S. 7. Wenn statt Rohertrag immer von Rohgewinn (immerhin von 26,5 bis 27 %) gesprochen wird, verstärkt dies ebenfalls unzulässig den Eindruck, es handele sich bei Apotheken um eine wirkliche Goldgrube.

[85] IfH: Apotheken 2004, umgerechnet in %, ohne MwSt.

Schließlich sind die Ergebnisse aus der Finanzbuchhaltung für die einzelnen Monate auch deshalb nicht ganz aussagefähig, weil bestimmte Kostenarten nur unregelmäßig anfallen, aber dennoch gleichmäßig auf die Monate verrechnet werden müssten. Zu denken sind hier an unregelmäßige Gehaltszahlungen, Steuerzahlungen oder die Abschreibungen.

Gilt es, nicht nur eine Apotheke zu steuern, sondern mehrere Filialen, ist der Zeitpunkt gekommen, über diese Instrumente hinaus ein Kontrollsystem einzuführen, das den Erfolg der einzelnen Apotheke auch kurzfristig transparent macht. Dabei reicht es nicht aus, die eingeführten Instrumente zu multiplizieren. Die Buchstellen schlagen gerne vor, die einzelne Filiale als gesonderten Mandanten zu betrachten. Dies ist eventuell sinnvoll, wenn die Filialen völlig unabhängige (auch rechtlich) Betriebseinheiten sind. Werden aber Aufgaben gemeinsam wahrgenommen, stellt sich die Frage der sauberen, verursachungsgerechten Zuordnung der Erträge und Kosten. Dabei helfen zwei Fragen:

1. Sind die Kosten und Erlöse durch die einzelne Filialapotheken verursacht? Nur dann sind sie tatsächlich zurechenbar. Diese Zurechnung ist insbesondere von Bedeutung, wenn Vergütungssysteme für Filialleitung und Filialteam auf dieser Erfolgsbasis berechnet werden.

2. Sind die Kosten variabel, fallen sie nur an, weil und solange die Filiale besteht, oder sind sie auch zu bezahlen, wenn diese Filiale aufgegeben würde? Fixe Kosten sind daher in der Regel nicht der Filiale zuzurechnen, weil diese sie auch nicht beeinflussen kann.

In der Handelspraxis werden zwei unterschiedliche Verfahren genutzt, die diese beiden Fragen unterschiedlich beantworten.

Die *Vollkostenrechnung* versucht, alle anfallenden Kostenarten auf die Kostenstellen, hier also die Hauptapotheke und die Filialapotheken zu verteilen, sodass als Ergebnis ein Gewinn pro Apotheke ermittelt wird. Die Summe der Apothekengewinne ist dann der Gewinn der gesamten Unternehmung.

Die Einzelkosten, die konkret in den einzelnen Apotheken oder für diese entstehen (z.B. Wareneinsatzkosten, Mitarbeiterinnen der Filiale, Gehalt des Filialleiters), werden unmittelbar zugerechnet. Die Gemeinkosten, die für das Unternehmen insgesamt entstehen (z.B. gemeinsam genutzte Fahrzeuge, Mieten für das Büro des Inhabers, Werbekosten für gemeinsame Anzeigen etc.) werden nach möglichst verursachungsgerechten Schlüsseln (Umsatz, Mitarbeitereinsatzzeiten, Quadratmetern) auf die Filialen verrechnet.

Bei der verursachungsgerechten Zuordnung der Kosten entstehen aber einige Probleme:

Wareneinsatz: Kein Problem bedeutet der Einkaufspreis abzüglich aller unmittelbar auf den Artikel bezogenen Nachlässe. Werden allerdings Rechnungsrabatte gewährt, die erst durch den gemeinsamen Bezug der Waren durch die Hauptapotheke für alle Filialen entstehen, so ist die Frage der Verrechnung aktuell. Dies gilt insbesondere für Bonuszahlungen der Lieferanten im Nachhinein (sogenannter Treuerabatt), die oft nicht mehr dem konkreten Warenbezug zugeordnet werden können. Gleiches gilt für Skonti, die ihrem Wesen nach für die Einhaltung von Zahlungsfristen gewährt werden und daher auch nur zugeordnet werden können, wenn die Filialapotheke Einkauf und Zahlung selbst regelt.

Personalkosten: Wenn auch zu einem hohen Anteil fix, werden sie dennoch der einzelnen Apotheke zuzurechnen sein, da sie unmittelbar durch die Filiale verursacht werden und auch zumindest langfristig abbaubar sind. Dies gilt jedoch nicht für die Personalkosten, die in der Hauptapotheke entstehen von Personen, die auch für diese Filialen tätig sind. Dies betrifft vor allem den Apothekenleiter. Seine Arbeitszeit und damit auch sein Unternehmerlohn dürfen überhaupt nicht in die Filialrechnung einfließen. In der Hauptfiliale ist er nur dann und nur mit einem Anteil zu berücksichtigen, wenn er unmittelbar für die Hauptapotheke als Apothekenleiter und in der Offizin tätig wird. Gleiches gilt für die Mitarbeiter, die in Führungspositionen Aufgaben auch für die Filialen wahrnehmen und nur zufällig in der Hauptapotheke arbeiten.

Mietkosten, Abschreibungen für Inventar, Zinsen des gebundenen Kapitals sind im Filialcontrolling Positionen, die zwar oft der Filiale zuzurechnen sind, aber nicht mehr veränderbar sind. In der Regel entscheidet auch die Filiale nicht über Räumlichkeiten, Innenausstattung, EDV-Technik. Es ist zu prüfen, ob diese zurechenbaren, aber nicht veränderlichen Kostenpositionen in einer getrennten Rechnung zugeordnet werden.

Die *Teilkostenrechnung* verzichtet auf eine solche Schlüsselung und rechnet den Erlösen der Filialapotheken nur die Einzelkosten zu. So entsteht ein Deckungsbeitrag, der angibt, mit welchem Betrag diese Filiale dazu beiträgt, die nicht verrechneten Gemeinkosten zu decken und einen Gewinn zu erzielen. Die Summe der Deckungsbeiträge ist also nicht der Gewinn des Unternehmens. Dieser ergibt sich erst, wenn von dieser Summe die Gemeinkosten insgesamt abgezogen werden.

Ein Beispiel für eine Filialerfolgsrechnung mag die unterschiedliche Aussagekraft der beiden Rechnungsarten verdeutlichen.

Ein Apothekenunternehmen besitzt neben der Hauptapotheke zwei weitere Filialen. Mitarbeiter, Quadratmeter und Umsatzerlöse sind in der Tabelle eingetragen.

Tab. 3.9: Filial-Erfolgsrechnung

Position	Hauptapotheke		Filiale 1		Filiale 2		Summe	
	in 1.000 €	in % Ums.	in 1.000 €	in % Ums.	in 1.000 €	in % Ums.	in 1.000 €	in % Ums.
Mitarbeiter ohne Leitung	5		3		2		10	
Qm Fläche	180		120		100		400	
Umsatzerlöse netto	1.600,0	100,0	1.100,0	100,0	700,0	100,0	3.400,0	100,0
Wareneinsatz brutto	1.184,0	74,0	836,0	76,0	532,0	76,0	2.552,0	75,1
– Konditionen		0,0		0,0		0,0	–100,0	–2,9
= Wareneinsatz netto	1.184,0	74,0	836,0	76,0	532,0	76,0	2.452,0	72,1
= Rohertrag	416,0	26,0	264,0	24,0	168,0	24,0	948,0	27,9
– Apoth.-Leiter/Filial-Leiter	50,0	3,1	50,0	4,5	45,0	6,4	145,0	4,3
– Sonstige Mitarbeiter	160,0	10,0	96,0	8,7	60,0	8,6	316,0	9,3
= Personalkosten gesamt	210,0	13,1	146,0	13,3	105,0	15,0	461,0	13,6
Sonstige variable Kosten	32,0	2,0	33,0	3,0	17,5	2,5	82,5	2,4
Deckungsbeitrag 1	174,0	10,9	85,0	7,7	45,5	6,5	304,5	9,0
– Miete	27,0	1,7	24,0	2,2	25,0	3,6	76,0	2,2
– Abschreibungen	14,4	0,9	8,4	0,8	10,0	1,4	32,8	1,0
= Zurechenbare Fixkosten	41,4	2,6	32,4	2,9	35,0	5,0	108,8	3,2
Deckungsbeitrag 2	132,6	8,3	52,6	4,8	10,5	1,5	195,7	5,8
– Anteil Unternehmerlohn	25,0	1,6	15,0	1,4	10,0	1,4	50,0	1,5
– Personal	40,0	2,5	24,0	2,2	16,0	2,3	80,0	2,4
– Miete Büro	4,5	0,3	3,0	0,3	2,5	0,4	10,0	0,3
– Abschreibung	4,5	0,3	3,0	0,3	2,5	0,4	10,0	0,3
= Gemeinkosten gesamt	74,0	4,6	45,0	4,1	31,0	4,4	150,0	4,4
Betriebsergebnis	58,6	3,7	7,6	0,7	-20,5	-2,9	45,7	1,3

In der Reihenfolge sind nun vom Umsatz der Wareneinsatz und zentrale Konditionen abgezogen, sodass man den Rohertrag erhält. Hier zeigt sich das erste Problem. Die Summe der Roherträge der drei Betriebsstätten ist nicht gleich dem Rohertrag des gesamten Unternehmens. Eine Aufschlüsselung der Konditionen verbietet sich, da ein reduzierter Einkauf auch den Bonus für alle Filialen reduzieren könnte.

Bei den Personalkosten werden nur diejenigen Kosten direkt verteilt, die in der Hauptapotheke und den Filialen anfallen, nicht aber der Anteil des Unternehmerlohnes und der sonstigen Mitarbeiterkosten, die für das gesamte Unternehmen anfallen. Gleiches gilt auch für Miete, Abschreibungen etc. Diese sogenannten Gemeinkosten werden erst zum Ende der Tabelle geschlüsselt auf die Hauptapotheke und die Filialen verteilt, mal nach Mitarbeiterzahlen, mal nach Quadratmetern. Zum Ende sind alle Kosten auf die Apotheken verrechnet.

In unserem Beispiel hat natürlich die Filiale 2 ein Problem, da sie ein negatives Betriebsergebnis aufweist. Als ökonomisch denkender Unternehmer wäre diese Filialapotheke zu schließen, wenn dauerhaft keine Änderung in Aussicht stünde.

Wenn dies aber geschieht, fallen natürlich die Roherträge in Höhe von 168.000 € fort, vielleicht noch mehr, wenn sich die Konditionen z.B. von zurzeit 3% vom Umsatz (das sind ca. 4% vom Einkauf) für alle Apotheken auf 2,5% verschlechtern würden. Dann wären weitere 32.500 € verloren. Natürlich fallen auch Kosten fort, aber eben nur diejenigen, die unmittelbar der Filiale zugerechnet werden können: Personalkosten, sonstige variable Kosten, vielleicht noch die direkt zurechenbare Miete und Abschreibungen. So ergibt sich folgende Rechnung:

Entgangener Umsatz	700.000 €	
Entgangener Rohertrag	168.000 €	
zusätzlich entgangen Konditionen	32.500 €	
Entgangener Ertrag insgesamt		200.500 €
Eingesparte Personalkosten	105.000 €	
Eingesparte sonstige variable Kosten	17.500 €	
Sonstige direkt zurechenbare Kosten	35.000 €	
Eingesparte Kosten insgesamt		157.500 €
Über- / Unterdeckung		– 43.000 €

Eine Aufgabe der Filiale hätte somit ein schlechteres Ergebnis erbracht, weil eben nicht alle auf diese Filiale geschlüsselten Kosten auch fortfallen, wenn die Erträge fortfallen.

Die Vollkostenrechnung verursacht daher viel Aufwand für die Schlüsselung der Gemeinkosten, führt aber leider zu falschen Aussagen.

Die Teilkostenrechnung verzichtet auf diese Schlüsselung und weist nur noch die direkt zurechenbaren Kosten den Filialen zu. Die Filialapotheken werden jetzt nach dem Deckungsbeitrag 2 beurteilt.

Filiale 2 ist hierbei zwar schlechter als andere Apotheken, leistet aber immer noch einen Deckungsbeitrag in Höhe von 10.500 € oder 1,5%, um die Gemeinkosten zu decken (daher der Name), die auch ohne die Existenz der einzelnen Filiale entstehen.

Die Gemeinkosten in Höhe von 150.000 € werden erst zum Schluss vom Gesamtergebnis abgezogen. Das Betriebsergebnis des gesamten Unternehmens bleibt erhalten.

Kennzahlen

Was für die Basisrechnung gilt, muss natürlich auch für eventuell eingesetzte Kennzahlen Gültigkeit haben. Das Kennzahlenschema wurde bereits für die Analyse der zu übernehmenden Apotheke[86] vorgestellt. Dort wurde die Spitzenkennzahl Rentabilität gewählt. Auf der Basis der Teilkostenrechnung kann hier natürlich nur der Deckungsbeitrag in % vom Umsatz oder pro Kunde stehen. Der Rohertrag ist hier bei den Filialen ohne Konditionen, die Personalkosten ohne die Mitarbeiter der „Zentrale" gerechnet. Entsprechend sind solche Filialkennzahlen nicht mit denen in den Benchmarkwerten der Steuerberater, der Warenwirtschaftssysteme und der Institute zu vergleichen: Spannen werden in der Regel geringer, Kostenbelastungen ebenfalls, Leistungszahlen höher ausfallen, weil die „zentralen" Aktivitäten nicht mit eingerechnet werden.

Im Übrigen aber behalten alle Kennzahlen ihre Gültigkeit. Sie ermöglichen im Vergleich der Filialen nicht nur eine Bewertung von erfolgreichen und weniger erfolgreichen Apotheken, sie gestatten auch eine detaillierte Analyse der Stärken und Schwächen der jeweiligen Filiale.

---

[86] vgl. Abschnitt 3.2.2.

Tab. 3.10: Filial-Kennzahlenvergleich

Position	Haupt-Apotheke	Filiale 1	Filiale 2	Gesamt-unter-nehmen*
Umsatzrentabilität (DB)	8,3%	4,8%	1,5%	1,3%
Handelsspanne	26,0%	24,0%	24,0%	27,9%
Kostenbelastung	17,7%	19,2%	22,5%	26,5%
Personalkosten	13,1%	13,3%	15,0%	13,6%
sonstige var. Kosten	2,0%	3,0%	2,5%	2,4%
direkt zurechenb. Fixkosten	2,6%	2,9%	5,0%	3,2%
Perso.Kosten / MA	35.000	36.500	35.000	41.909
Umsatz je MA (o. FilLtg)	266.667	275.000	233.333	309.091
Miete / AfA je qm	230	270	350	272
Umsatz je qm	8.889	9.167	7.000	8.500

* Diese Werte sind keine Durchschnittswerte der Apotheken, sondern berücksichtigen die zentralen Konditionen und die Gemeinkosten. Vgl. den Abschnitt über Rechnungswesen.

Die Hauptapotheke weist also, bezogen auf den Deckungsbeitrag, die höchste Rentabilität aus. Schwächstes Glied, wie berichtet, ist Filiale 2. Ihre Personalkosten sind zu hoch, weil die Mitarbeiter relativ viel verdienen und nur geringe Umsätze aufweisen. Besonders drastisch ist dieses Ungleichgewicht bei den Geschäftsräumen. Hier sind ebenfalls Mieten und Abschreibungen zu hoch, die Produktivität zu gering.

Balanced Scorecard[87]

Wenn alle Informationen aus Warenwirtschaft und Rechnungswesen entsprechend aufbereitet, konsequent für jede Filiale ausgewertet und für die Entscheidungen genutzt werden, könnte eigentlich nichts mehr schief gehen. Oft aber verwirren diese Informationen mehr als sie nutzen. Eine Befragung der Nutzer eines Warenwirtschaftssystems hat ergeben, dass von den im Auswertungsprogramm angebotenen Kennzahlen nur 10% tatsächlich ausgewertet werden.

---

[87] Für Filialapotheken überarbeiteter Beitrag von Strobel: Balanced Scorecard.

Ein Instrument, das die vielfältigen Informationen in ein überschaubares System bringt, ist die Balanced Scorecard (BSC).[88]

Aufgabe der BSC ist es, den Erfolg und die Erfolgskomponenten der Hauptapotheke und der Filialen durch laufende Beobachtungen sorgfältig ausgewählter Kennzahlen zu unterstützen.

Die bereits oft genutzten klassischen Kennzahlen werden durch qualitative Indikatoren (Kundenzufriedenheit, Servicequalität, Mitarbeiterzufriedenheit) ausbalanciert, um so auch wichtige „weiche" Faktoren zu berücksichtigen. Frühwarnindikatoren (Neukundengewinnung, Krankenstand) weisen rechtzeitig auf wichtige Trends hin, während Spätindikatoren (Defektquote, Lagerumschlag etc.) als „harte" Faktoren eindeutige Orientierungsdaten liefern.

Diese Kriterien werden nach verschiedenen Perspektiven sortiert und in Übersichten zusammengestellt, eben jene Scorecards. Die wesentlichen Erfolgsfaktoren der Filiale sollen wie ein Seismograph frühzeitig die Stärken und Schwächen melden, damit rechtzeitig Entscheidungen getroffen werden können.

Jede Scorecard ist gleich aufgebaut, wie das Beispiel in Tabelle 3.11 unten zeigt:

Für alle Scorecards werden dokumentiert:

- die Kriterien, nach denen der Erfolgsfaktor bewertet wird, also Entwicklung der Kundenzahlen oder Kundenzufriedenheit,
- die Messgrößen, mit denen man diese Kriterien messen kann, z.B. Notenwerte oder Kennzahlen,
- die Quellen aus denen man diese Daten ermitteln kann und
- die Häufigkeit, mit der diese Werte erhoben werden sollten,
- die Bedeutung, die Gewichtung, die dem einzelnen Kriterium für den Erfolg beigemessen werden soll – in der Regel für alle Filialen gleich,
- die Zielvorgabe für den Messwert, der je nach Führungskonzept vorgegeben oder von der Filiale selbst erarbeitet wird,
- die Ist-Werte, die in der Filiale realisiert werden,
- der Scoring-Wert, also letztlich die Bewertung, die Schulnote, die sich aus der Abweichung zwischen Ziel- und Ist-Wert ermittelt,

---

[88] Der Begriff kommt – wie so oft – aus dem Amerikanischen. Es wird auch hier von Scorecards gesprochen, was nur schwer mit Punkte-Karten oder -Tafeln übersetzt werden kann. Zur Einführung eignet sich sehr gut das Taschenbuch von Jossé: Balanced Scorecard.

– die Maßnahmen, die jeweils eingeleitet werden können, wenn die Zielwerte nicht erreicht wurden.

Zur Ermittlung des Scoring-Wertes wird ein Schema zugrunde gelegt, welches die relative Abweichung vom Zielwert bemisst:

Zielwert ab 10% übertroffen	Note 1
Zielwert erreicht oder bis 10% übertroffen	Note 2
Ist-Wert bis 10% schlechter als Zielwert	Note 3
Ist-Wert zwischen 10% und 50% schlechter als Zielwert	Note 4
Ist-Wert schlechter als 50% des Zielwertes	Note 5

Diese Cards werden klassischerweise für die vier Teilbereiche (Perspektiven) der Kunden, der Mitarbeiter, der Prozessabläufe und der finanziellen
Sphäre dokumentiert. Für die Apotheken, insbesondere für die Steuerung
der Filialen, sind aber Modifikationen vorzunehmen:

Auf die besondere Bedeutung des *Standortes* wurde bereits mehrfach hingewiesen. Seine Qualität und seine möglichen Veränderungen sollten nicht
übersehen werden. Wenn auch der Standort in aller Regel für die Apotheke
ein nur schwer zu beeinflussender Faktor ist, müssen doch Veränderungen
frühzeitig erkannt werden. Also ist eine Standort-Karte zu ergänzen.

Ein weiterer Erfolgsfaktor im Handel, der in der klassischen BSC fehlt, ist
das Sortiment und alles, was damit zusammen hängt. Deshalb wird der Begriff der Prozessperspektive, der bei industriellen Unternehmen die Produktion und die Auftragsabwicklung durchleuchtet, ersetzt durch die *Sorti-
mentsperspektive*, welche die Warenprozesse (Einkauf, Bestandsführung)
mit einschließt.

Die *finanzielle Karte* nimmt in der Regel Kennzahlen auf, welche die Rentabilität und Liquidität des Unternehmens darstellen. Hier finden sich Kennzahlen wie Kapitalrentabilität, Cash flow oder Liquiditätskennziffern. Für
Filialen sollen hier die bereits vorgestellten Leitkennzahlen wie Deckungsbeitrag oder Personalkosten ihren Niederschlag finden.

Im Folgenden sollen Scorecards[89] für fünf Perspektiven entwickelt werden.

---

[89] Die vollständigen Scorecards finden sich im Ordner D13 auf der beigefügten CD.

Kundenperspektive

Die Kundenperspektive stellt ein absolutes Frühwarn-System dar. Nicht nur die objektiv messbaren Werte wie Kundenzahl oder Zahl der ausgegebenen Kundenkarten sind relevant, sondern auch und gerade die Ergebnisse der Kundenbefragung, die bereits besprochen wurde.[90]

Tab. 3.11: Beispiel einer Scorecard

Indikator	Messgröße	Quelle	Erhe-bung	Ge-wicht	Ziel-wert	Ist-Wert	Score	Maß-nahmen
Bekanntheit	Kenner in % der Befragten	Passanten-befragung	Jahr	10%	80%	100%	1	
Akzeptanz	Käufer in % der Kenner	Passanten-befragung	Jahr	10%	70%	75%	2	
Image	Imagenote	Kunden-befragung	Monat	10%	2,0	2,3	4	
Kundenzahl	Kassenbons in % zur Vorperiode	Waren-wirtschafts-system	Woche	25%	2%	–1%	5	
Kaufbetrag	Ums./Kd in % zur Vorperiode	Waren-wirtschafts-system	Woche	25%	1%	2%	1	
Stamm-kunden	Kundenkarten in % zur Vorperiode	Waren-wirtschafts-system	Monat	20%	5%	10%	1	
Gesamt Kun-den-Score				100%			2,4	

Zwei Datenquellen werden für diese Analyse angezapft:

Relativ einfach sind die klassischen Kennzahlen aus dem *Warenwirtschaftssystem* zu erheben. Hier interessieren vor allem die Kundenzahl (gemessen an Kassenbons oder Geldeingängen) und der Umsatz pro Bon (oder Kunde). Vielleicht ist es auch interessant, die Stammkunden mit einer *Kundenkarte* besonders zu beobachten. Bei all diesen Kennzahlen ist nicht die absolute

---

[90] Vgl. Abschnitt 2.2 und die Fragebögen D5 und D6 auf der beigefügten CD.

Größe, sondern die Entwicklung im Vergleich zur Vorperiode (Woche oder Monat) oder zum Vorjahr von Interesse. Die Ziele sind dabei natürlich an die jeweilige Situation im Markt und am konkreten Standort anzupassen.

Die drei ersten Indikatoren werden in den meisten Filialen nicht so ohne weiteres zur Verfügung stehen. Hier sind Befragungen erforderlich, die natürlich nicht in der Regelmäßigkeit durchgeführt werden können, wie dies bei den betriebswirtschaftlichen Daten durch Blick in die Auswertungen möglich ist. Dennoch sollte eine Apotheke einmal pro Jahr eine Passanten-befragung durchführen lassen. Hieraus ermittelt sich leicht der Wert für die Bekanntheit und für den Anteil derjenigen Passanten, die in der Apotheke auch kaufen.

Häufiger sollte eine Kundenzufriedenheitsanalyse durchgeführt werden. Mit wenigen Fragen wird die Zufriedenheit der Kunden mit den wesentlichen Leistungsmerkmalen (Sortiment, Service, Freundlichkeit, Atmosphäre) der Apotheke mittels Schulnoten beurteilt. Als Zielwert ist im Beispiel die Note „gut" eingetragen. Schlechtere Bewertungen sollten nachdenklich stimmen, da schließlich nur diejenigen Kunden befragt werden, die in der Apotheke gekauft haben. Vergleiche näher dazu Kapitel 2.2.

Die Team-Scorecard

Die Apotheke profiliert sich in erster Linie als Dienstleistungsbetrieb im Gesundheitsmarkt. Dienstleistungen werden von Menschen erbracht. Die Qualität des Teams entscheidet damit über die Akzeptanz der Apotheke beim Kunden, aber auch über die Kosten. Daher stehen die Kosten und Leistungen des Personals auch an erster Stelle der Team-Scorecard.

Auch hier treten neben diese harten Fakten sogenannte weiche Faktoren wie Motivation, Qualifikation, Freundlichkeit oder Lernbereitschaft (Innovation), die nicht aus der Buchhaltung ersichtlich sind, sodass Maßstäbe für ihre Bewertung gefunden werden müssen. Als Messgröße für Qualifikation und Freundlichkeit kann wieder die Bewertung durch die Kundenzufriedenheits-analyse herangezogen werden. Die Motivation spiegelt sich erfahrungsge-mäß (aber nicht nur) im Krankenstand wider, die Innovation kann vielleicht an der Weiterbildungsintensität gemessen werden.

Die Sortiments-Scorecard

Diese Karte soll nicht nur Auskunft geben über die Akzeptanz des Sortimentes in der Apotheke. Gleichzeitig werden hier auch diejenigen Kennzahlen eingearbeitet, welche die Warenprozesse analysieren. Beide Aspekte sind nicht immer von einander zu trennen.

Die hier vorgestellte Karte ist eher auf die einzelne Filiale ausgerichtet. So fehlen z.B. hier Kriterien der Großhandelskonditionen, die im Gesamtunternehmen eine Rolle spielen. Daher werden hier – wie schon bei den Kennzahlen zuvor angesprochen – auch die Roherträge vor Abzug der nachträglich gewährten Boni, Skonti und sonstigen Konditionen gerechnet.

Eventuell können Werte über die Service-Leistungen aus der Kundenbefragung herangezogen werden.

Die Standort-Scorecard

Dass der Standort ein Erfolgsfaktor für die Filiale ist, wurde schon mehrfach erwähnt. Für ihn eine eigene Scorecard zu entwickeln ist vielleicht problematisch, weil wesentliche Indizien für die Qualität des Standortes langfristig nicht verändert und vor allem nicht durch die Apotheke beeinflusst werden können. Einen Maßnahmenkatalog zu hinterlegen ist also nicht ganz einfach. Dennoch gilt es, die Standortfaktoren (insbesondere das Verschreiberverhalten und den Wettbewerb) zu beobachten, um auch hier zu reagieren und notfalls frühzeitig einen Standort aufgeben zu können.

Die einzelnen Werte, welche die Attraktivität des Standortes ausmachen, wurden bereits besprochen. Aufgenommen sind hier vor allem die Kennzahlen, welche eventuell Veränderungen unterliegen, auf die reagiert werden muss. Zusätzlich wurde die permanente Beobachtung des Wettbewerbs aufgenommen. Hier ein Maß zu finden ist schwierig. Vielleicht bietet es sich an, regelmäßig die Wettbewerbsapotheken zu beobachten (sogenannte Kontroll-Gänge sind in anderen Branchen lange Bestandteil der Standortanalyse). Hier könnten auch Aktionen des Wettbewerbs (nicht nur Preisaktionen, auch Anzeigen oder Verkaufsförderungsmaßnahmen) festgehalten werden.

Letztlich ist der relevante Indikator natürlich der Marktanteil, der den Erfolg der Standortabschöpfung widerspiegelt. Ihm gebührt eine hohe Gewichtung.

Die Filialerfolgs-Karte

Die letzte „Card" dokumentiert nun das Ergebnis der Filiale. Hier finden die bereits besprochenen Kennzahlen ihren Niederschlag, vielleicht ergänzt um Entwicklungszahlen von Umsatz, Kunden, Marktanteil.

Zusammenhang und Überblick

Bleibt noch zu erwähnen, dass natürlich die einzelnen Erfolgsindikatoren nicht unabhängig voneinander sind. Man kann sogar behaupten, dass die Cards selbst in einer gewissen Hierarchie stehen.

Als Basis wird in der Regel die Kunden-Card angesehen. Werden die Kunden in ihrer Akzeptanz und Entwicklung positiv bewertet, hat dies Konsequenzen für die Mitarbeiterproduktivität und damit auch für den Erfolg der gesamten Filiale. Aber umgekehrt gilt natürlich auch, dass ausgewogene Sortimente, ein optimales Warenlager und motivierte Mitarbeiter die Kundenakzeptanz erhöhen. Gute Standorte wiederum strahlen auf die Kundenfrequenz aus. Um diesen Zusammenhang nicht aus den Augen zu verlieren, werden verschiedene Darstellungsarten für jede Filiale beigefügt, welche alle Scores nach ihrem Erfolg farblich unterlegt in Zusammenhang bringen:

Abb. 3.23: Scorecard-Überblick

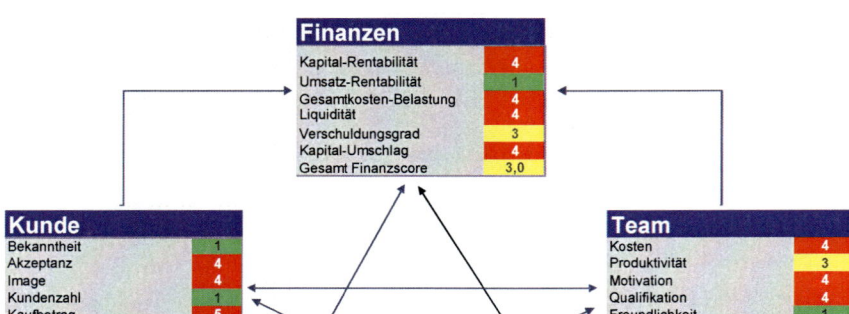

Für das Unternehmen selbst ist auf der Basis der einzelnen Scorecards eine zusammengefasste Übersicht zu erstellen. Hier werden die einzelnen Daten in ein Gesamttableau gebracht, welches den Unterschied in den einzelnen Apothekenfilialen sofort deutlich herausstellt.

Tab. 3.12: Filial-Scorecard

Erfolgsfaktor	Gewicht	Haupt-Apotheke	Filiale 1	Filiale 2	
Kunde	30%	2,4	1,8	4,5	
Mitarbeiter	20%	2,3	3.0	3,5	
Sortiment	10%	2,6	2,9	3,7	
Standort	10%	2,8	2,7	2,3	
Filialerfolg	30%	2,4	3,1	3,7	
Gesamt	100%	2,4	2,6	3,7	

Ergänzt wird diese Scorecard durch die Übersicht der Ergebnisse jedes einzelnen Kriteriums für alle Filialen.

Tab. 3.13: Übersicht einzelner Scorecards

Indikator	Ge-wicht	Hauptapotheke			Filiale 1			Filiale 2		
		Ziel-wert	Ist-Wert	Score	Ziel-wert	Ist-Wert	Score	Ziel-wert	Ist-Wert	Score
Bekanntheit	10%	80%	100%	1	80%	70%	4	80%	75%	3
Akzeptanz	10%	70%	75%	2	70%	65%	3	70%	50%	4
Image	10%	2,0	2,3	4	2,0	2,5	4	2,0	3,4	5
Kundenzahl	25%	2%	−1%	5	2%	3%	1	2%	−2%	5
Kaufbetrag	25%	1%	2%	1	1%	2%	1	1%	−2%	5
Stammkunden	20%	5%	10%	1	5%	7%	1	5%	4%	4
Kundenscore	100%			2,4			1,8			4,5

Einführung und Umsetzung der Scorecards

Bereits mehrfach wurde darauf hingewiesen, dass den Mitarbeitern bei der Entwicklung der BSC eine besondere Bedeutung zukommt. Sie können wichtige Informationen insbesondere dabei geben, welche Indikatoren für die verschiedenen Perspektiven hilfreich und operational sind. Vor allem aber müssen die Zielwerte in enger Abstimmung mit dem Team festgelegt werden. Gerade in mittelständischen Unternehmen bietet es sich an, solche Zielvereinbarungen (management by objectives) nicht von oben herab (top down) festzulegen, sondern zumindest die Zielvorschläge der Apothekenleitung intensiv durch das Team auf ihre Realisierbarkeit zu prüfen.

Überhaupt ist die Transparenz bei diesem Instrument eine unabdingbare Voraussetzung. Ebenso wie die Zielwerte im Team besprochen werden sollten, müssen auch die Ergebnisse für alle transparent und verständlich sein. Soll-Ist-Abweichungen und Maßnahmen sollten Gegenstand jeder Team-Besprechung werden.

Bei der Darstellung dieser Cards sind der Kreativität keine Grenzen gesetzt. Ob die hier aufgeführten Tabellen oder anschaulichere Kurven zur Darstellung gewählt werden ist Geschmackssache. Wichtig ist dabei die Anschaulichkeit. Apothekenleitung und Mitarbeiter müssen schnell erkennen können, ob ein Indikator positiv oder negativ zu beurteilen ist.

Ein großes SB-Warenhausunternehmen nennt seine Balanced Scorecard „Kompass" und dokumentiert die Ergebnisse sehr plakativ als Kreisdiagramm für jeden Markt so offen in den Verwaltungsräumen, dass nicht nur alle Mitarbeiter, sondern auch Besucher sie in Augenschein nehmen können.

Die Entwicklung einer Balanced Scorecard in Zusammenarbeit mit dem Team zwingt die Apothekenführung, sich grundsätzlich und intensiv mit den Erfolgsfaktoren der eigenen Apotheke auseinanderzusetzen. Die Mühe lohnt sich, unabhängig davon, wie das Ergebnis einer Scorecard letztlich aussieht.

Fazit: Filialisierung ist mehr als die Summe von einzelnen Apotheken

– Filialisierung ist kein harmonischer Wachstumsschritt einer Apotheke, sondern ein Wachstumssprung mit schwerwiegenden Konsequenzen für das Marketing und Management.

– Wenn Filialisierung nicht das zufällige Ergebnis von Übernahmeangeboten oder einer Familienzusammenführung ist, bedarf es differenzierter Analysen künftiger Standorte und Planungen der neuen Apotheken und strategischer Entscheidungen zwischen oft gegensätzlichen Alternativen.

– Die Alternativen im Marketing heißen eigenständiges Konzept der Filialapotheke oder vollständige Kopie der Hauptapotheke. Die Alternativen bedeuten auch möglichst intensive Abschöpfung des Potenzials durch optimale Anpassung an die Bedürfnisse des neuen Standortes oder große Synergien durch effiziente Prozesse in Warenwirtschaft und Werbung und bessere Konditionen durch gleiche Sortimente und Lieferanten. Am besten gelingt beides, wenn die neuen Filialapotheken gleiche Standortbedingungen haben.

– Die Alternativen in der Organisation heißen zentrale oder dezentrale Führung. Damit sind gleichzeitig die Vorteile einheitlicher Leitung und einheitlicher Prozesse mit ihren Kostenvorteilen gegenüber den Vorteilen motivierter Teams mit schnellen Reaktionen im Markt abzuwägen. Und mit der zentralen oder dezentralen Grundphilosophie ist gleichzeitig der Weg für Aufgabenorganisation, Vergütung und Controlling vorgezeichnet.

– Im Controlling gibt es keine Alternativen. Zur Steuerung von drei oder vier Apotheken reichen die Finanzbuchhaltung und das Warenwirtschaftssystem nicht aus. Beiden fehlt die strategische Komponente. Hier sind Instrumente der kurzfristigen Filialerfolgsrechnung, ergänzt durch Filial-Betriebsvergleiche – und vielleicht durch eine Balanced Scorecard – vonnöten.

4. Wachstum durch Diversifizierung

Gilt der Markt als ausgeschöpft, ist also das Wachstum weder am gleichen Standort noch in unmittelbarer Umgebung mit den klassischen Apotheken-leistungen möglich, bleibt nur das Eintreten in neue Bedarfsfelder. Der Bereich der Apotheke wird verlassen, um neue Geschäftsfelder außerhalb der Apothekenbetriebsordnung zu suchen.

Solche Wachstumsstrategien haben bei Apothekenunternehmern eine lange Tradition. Bekannt sind Tandemlösungen wie Apotheke und Reformhaus, Apotheke und Parfümerie, Apotheke und Sanitätshaus oder sogar exzellente Gesundheitshäuser, die neben der Apotheke nahezu alle erdenklichen Fach-sortimente rechtlich getrennt, aber organisatorisch in einer Immobilie verei-nen.

Da solche Erweiterungen formal nur dadurch möglich sind, dass für diese Bedarfsfelder rechtlich unabhängige Betriebsformen gegründet werden, gelten die bei der Filialisierung angesprochenen Marketing- und Führungs-probleme hier vielleicht sogar verstärkt. Sie sollen in diesem Kapitel nicht wiederholt werden.

In diesem Teil sollen lediglich die besonderen betriebswirtschaftlichen, marktorientierten und organisatorischen Facetten der Betriebsformen-Diversifikation behandelt werden. Dabei stehen folgende Fragen im Vor-dergrund:

1. Welche Ziele werden mit der Diversifikation in neue Geschäftsfelder verfolgt?
2. Welche Informationen werden für die Diversifikationsentscheidung be-nötigt?
3. In welche Bedarfsfelder (Sortimente und Dienstleistungen) soll sinn-vollerweise diversifiziert werden, und wie sieht das strategische und o-perative Marketing-Konzept für diese neue Betriebsform aus?
4. Wie soll das neue Geschäftsfeld strukturiert und in das bestehende Apo-theken-Unternehmen „eingegliedert" werden?

4.1   Zielsetzung der Diversifikation

Aus der Formel

Umsatz = Bedarf je Einwohner x Zahl der Einwohner x Marktanteil

wurden bereits zwei Wachstumsstrategien abgeleitet: Die Intensivierungsstrategie versucht, den Marktanteil zu optimieren, die Filialisierungsstrategie zielt auf die Kundenzahl durch Vergrößerung des Einzugsgebietes. So bleibt als letzte Wachstumszielsetzung, den Bedarf je Einwohner ins Visier zu nehmen.

Bereits bei der Intensivierung trat dieser Aspekt zutage, als es darum ging, den Marktanteil dadurch zu steigern, dass die Kunden ihre Waren und Dienstleistungen auf die jeweilige Apotheke konzentrieren. Allerdings begrenzte sich diese Betrachtung allein auf den Bereich apothekenüblicher Waren gem. § 25 ApoBetrO. Dieser Bereich wurde zwar in der Vergangenheit deutlich erweitert, bleibt aber stark auf gesundheitsfördernde Leistungen begrenzt. Die Ausschöpfung dieses „Ergänzungssortimentes" ist nicht das hier zu betrachtende Ziel der Wachstumsstrategie.

Nicht immer sind Einstiege in neue Bedarfsbereiche aus dem Wunsch der Apotheken nach mehr Umsatz entstanden. In der klassischen Literatur wird Diversifikation, also die Strategie, neue Leistungen in neuer Form auf neuen Märkten anzubieten, vornehmlich als Strategie zum *Risikoausgleich* gesehen. Aus diesen Gründen stiegen, wenn auch nicht immer erfolgreich, Lebensmittelanbieter in den Markt der Unterhaltungselektronik (Metro mit Mediamarkt) oder der Reiseveranstalter (Rewe mit LTU) ein, die Douglas-Gruppe betreibt solche Diversifikation mit Parfümerien, Modehäusern, Buchhandlungen und Schmuckgeschäften sehr konsequent. Die Situation auf dem Gesundheitsmarkt ist zurzeit (eigentlich schon seit langem) von so hohen Risikopotenzialen für Umsatz und Ertrag geprägt, dass Diversifikationen in neue Bedarfsfelder und Geschäftsmodelle durchaus bedenkenswerte Alternativen zur Apotheke darstellen.

Gerade für Apotheken ist ein weiterer Grund zur nachhaltigen Ausweitung der Leistungspalette in möglichst unmittelbarer Verbindung zur Apotheke zu erkennen, der ebenfalls in der Intensivierungsstrategie angeschnitten wurde: Der Wunsch nach *Kundenbindung* legt die Überlegung nahe, aus der Kompetenz des Pharmazeuten heraus möglichst alle Leistungen anzubieten, die sich mit dem Thema Gesundheit im weitesten Sinne beschäftigen.

4.2.   Analysen zur Vorbereitung der Diversifizierung

Mehr noch als bei der Vorbereitung der Intensivierungs- und Filialisierungsstrategie sind für die Diversifikationsentscheidung Analysen zu unternehmen, da nicht auf Erfahrungen der bisherigen Unternehmenspraxis zurück gegriffen werden kann. Da also völlig neue Marktfelder in Angriff genommen werden, gilt es, Auswahlkriterien festzulegen und mit Inhalt zu füllen. Sie münden in eine Checkliste am Schluss dieses Abschnittes

4.2.1   Marktanalysen / Standortanalysen

Die Analysen des neu zu bearbeitenden Marktes beziehen sich sowohl auf den Gesamtmarkt mit seinen allgemeinen Trends als auch – sofern schon vorgegeben – auf die standortspezifischen Daten.

In einer ersten Analyse sind die möglichen Bedarfsfelder bezüglich ihrer langfristigen *Trends* zu vergleichen:
–   Wie sahen die Wachstumszahlen in der Vergangenheit aus?
–   Welche Erwartungen haben die Unternehmen in diesem Markt (Lieferanten, Händler, Dienstleister) für die Zukunft?

Konkreter muss – wie schon bei der Filialisierung – das Potenzial des Standortes ermittelt werden:
–   Ist die Größe des Einzugsgebietes ausreichend?
–   Ist die soziodemographische Struktur (Alter, Einkommen) der Einwohner passend?

Und schließlich sollte der *Wettbewerb* sowohl am Standort als auch im Gesamtmarkt bedacht werden. Immerhin betritt die Apotheke ein ungeschütztes Marktgebiet, in dem andere Betriebsformen wesentlich intensiver tätig sind, die darüber hinaus meist erhebliche Erfahrungen aufweisen und in ihren Verhaltensweisen nicht an so strenge ethische Bedingungen der Heilberufe gebunden sind.

Gerade dieser Aspekt ist möglichst differenziert zu erarbeiten:
– Welche Betriebsformen sind in diesem Bedarfsfeld tätig?
– Wie ist das Preis- und Kommunikationsverhalten dieser Unternehmen?
– Kann das neue Unternehmen mithalten oder sich abgrenzen?
– Wie ist der betreffende Standort mit diesen Wettbewerbern besetzt?

Quellen für diese marktbezogenen Informationen müssen neu erschlossen werden. Für die Gesamtmärkte bieten sich klassische Studien der wesentlichen Forschungsinstitute[91] an:

Grobe Daten über den Handel und seine Erscheinungsformen liefert z.B. das Europäische Handelsinstitut.[92] Spezielle Studien zu bestimmten Branchen veröffentlichen auch die klassischen Institute wie die Gesellschaft für Konsumforschung (GfK) in Nürnberg oder die Betriebswirtschaftliche Beratungsstelle (BBE) in Köln. Gerade die GfK publiziert regelmäßig für differenzierte Branchen einen Konsumklima-Index, der guten Aufschluss über die Erwartungen der Branche gibt. Das Institut für Handelsforschung in Köln führt nicht nur für Apotheken Betriebsvergleiche durch. Die Leistungs-, Kosten- und Ertragszahlen vieler Branchen sind dort erhältlich.

Eine wertvolle Informationsquelle sind auch die speziellen Dienste der Geldinstitute, die diese für ihre Kunden bereithalten. Die Volks- und Raiffeisenbanken z.B. geben speziell für Unternehmensgründer stets aktualisierte Branchenbriefe heraus, die viele Branchen abdecken.[93]

Die individuelle Situation am Standort kann allerdings nur vor Ort ermittelt werden. Hier bieten die Stadtverwaltungen, Wirtschaftsförderungsvereine, Handelskammern und Einzelhandelsverbände oft die wichtigen Daten und Kennzahlen.

---

[91] Ein Verzeichnis der Quellen und Internet-Adressen findet sich im Quellenverzeichnis im Anhang E.
[92] EHI: Handel aktuell.
[93] Volksbanken: Branchenbriefe.

4.2.2. Kompetenzprüfung

Die Analysen der internen Voraussetzungen können natürlich nicht an einem bestehenden Betrieb ansetzen. Vielmehr ist es die erste Aufgabe zu prüfen, ob von Seiten der „Gründer", also der Apothekerin bzw. des Apothekers, die Voraussetzungen für dieses Wagnis gegeben sind. Diese Fragen beziehen sich somit auf deren Kompetenz in diesem neuen Geschäftsfeld.

Diese Kompetenz dürfte umso größer sein, je besser das neue Feld die pharmazeutische Erfahrung des Apothekenteams nutzen kann. Mit der Nähe zur ursprünglichen Kernkompetenz verringern sich die Risiken deutlich, allerdings werden auch die Wachstumschancen nur begrenzt möglich sein. Der Aspekt der *Kompetenznähe* gewinnt auch dadurch an Bedeutung, dass der Markt eine Diversifikation umso stärker akzeptiert, je glaubwürdiger dieses neue Feld mit dem Kernbereich „Apotheke" verwandt ist.

Diese Kompetenz bezieht sich nicht nur auf die Apothekenleitung, sondern auch auf das Team. Es ist sehr vorteilhaft, wenn gerade in der Startphase das Kernteam der neuen Betriebsstätte – ebenso wie bei der Filialisierung der Apotheken – aus dem alten Team erwächst. So ist sichergestellt, dass alte Apotheke und neuer Betriebstyp in gleichem Geist geführt werden.

Kompetenz bezieht sich schließlich auch auf die Frage, in welchem Umfang in dem neuen Geschäftsfeld neue Fertigkeiten, Qualifikationsnachweise und Technologien erforderlich sind.

4.2.3   Betriebsanalysen und -planung

Konkret wird es, wenn das Geschäftsmodell zu planen ist. Ebenso wie bei der Filialisierung[94] sind detaillierte Umsatz-, Ertrags- und Kostenpläne aufzustellen, ergänzt durch den Businessplan für Zielgruppen, Profilierungsinstrumente, Chancen und Risiken am konkreten Standort.

---

[94] vgl. Abschnitt 3.2.2 Planung und Bewertung neuer Filialen.

Im Wesentlichen sind in die Planung aufzunehmen:

– Der zu erwartende *Umsatz* aus der Standortanalyse in Verbindung mit allgemeinen Kennzahlen der Branche.

– Der aus einer branchenüblichen Handelsspanne berechnete *Rohertrag.*

– Die wesentlichen *Kostenpositionen* für Personal, Miete, Abschreibungen entweder aus Durchschnittswerten der Branche oder durch gezielte Planungsrechnung auf der Basis der erforderlichen Kapazität von Personal, Raum und Betriebsmittel.

– Das zu finanzierende *Investitionsvolumen* aus Einrichtungen, technischen Apparaturen, erforderlichen Umbauten für das Anlagevermögen, Warenbeständen, Kundenforderungen und *Liquide Mittel* für das Umlaufvermögen, zusätzlich – nicht zu vergessen – die *Kosten der Betriebsplanung* (Beratung, Gebühren) und *Einführung* (Werbung, Eröffnung).

Die Daten für diese Planungen sind ebenfalls aus den Branchenberichten der Institute zu entnehmen. In aller Regel wird man diesen neuen Einstieg aber nicht ohne die Hilfe eines auf diese Branche oder auf Neueröffnung spezialisierten Beraters angehen. Auch aktive oder künftige Marktpartner stehen gerne bereit, den neuen Kunden zu unterstützen. Und schließlich bietet es sich an, relativ schnell unter das Dach einer erfolgreichen Kooperation in diesem neuen Geschäftsfeld zu schlüpfen, um das Anfangsrisiko so gering wie möglich zu halten.

Alle besprochenen Kriterien gehen in eine Checkliste[95] ein, die nun zwei verschiedene Diversifizierungsvarianten beispielhaft gegenüberstellt und bewertet.

---

[95] Eine automatische Bewertung erfolgt in der Excel-Checkliste als Datei D14 auf der beigefügten CD.

Checkliste 4.1: Prüfung von Geschäftsfeldern

Kriterien			Gewichtung 1: schwach 3: stark	Bewertung der möglichen Geschäftsfelder 1: sehr gut 5: mangelhaft				
				A	B	C	D	E
Markt	Trend	Wachstum der Branche in der Vergangenheit	2	1			3	
		Erwartungen d. Branche für die Zukunft	2	1			2	
	Potenzial	Einzugsgebiet des Standortes	3	3			2	
		Demographische Struktur	2	3			2	
	Wettbewerb	Wettbewerbsintensität des Gesamtmarktes	2	1			5	
		Wettbewerbsdichte des Standortes	2	2			4	
		Aggressivität des Wettbewerbs	1	1			5	
		Eigene Profilierungsmöglichkeiten	2	3			3	
	Sonst.	Kooperationsintensität der Branche	1	3			4	
Kompetenz		Kompetenznähe der Branche zur Apotheke	2	4			3	
		Kompetenz des Unternehmers im Gesch.-feld	2	3			3	
		Kompetenz des Teams im Geschäftsfeld	1	3			2	
		Qualifikationsanforderungen	1	2			2	
		Technologieanforderungen	2	1			2	
Betrieb	Erfolg	Umsatzerwartung	2	3			2	
		Rohertrag	2	3			3	
		Personalkosten	2	3			2	
		Mietkosten, Sachkosten	1	1			2	
		Gesamtkosten	1	3			2	
		Rentabilität	3	2			3	
	Investition	Anlagevermögen	2	2			3	
		Umlaufvermögen	2	2			2	
Gesamtbewertung			40	2,4			2,8	

A = Naturkost,   D = Drogeriemarkt

4.3   Marketing-Konzeptionen für neue Geschäftsfelder

Das Wort „Konzeption" bringt es schon zum Ausdruck, dass hier keine Ein-
zelaktivitäten vorgeschlagen werden sollen, um das neue Geschäft an seinem Standort einzuführen. Vielmehr geht es in erster Linie um die Frage, in
welche Bedarfsfelder (Sortimente und Dienstleistungen) sinnvollerweise
diversifiziert werden soll. Daran schließt sich dann die Entscheidung für
einen konkreten Betriebstyp an.

4.3.1   Neue Geschäftsfelder

Marktchancen, Kompetenz und die Aussicht auf Umsatz und Ertrag werden
die Entscheidung für oder gegen die zu prüfenden Geschäftsfelder bestimmen. Unter diesem Aspekt soll der Versuch einer Wertung wichtiger traditi-
oneller oder naheliegender Branchen betrachtet werden.

Klassischerweise unterscheidet man die Branchen noch immer nach Waren-
sortimenten, wenngleich im Handel allgemein eine deutliche Tendenz zu
verzeichnen ist, diese Branchengrenzen aufzulösen. „Alle verkaufen alles"
beschreiben Trendforscher die derzeitige und wohl noch stärker die künftige
Handelslandschaft.

Auch die Trennung von Dienstleistungen und Handelssortimenten ist nicht
immer möglich oder sinnvoll. In vielen Handelsbranchen hat sich die Überzeugung durchgesetzt, dass Warensortimente bald nicht mehr rentabel verkauft werden können, weil Discounter oder Großanbieter, sicher auch der
Verkauf über elektronische Medien, die Margen haben schrumpfen lassen.
Dadurch gewinnen Dienstleistungen eine immer stärkere Bedeutung. In der
Diskussion über Servicestrategien[96] wurde bereits beklagt, dass diese Leistungen vom Kunden nicht mit der erforderlichen Wertschätzung und damit
auch Zahlungsbereitschaft nachgefragt würden. Das ist dann nicht mehr der
Fall, wenn diese Dienstleistungen als eigenständige Leistungen eines Unternehmens im Markt angeboten werden. Also sind auch Dienstleistungsbran-
chen ein interessantes Feld für Diversifikation. Allerdings ist auch diese

---

[96] vgl. Abschnitt 2.3.1.

Branche nicht vor Discount-Konzepten sicher, wie die Friseure oder Reparatur-Werkstätten leidvoll erfahren müssen.

Trotz dieser Bedenken sollen klassische Geschäftsmodelle für Apotheken im Folgenden nach Handel und Dienstleistungen getrennt angeschnitten werden.

Handelsbranchen

Die am weitesten verbreitete Diversifikation der bestehenden Apotheken findet im Sanitätsfachhandel, bei Reformhäusern, Naturkostgeschäften und Parfümerien statt. Diese Branchen haben ein hohes Maß an Kompetenznähe zum Stammunternehmen Apotheke, da sie bereits bestehende Teile des Ergänzungssortimentes „nur" verbreitern und vertiefen. Durch den eigenständigen Geschäftsbetrieb ist die Bindung der Sortimente und des Marketingverhaltens an die Apothekenbetriebsordnung und das Apothekengesetz jedoch aufgehoben.

Tab. 4.1: Strukturen verwandter Fachhandelsbranchen

Branche	Sanitäts-fach-geschäft*	Reform-haus	Naturkost-Fach geschäft	Parfü-merie
Betriebsstätten BRD	1.700	1.900	2.500	2.800
Einwohner je Betrieb	48.000	44.000	32.800	29.000
Umsatzvolumen in Mio. € **.	960	1.100	975	2.500
Ausgaben je Einwohner in € **	11,70	13,50	12,00	30,50
Umsatz je Betrieb in € **	565.000	589.000	390.000	890.000

* Werte 2002   ** Werte inkl. MwSt.
Quelle: eigene Berechnungen nach Volksbanken: Branchenbriefe.

An diesen groben statistischen Zahlen zeigen sich deutlich einige Problemfelder dieser Branchen. Zum einen liegt die durchschnittliche Betriebsgröße weit unterhalb der Umsatzgrößen, die aus dem Apothekenbereich als rentabel bekannt sind. Zum anderen ist das Umsatzvolumen eines Standortes sehr begrenzt, wenn man überlegt, wie viel Umsatz der Durchschnittsbürger in diesem Bedarfsbereich in den entsprechenden Fachgeschäften lässt und wie viele Einwohner im Durchschnitt auf jedes Fachgeschäft entfallen.

Diese Zahlen drücken aber nicht die Besonderheiten der Branchen aus. Im *Naturkost-Bereich* melden die Statistiker enorme Zuwachsraten. Das Thema „Bio" ist ungebrochen beliebt, nicht nur bei Verbrauchern, sondern auch beim Konzernhandel, der mit großen Abteilungen oder sogar mit eigenen Läden in diesem Markt tätig ist. Hier wäre eine Profilierung der Apotheken-Unternehmen nur mit einem konsequenteren Qualitätsprinzip denkbar, welches aber durch Gesetz wieder hohe Anforderungen an Produktion und Distribution legt.

Die *Reformhäuser* sind nahezu vollständig in der Neuform-Gruppe organisiert. Damit sind kaum individuelle Profilierungsmöglichkeiten gegeben. Die Genossenschaft achtet streng auf Qualität und auf ihr Corporate Design. Zusätzlicher Wettbewerb entsteht, wie bei den Naturkostläden auch, durch Drogeriemärkte und Bio-Ketten.

Bei den *Parfümerien* spielt der Begriff Konzentration eine erhebliche Rolle.

Tab. 4.2: Branchenstruktur Parfümerien

Branche	Betriebe		Umsatz inkl. MwSt.		Umsatz / Shop
	absolut	in %	Mio. €	in %	in 1000 €
Gesamtbranche	2.800	100,0	2.500	100,0	
– Warenhäuser	350	12,5	550	22,0	1.571
= Fachparfümerien	2.450	87,5	1.950	78,0	796
– Douglas	415	14,8	800	32,0	1.928
= Inhaber-Parfümerien	2.035	72,7	1.150	46,0	565
– Koop. beauty alliance	950	33,9	670	26,8	705
= Sonstige Parfümerien	1.085	38,8	480	19,2	442

Quelle: Parfümerieverband, EHI.

54% des Umsatzes geht über Konzernunternehmen (Douglas und Warenhäuser). Die in letzter Zeit aus drei Kooperationen (Parma, Aurel, Intercos) fusionierte Gruppe Beauty Alliance allein vereint 34% der Geschäfte und 27% des Umsatzes. Für die restlichen Parfümerien verbleiben noch knapp 40% der Verkaufsstellen. Mit nur knapp 20% des Umsatzes haben diese Geschäfte einen Durchschnittsumsatz von unter 500.000 €. Zum Vergleich:

Douglas liegt mit ihren Geschäften bei 1,9 Mio. €, die Abteilungen der Warenhäuser etwa bei 1,5 Mio. €.

Allein der *Sanitätsfachhandel* weist ähnliche inhabergeführte Strukturen auf. Der durchschnittliche Betrieb hat etwa 2 Betriebsstätten. 80% der Betriebe beschäftigen 10 Mitarbeiter oder weniger.

Die Rentabilitätsdaten, die diese Branchen durchschnittlich ausweisen, sind nicht so beeindruckend, wie dies auf den ersten Blick aussieht.

Tab. 4.3: Rentabilitätsdaten der Fachhandelsbranchen

Kennzahlen in % des Umsatzes inkl. MwSt.	Sanitäts-fach-geschäft	Reform-haus	Naturkost-Fach geschäft	Parfü-merie
Handelsspanne	52	32	30	40
Personalkosten	26	5	14	20
Mieten	5	5	5	7
Sonstiger Aufwand	11	11	7	11
Gesamtkosten	42	21	26	38
Ergebnis (o.UL)	10	10	4	2

Quelle: Eigene Berechnungen nach Volksbanken: Branchenbriefe, und IfH: Betriebsvergleich 2004.

Zu bedenken ist, dass 50% der Umsätze des Sanitätshauses auf Werkstatt- und sonstige Dienstleistungen entfallen, sodass die Handelsspanne des Sortimentes nicht mehr die Attraktivität hat, wie die ausgewiesenen 52% zunächst vermuten lassen. Auch ist zu bedenken, dass sich die Gewinnangaben auf das sogenannte Ergebnis vor Steuern beziehen. Der Unternehmerlohn ist somit nicht enthalten.

Reformhäuser zeichnen sich bei der Betriebsgröße von knapp 600.000 € dadurch aus, dass neben der tätigen Inhaberin oder dem Inhaber vielleicht noch eine beschäftigte Person mit einer vollen oder halben Stelle beschäftigt ist. Dafür bleiben 10% vor Steuern – bei einem Durchschnittsumsatz von knapp 600.000 € also 60.000 € an Unternehmerlohn und Eigenkapitalverzinsung, bei einer Arbeitszeit, die weit länger ist als die Öffnungszeiten der Geschäfte.

In den klassischen Nachbar-Geschäftsfeldern der Apotheke ist also zusätzlicher Ertrag nicht leicht zu erreichen. Sieht man vom Sanitätsfachhandel ab, muss sich der Apotheker auf einen harten Wettbewerb einstellen.

So bleiben als benachbarte Fachbranchen letztlich noch andere medizinisch-technische Betriebe, wie Optiker oder Hörakkustiker, die eines gemeinsam haben: Die Synergien zum ursprünglichen Kerngeschäft der Apotheke sind relativ gering, spezielle Ausbildungsanforderungen der Mitarbeiter schaffen hohe Markteintrittsbarrieren, und der Wettbewerb ist z.B. bei Optikern durch große Filialisten wie Fielmann, Apollo, Krane auch nicht zimperlich.

Dienstleistungsfelder

Sanitätshäuser, Optiker, aber auch Parfümerien öffnen den Blick für eine Diversifikation im Dienstleistungsbereich. 50% des Sanitätshausumsatzes sind Werkstattleistungen, die 2.800 Parfümeriegeschäfte führen auch 2.500 Kosmetik-Kabinen. Die Liste der möglichen Dienstleistungen, die als selbstständige Betriebe im großen Bereich des Gesundheits- und Wellness-marktes angeboten werden können, ist praktisch unbegrenzt.

Naheliegend ist natürlich, bereits in der Apotheke angebotene Leistungen so zu intensivieren, dass ein eigener Betrieb sinnvoll ist. Ein typisches und für eine Diversifikation strategisch sinnvolles Vorgehen ist es, wenn die Apotheke aus einem dermatologischen Indikationsschwerpunkt eine profilierte Kosmetikabteilung ableitet, die, sofern erfolgreich, durch eine Kosmetik-Kabine ergänzt wird, sodass letztlich ein Kosmetik-Studio entsteht.

Ob solch konsequente Ausweitungen der Geschäftsfelder auch mit anderen Indikationen sinnvoll und erfolgreich sein können, bleibt zu prüfen: Theoretisch denkbar ist es schon, dass Apotheken mit einem stark phyto-pharmazeutischen und homöopathischen Schwerpunkt das Sortiment durch entsprechende Naturkost ergänzen und dann konsequenterweise auch in die Beratung und Behandlung durch Homöopathen und Ärzte eintreten. So könnte ein Gesundheitszentrum mit dem Schwerpunkt Naturheilverfahren entstehen.

Zielgruppenfelder

Das letzte Beispiel weist einen weiteren wichtigen Weg, um kreative Ideen für Dienstleistungs- und Sortimentsdiversifikation zu betreiben.

Es gilt zu prüfen, ob die Kundentypen, die von großer Bedeutung für die jeweilige Apotheke sind, Bedürfnisse haben, welche die Apotheke, wenn schon nicht in den eigenen Offizinräumen, dann aber mit gesondert organisierten Betriebsstätten abdecken kann.

An erster Stelle ist dabei natürlich an Kunden mit spezifischen Indikationen (siehe Dermatologie) zu denken, die einen zusätzlichen Bedarf an Ergänzungsprodukten und Dienstleistungen aufweisen. Darüber hinaus bieten auch spezielle demographische Strukturen des Standortes Anreize zu besonderen kundenspezifischen Betriebsformen, seien es junge Familien, seien es Senioren. Hinzu kommen bestimmte Lebenseinstellungen (siehe Ökologie) oder Lebensweisen (Sportler, Tierhalter etc.). Und wenn die Nachbarschaftsapotheke die Nahversorgung (Convenience) als Profil erfolgreich betreibt, ist es nur konsequent, für diese wohnorientierten Standorte auch Drogeriemärkte und Naturkostläden zu betreiben, sofern das Image der Apotheke dadurch nicht gefährdet wird.

Eine solche Vorgehensweise hat den Vorteil, dass eine wesentliche Voraussetzung der erfolgreichen Diversifikation, nämlich die Nähe zum Kerngeschäft „Apotheke" konsequent ausgenutzt wird. So lassen sich die beiden Ziele Unternehmenswachstum und Kundenbindung verbinden.

Zusammenfassend sollte also eine Reihe von Prüffragen positiv beantwortet werden, um zu einer Auswahl der möglichen Diversifikationsfelder zu gelangen: Für jede Art der bisher bereits realisierten Profilierungen nach Sortiment, Indikation, Kundentyp oder Standort sollten geprüft werden:

1. Ob diese Profilierung auch beim Kunden angekommen ist?

2. Ob diese Schwerpunktbildung auch erfolgreiche betriebswirtschaftliche Ergebnisse erbracht hat?

3. Ob aus dieser Schwerpunktbildung eigenständige Geschäftsfelder entwickelt werden können?

4. Ob die Aktivitäten in diesem neuen Geschäftsfeld mit dem bisherigen Image der Apotheke kompatibel sein wird.

Checkliste 4.2: Prüfkatalog möglicher Diversifikationsfelder[97]

Derzeitige Ausrichtung der Apotheke	Beitrag zur Profilbildung	Beitrag zum Erfolg?	Welche neuen Geschäftsfelder sind aus diesem Bereich möglich?	Mit Image kompatibel?
1 Welche Sortimentsschwerpunkte hat die Apotheke?	☐ ja ☐ nein	☐ ja ☐ nein		☐ ja ☐ nein
2 Welche Indikationsschwerpunkte hat die Apotheke?	☐ ja ☐ nein	☐ ja ☐ nein		☐ ja ☐ nein
3 Welche spezifischen Kundengruppen bedient die Apotheke?	☐ ja ☐ nein	☐ ja ☐ nein		☐ ja ☐ nein
4 Welche besonderen Standortbedingungen liegen vor?	☐ ja ☐ nein	☐ ja ☐ nein		☐ ja ☐ nein

4.3.2   Neue Betriebsformen

Bei der Analyse alternativer Geschäftsfelder zur Diversifikation wurde im Prinzip unterstellt, dass diese Sortimente und/oder Dienstleistungen in Form eines *stationären Fachgeschäftes* angeboten werden. Die Wahl eines solchen Betriebstyps liegt nahe, da dieser am ehesten der Gesamtkonzeption der Apotheke entspricht, sie ist aber nicht zwangsläufig.

---

[97] Auch als Datei D15 auf der beigefügten CD.

Mit der Wahl des konkreten Sortiments- oder Dienstleistungsangebotes steht noch keinesfalls die Entscheidung über die Betriebsform fest, mit der diese Leistungen dem Markt angeboten werden sollen.

Für die Wahl der Betriebsform[98] sind folgende Alternativen denkbar:

1. Bezüglich der *Vertriebswege* kann der stationäre Handel vom Versandhandel, in moderner Form als Internet-Handel, unterschieden werden.

2. Bezüglich der *Profilierungsstrategie* unterscheidet man schließlich discountorientierte und leistungsorientierte Formen.

3. Bezüglich der *Sortimentsbreite* können branchenbezogene Fachsortimente, branchenübergreifende Sortimente mit mehreren verwandten Bedarfsfeldern und schließlich universelle Sortimente nahezu aller Bedarfsfelder unterschieden werden.

Kombiniert man diese Varianten, so entstehen einige grundsätzliche Betriebsformen, die für nahezu alle Branchen gültig sind:

Abb. 4.1: Betriebsformen des Einzelhandels

Vertriebsweg Profilierung		stationär		Versand
		Leistung	Preis	
Sortiment	fachbezogen	Fachhandel	Fachdiscounter	Fach-versand
	übergreifend	Kaufhaus	Fach-markt	Universal-versand
	universell	Waren-haus	SB-Warenhaus	

In dieser Systematik sind im Gesundheits- und Wellness-Markt alle Formen anzutreffen, die auch im „normalen" Handel mit unterschiedlichen Anteilen und unterschiedlichen Entwicklungen auftreten:

---

[98] Auf die theoretischen Unterscheidungen der Begriffe „Betriebsform", „Betriebstyp" oder „Vertriebsform" sei hier nicht eingegangen, alle Begriffe werden hier synonym verwendet. Vgl. dazu aber Barth: Betriebswirtschaftslehre des Handels, S. 44 und 81 ff.

Abb. 4.2: Marktanteile der Betriebsformen im Einzelhandel

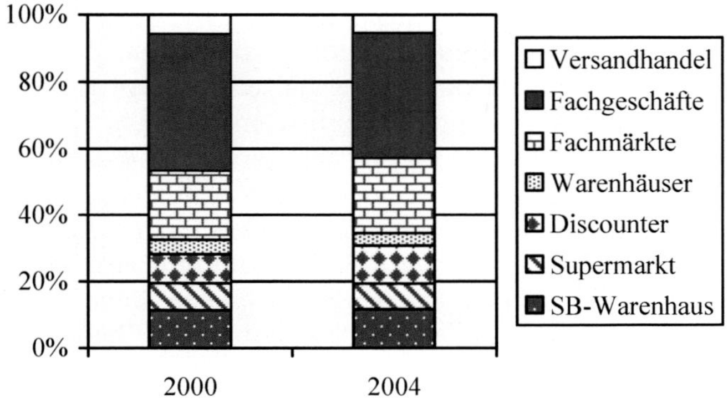

Quelle: EHI Handel aktuell, S. 185

Die Apotheke ist das klassische *Fachgeschäft*. Diese Betriebsform dominiert auch den Vertrieb von Reformwaren und Sanitätssortimenten sowie die Parfümerie- und Kosmetikbranche, unabhängig davon, ob der Betreiber ein Konzern oder ein einzelner Kaufmann ist. Eine Diversifikation innerhalb dieser Formen ist von der Kompetenz- und Image-Kompatibilität her gesehen sicher am verträglichsten. Allerdings zeigen die Trendforscher im Handel auf, dass klassische Fachgeschäfte seit Jahren stagnieren und in der Vergangenheit durch preisaktive Formen attackiert und auch verdrängt wurden.

Diese *Discounter* haben einen erheblichen Marktanteil in vielen Branchen erreicht (z.B. Drogeriemärkte wie Schlecker, Discountparfümerien). Ihr Anteil ist in vier Jahren von knapp 9% auf 11,5% gestiegen. Gott sei Dank scheint aber der Trend der Discounter gestoppt. Für die Apotheke mag die Aussicht attraktiv sein, an diesem Markt teilzunehmen. Aber hier ist tatsächlich die Entfernung zum Kerngeschäft in Kompetenz und Image sehr weit. Im Lebensmittelbereich ist so eine Differenzierung in fast allen Gruppen üblich: Die Rewe-Gruppe betreibt mit Penny, die Tengelmann/Kaisers-Gruppe mit Plus solche Strategien. Zwar gibt es durchaus Vorbilder auch im Fachhandel (z.B. bei Parfümerien, im Schuhhandel), wo mittelständische Unternehmen eine zweite Schiene als Discounter erfolgreich betreiben. Dann aber ist es unbedingt erforderlich, die Abgrenzung im gesamten Marketing-Konzept, vor allem in der Firmenbezeichnung deutlich zu machen.

Eine Mittelstellung zwischen Discount und Fachhandel nehmen *Fachkauf-häuser und Fachmärkte* ein. Beide führen mehrere, verwandte Sortimente. Das Sportkaufhaus vereinigt Sportgeräte, Kleidung, Sportlernahrung mit einem umfassenden Dienstleistungsangebot, von Einführungskursen, ge-führten Wanderungen bis zur Vermittlung von Reisen. Der Fachmarkt setzt dagegen weniger auf diese Dienstleistungen, sondern ist sortiments- und preisbetont. Eine Abgrenzung dieser Fachmärkte zum Kaufhaus ist nicht immer einfach. Im hier interessierenden Bereich ist das Haus der Gesund-heit ebenso möglich wie ein Haus der Schönheit oder ein Haus der Natur. Solche Objekte sind auch heute schon an vielen Standorten zu bewundern. Im Haus der Gesundheit werden Apotheke, Reformhaus, Sanitätshaus, Par-fümerie, eventuell noch ein Drogeriemarkt in einer Immobilie konzentriert, rechtlich natürlich in von der Apotheke getrennten Betriebsstätten. Durch die Breite des Sortimentes gelingen solche Investitionen oft schon an Stand-orten, deren Einzugsgebiet durchaus überschaubar ist, weil sie die geringe Einwohnerzahl über die hohen Ausgaben je Einwohner durch ihr breites Sortiment kompensieren.

Warenhaus und *SB-Warenhaus* bieten ihre freiverkäuflichen Arzneimittel, ihre Parfümerie- oder Reformwaren zum Teil unter eigenen Namen wie „Fabiani" oder als *Shop-in-Shop* an. Inwieweit es den Apotheken möglich ist, solche Shops in Lizenz zu erwerben ist zu überprüfen. Allerdings sind hier einige Probleme zu bedenken: Erstens unterwirft sich der „Untermieter" vollständig dem Konzept des Vermieters in allen Fragen des Marketings. Zweitens ist der Erfolg des Shops unmittelbar mit der Frequenz des Haupt-betreibers verbunden. Und schließlich besteht eine zunehmend größer wer-dende Gefahr, dass der Hauptbetreiber diese Sortimente ohne Rücksicht auf den Mieter in eigener Regie übernimmt, sobald sich der Erfolg herausge-stellt hat. Bäckereien und Metzgereien haben diese Erfahrungen leidvoll machen müssen. Apotheken in solchen Märkten kennen diese Probleme, sind aber zumindest noch vor der Konkurrenz im eigenen Hause geschützt.

Der *Versandhandel* soll nicht weiter besprochen werden: Europäische Arz-neimittelversender, z.B. Doc Morris, betreiben in der Hauptsache einen Fachversand. Der Vertrieb nicht apothekenpflichtiger Arzneien ist bei Otto oder Quelle integriert in den Universalversand.

4.3.3   Corporate Identity und Diversifikation

Bezüglich des Marketings der Filialapotheken[99] wurde bereits zwischen der Kopier-, Modifikations-, Variations- und Solitärstrategie unterschieden. Grundlage dieser Marketing-Strategien war die Unterscheidbarkeit der Konzepte von Haupt- und Filialapotheke.

Für das Marketing im Falle der Diversifikation gelten natürlich die Regeln einer Solitärstrategie: Alle Marketing-Instrumente werden einen hohes Maß an Eigenständigkeit aufweisen. Dennoch gibt es erfolgreiche Beispiele, wo Apotheke und Fachhandel im Sine einer Variationsstrategie gemeinsam am Markt operieren.

Die *Variationsstrategie*[100] bedeutet hier, das Marketing-Konzept der Apotheke unter den geänderten Bedingungen, aber wiedererkennbar auf den neuen Betrieb zu übertragen. Dies gilt in erster Linie für das Corporate Design, also Name, Logo, Farbgebung, aber es kann auch für die übrigen Kommunikationsmittel und -inhalte gelten: Gleichartige Anzeigenoptik, gleicher oder ähnlicher Slogan, gleiche Ausrichtung in den Aussagen. Adler-Apotheke und Adler-Reformhaus sind sofort als Einheit erkennbar.

Ob diese Variationsstrategie im Sinne einer gemeinsamen Marke sinnvoll und möglich ist, hängt von drei Faktoren ab:

Zunächst ist abzuschätzen, inwieweit die Sortimente und Dienstleistungen des neuen Unternehmens mit denen der Apotheke verwandt sind. Verwandt sind die Bereiche insbesondere dann, wenn die Diversifikation, wie im vorigen Abschnitt beschrieben, aus den Schwerpunkten der Apotheke heraus entstanden ist, also das Kosmetikstudio aus dem Dermatologiesortiment, der Zahnpflegeshop aus dem Bereich der Mundhygiene etc. Fremd wären ein Reisebüro, ein Naturkostgeschäft, vielleicht sogar das oben angesprochene Reformhaus. Je näher also die Leistungen der beiden Unternehmen sind, umso eher bietet es sich an, dies auch für den Kunden deutlich zu machen. Je weiter entfernt die Sortimente und Dienstleistungen sind, umso weniger bringt die gemeinsame Marke Transfervorteile in Bekanntheit und Image; dies könnte bei einem hohen Grad an Verschiedenheit sogar zu Unverständnis führen.

---

[99] Vgl. Abschnitt 3.3.1.
[100] Vgl. Abschnitt 3.3.1 und 3.3.2.

Ein weiterer wesentlicher Aspekt ist die Frage, inwieweit beide Betriebe in ihrer Profilierung, in ihrem *Betriebstyp* verwandt sind. Das wird besonders deutlich, wenn die Apotheke durch einen preisaktiven Drogeriemarkt ergänzt wird. Hier ist zwar ein hohes Maß an Sortimentsverwandtschaft im Sinne der Substitution und damit interner Wettbewerb gegeben. Eine gemeinsame Kommunikation unter einer Marke bringt hier jedoch nicht nur wenige Synergien, sie verhindert möglicherweise bei jedem einzelnen Betrieb, dass er seine Zielgruppe in ihren Bedürfnissen erfolgreich anspricht. Die Apotheke verlöre durch den Discounter an Kompetenz, und dem Discounter glaubte man die Preisführerschaft nicht. Hier sind völlig unabhängige Marketing- und Kommunikationskonzepte im Sinne der *Solitärstrategie* zu empfehlen.

Eine Mittelstellung zwischen Solitärstrategie und gemeinsamer Marke für die verschiedenen Betriebe könnte durch eine *Dachmarke* geschaffen werden, indem die eigentlichen Betriebe in ihrer Kommunikation sehr selbstständig sind, sich jedoch als Gemeinschaft unter einem Dach des eingeführten Apothekennamens zu erkennen geben: City-Parfümerie, ein Unternehmen im Verbund der Adler-Apotheke.

Eine solche Dachmarke ist auch eventuell zu wählen, wenn die Vertriebswege sich unterscheiden, wenn bei verwandten Sortimenten also statt des Ladengeschäftes das Versandgeschäft gewählt wird.

In dieser Kombination von Sortiments- und Betriebstypenverwandtschaft ergibt sich das folgende Entscheidungsraster:

Abb. 4.3: Kommunikationskonzepte der Diversifikation

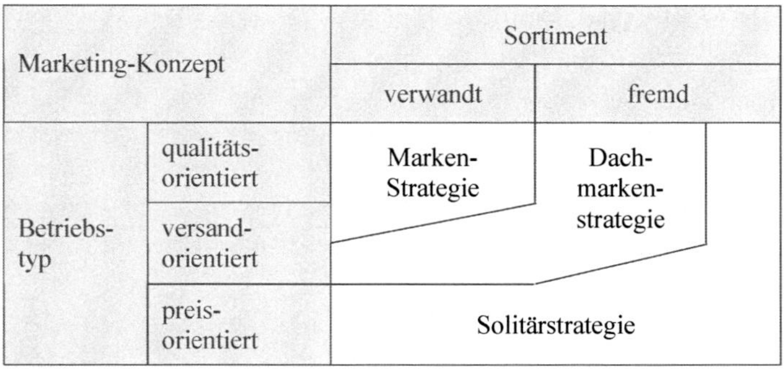

Marketing-Konzept		Sortiment	
		verwandt	fremd
Betriebs-typ	qualitäts-orientiert	Marken-Strategie	Dach-marken-strategie
	versand-orientiert		
	preis-orientiert	Solitärstrategie	

Ob eine Marken-, Dachmarken- oder Solitärstrategie zur Anwendung kommen sollte, hängt natürlich auch von der Standortnähe der verschiedenen Betriebsstätten ab. So ist die Trennung unterschiedlicher Betriebstypen besonders wichtig, wenn die Standorte der Betriebe in unmittelbarer Nähe sind. Mit zunehmender Entfernung nimmt der Übertragungseffekt von Bekanntheit und Image gleicher Marken für unterschiedliche Sortimente und Dienstleistungen ab. Allgemein sind die Wechselwirkungen im positiven wie im negativen Sinne umso geringer, je weiter die Entfernung zwischen den Standorten ist.

4.4   Realisation der Diversifikation

Wie soll das neue Geschäftsfeld strukturiert und in das bestehende Apotheken-Unternehmen eingegliedert werden? Eigentlich sind diese Fragen aus Sicht der Organisation bereits bei der Darstellung der Filialisierung geklärt.

Neu ist dagegen die Frage, wer letztlich Träger des neuen Betriebes sein wird, und daraus abgeleitet, welche Rechtskonstruktion hier zu wählen ist.

Und schließlich handelt diese Schrift von Wachstum. So ist auch die Frage interessant, ob dieses neue Konzept mit nur einer Betriebsstätte oder eben als Filialgruppe betrieben werden soll.

4.4.1   Organisation und Controlling diversifizierter Unternehmen

Die Grundzüge der Filialorganisation können übernommen werden.[101] Wenn schon bei der Gründung oder Übernahme von Filialapotheken für eine sehr eigenständige Aufgabendelegation geworben wurde, um die Eigeninitiative zu fördern und den Erfolg des Betriebes messen zu können, gilt dies natürlich erst recht für Betriebe mit ganz unterschiedlichen Sortimenten, Dienstleistungen und Konzepten.

Je weiter diese Konzepte von einander abweichen, je weiter der Standort voneinander entfernt ist und je mehr Betriebsstätten realisiert oder geplant werden, umso dringlicher ist die eigenständige Organisation mit allen Facetten. Das zu empfehlende Organisationsmodell heißt hier also eindeutig „Spartenorganisation". Das bedeutet:

Dezentrale Aufgabenverteilung. Das heißt, dass alle wesentlichen Einkaufs- und Verkaufsentscheidungen im jeweiligen Betrieb verantwortlich wahrgenommen werden. Die Sorge um Verzicht auf Synergievorteile ist unberechtigt, je verschiedener Sortiment, Kundenkreis und Standort sind. Allein Aufgaben, die vom Betriebstyp unabhängig anfallen, können gemeinsam erledigt werden, sofern diese nicht ohnehin auf Dienstleistungsbetriebe ausgegliedert sind. Typischerweise sind dies in erster Linie Verwaltungsaufgaben (Buchhaltung, Lohnabrechnung), welche durch einen der Betriebe für

---

[101] Vgl. Abschnitt 3.4.1.

die anderen wahrgenommen werden. In Betrieben mit verwandten Sortimenten können zu diesen Zentralaufgaben möglicherweise auch Einkaufsaufgaben hinzutreten, die dann der jeweils spezialisierte Betrieb mit den intensivsten Lieferantenbeziehungen und Markterfahrungen für den anderen übernimmt. Sofern das Aufgabenvolumen dies als sinnvoll erscheinen lässt, sind natürlich auch Konstruktionen denkbar, in denen eigens dafür gegründete Gesellschaften solche Verwaltungsaufgaben für alle Betriebe ausführen. Jedoch ist zu bedenken, dass dadurch die Prozesse nicht gerade einfacher werden.

Eigenständige Leitung bedeutet konkret, dass die Geschäftsführung im operativen Geschäft selbstständig tätig und damit auch für das Geschäftsergebnis verantwortlich ist. Entsprechend müssen auch die rechtliche Stellung des Geschäftsführers nach außen und die vertragliche Reglung nach innen beschaffen sein. Nach außen bedeutet dies je nach Rechtsform Geschäftsführung oder Prokura, nach innen eine deutlich am Ergebnis zu messende Vergütung.

Und weil rechtliche Schranken nicht entgegenstehen, können auch Überlegungen zur Anwendung kommen, die leitenden Mitarbeiter an diesen Unternehmen zu beteiligen, je nachdem, welche Möglichkeiten die jeweilige Rechtsform bietet.

Auch hier gilt in ausgeprägtem Maße ein *ergebnisorientiertes Controlling-Konzept*. Die Apotheker sind gut beraten, wenn sie ihre Kontrollfunktion tatsächlich aus der Sicht des Kapitalgebers ausführen. Gemeint ist nicht die Sicht eines Shareholders, der sein Kapital dort einsetzt, wo die größeren Rentabilitäten erwartet werden. Dazu sind das erforderliche Kapital in diesen Unternehmen zu festgelegt und die Ziele eher auf Sicherung der Wirtschaftlichkeit als auf maximale Kapitalrenditen gerichtet. Aus der vorgestellten Balanced Scorecard ist daher in erster Linie die Ergebniskarte interessant, die für die verschiedenen Unternehmen wesentliche Kennzahlen gegenüberstellt. Die Steigerung der Kundenzufriedenheit, die Senkung des Krankenstandes, die Verbesserung der Umschlagsgeschwindigkeit sind Ziele der Leitung der jeweiligen Betriebe.

4.4.2   Träger des neuen Betriebes

Für die neuen Betriebe in anderen Geschäftsfeldern gelten weder das Mehr-
noch das Fremdbesitzverbot. Das schafft erheblich freiere Gestaltungsspiel-
räume in den rechtlichen Strukturen, insbesondere hinsichtlich der Rechtsform und der Gesellschafterstruktur sowie der Kooperation mit anderen Unternehmen.

Rechtsformen

Die für Apotheken vorgeschriebenen Rechtsformen mit ausschließlich voll
haftenden Eigentümern (Eingetragener Kaufmann, Offene Handelsgesell-
schaft, Gesellschaft des Bürgerlichen Rechtes) sind natürlich auch hier anwendbar. Sie zeichnen sich durch sehr einfache Gründungsformalitäten und
günstige Gründungskosten aus. Allerdings ist zu bedenken, dass in solchen
Einzelfirmen oder *Personengesellschaften* der voll haftende Unternehmer
die Gesellschaft gleichzeitig auch immer in der Außenwirkung vertritt.

Demgegenüber haben *Kapitalgesellschaften*, vor allem die GmbH, aber
auch die kleine Aktiengesellschaft den Vorteil der begrenzten Haftung mit
dem Kapitaleinsatz, der allerdings eine Mindesthöhe von 25.000 € bei der
GmbH und 50.000 € bei der Aktiengesellschaft betragen muss. Einen Aus-
weg bietet seit kurzer Zeit die Wahl einer europäischen Rechtsform, z.B. der
Limited (offiziell: private company limited by shares), deren Stammkapital
lediglich 1 £ bzw. 1,40 € betragen muss. Die Beteiligung der Geschäftsführer durch die Einbehaltung ihrer Gewinnanteile ist in diesen Rechtsformen
natürlich wesentlich einfacher als bei Personengesellschaften.

Einen Kompromiss stellen Mischformen dar: So kann die Beteiligung der
jeweiligen Geschäftsführer oder Filialleiter bei der Kommanditgesellschaft
durch Kommanditanteile erfolgen, die nicht zwangsläufig auch ein Stimm-
recht bei den Unternehmensentscheidungen nach sich ziehen. Gleiches gilt
für die Kommanditgesellschaft auf Aktien (KG a.A.).

Kooperationsmöglichkeiten

Liegen bei der Gestaltung der Rechtskonstruktion die Dinge völlig anders
als bei Apotheken-Filialisierung, ist die zweite Frage hier ebenso von Be-

deutung wie dort: Gibt es Möglichkeiten, das neue Geschäftsmodell in Zusammenarbeit mit Dritten erfolgreich zu realisieren?

Es kann nicht Aufgabe sein, hier alle Varianten möglicher Zusammenarbeit zu erläutern.[102] Seit einigen Jahren sind Apotheken-Kooperationen Gegenstand der Diskussion. Nach anfänglicher Skepsis aus Sorge vor Kettenbildung hat sich eine allgemeine Akzeptanz auch im Apothekenbereich ergeben. Sowohl auf horizontaler Ebene der Apotheken untereinander, (z.B. Parmapharm), wie auch vertikal in enger Anlehnung an einen Großhandelspartner (z.B. Vivesco, Linda, EMG) oder in Form von Spezialkooperationen mit unterschiedlichen Schwerpunkten (z.B. Torre) haben sich Gruppen relativ erfolgreich etabliert.

Diese Entwicklung ist in anderen Branchen wesentlich intensiver fortgeschritten.[103] Die Bedeutung der Neuform e.G. bei den Reformhäusern und der „Beauty Alliance" bei den Parfümerien wurde bei der Branchenanalyse schon hervorgehoben. Aber auch in anderen Branchen, z.B. in der Optik und im Sanitätsbedarf sind solche Kooperationen von Bedeutung.

Die Unterstützung durch solche Kooperationen bedeutet für das einzelne Unternehmen aber in der Regel Einschränkungen der eigenen Entscheidungsfreiheit. Das Geschäftskonzept des neu zu gründenden Betriebes muss sich den Anforderungen der Gruppe anpassen. Dies wird dann problematisch, wenn das Marketing-Konzept des neuen Betriebes die Kernelemente der Apotheke beinhalten soll (Marken- oder Dachmarken-Konzept).

Eine Zusammenarbeit mit diesen Gruppen empfiehlt sich insbesondere dann, wenn die Diversifikation den Einstieg in eine völlig neue Branche darstellt, da die Kooperationspartner:

- langjährige Branchenerfahrung besitzen,
- in der Regel erprobte Marketing-Konzepte oder sogar Geschäftstypen zur Verfügung stellen können,
- einen guten Beratungsservice bieten und
- die Beschaffung bei branchenspezifischen Lieferanten erleichtern.

---

[102] Strobel: Kooperationen.
[103] Informationen über Kooperationen in den verschiedenen Branchen hat der Zentralverband der gewerblichen Verbundgruppen. Internetadresse im Anhang E.

Franchise

Die Unterstützung ist besonders intensiv, wenn die Diversifikation in neuartige Geschäftsfelder durch die Übernahme eines bestehenden Franchise-Konzeptes betrieben wird. Hier erwirbt der Apotheker als Franchisenehmer das Recht, das Geschäftskonzept eines Franchisegebers zu nutzen. Für diese Nutzung verpflichtet sich der Franchise-Nehmer zur Zahlung einer Gebühr. Diese ist nach Art der Verträge und nach Akzeptanz des Systems sehr unterschiedlich. Üblich sind einmalige Eintrittsgelder, regelmäßige feste Gebühren und umsatzabhängige Zahlungen. Darüber hinaus verpflichtet sich der Betrieb, die Marketing-Aktionen zu übernehmen und bestimmte Standards zu befolgen.

Viele Kooperationen bieten in ihrem Segment solche Franchise-Modelle an. Gerade im Bereich Gesundheit, Wellness und Schönheit tummeln sich auch Systeme, die nicht Kooperationen angehören. Bekannt sind sicher die Gruppen Body Shop mit ökologischen Kosmetikartikeln, Yves Rocher, Apollo Optik.[104] Insgesamt sind zurzeit Systeme von mehr als 800 Franchisegebern mit ca. 45.000 Franchise-Nehmern auf dem Markt.[105]

4.4.3   Multiplikation des neuen Betriebstyps

Die Überlegungen zu Rechtsform, Beteilungen und Kooperationen sind sicher vor allem dann wichtig, wenn nicht nur eine zusätzliche Betriebsstätte errichtet werden soll, sondern dies den Einstieg in ein weiteres Wachstum darstellt.

Die Filialisierung der neuen Betriebe unterliegt natürlich nicht den quantitativen und lokalen Begrenzungen des Mehrbesitzverbotes. Die Erfahrungen mittelständischer Unternehmen in anderen Branchen haben aber gezeigt, dass auch hier ein vorsichtiges Vorgehen dringend angeraten ist. Die Nähe der Filialstandorte spielt auch hier eine erhebliche Rolle, um ein effizientes Filialmanagement zu betreiben. Und auch hier ist die Gleichartigkeit der Standorte eine wichtige Voraussetzung für die erfolgreiche Multiplikation der Konzepte.

---

[104] Überblick und Auskunft gibt der Deutsche Franchise Verband.
[105] Vgl. EHI: Handel aktuell, S. 256 f.

Noch einmal soll die Parfümerie-Branche als Beispiel dienen: Viele mittelständische Unternehmen haben – ausgehend von einem Stammgeschäft - ihre neuen Standorte in unmittelbarer Nähe gesucht, entweder in derselben Großstadt oder aber in benachbarten Mittelstädten. Nur vereinzelt wagen sich mittelständische Unternehmen in Filialzahlen über zehn vor. Die Problematik ist offensichtlich: Können regional benachbarte Geschäfte in begrenzter Anzahl im Wesentlichen vom Stammgeschäft geführt werden, so erfordert eine größere Anzahl ein eigenes Zentralmanagement. Das aber bedeutet getrennte Verwaltungsräume mit zusätzlichen Mitarbeitern, in manchen Branchen ein zentrales Lager, vor allem aber ein sehr detailliertes Konzept zur Suche nach den erforderlichen Standorten und ein aussagefähiges Controlling. In aller Regel sind diese Expansionen auch nicht mehr über die bewährten Finanzquellen zu realisieren.

Aus diesen Gründen sind solche Expansionen erst dann zu planen, wenn sich das Geschäftsmodell in einigen Betriebsstätten bewährt hat. Auch hier gilt, ebenso wie bei der Apotheken-Filialisierung, dass nur erfolgreiche Konzepte multiplizierbar sind. Schlechte Betriebe dadurch zu verbessern, dass man sie vervielfältigt, ist noch nie gelungen.

Fazit: Schuster bleib bei Deinen Leisten

1. Kompetenznähe ist ein entscheidender Erfolgsfaktor für das Wagnis, in fremden Märkten das Wachstum zu suchen, das im Apothekenmarkt vielleicht nicht mehr zu erzielen ist.

2. Sortimentsnähe bedeutet, dass eine Diversifizierung umso leichter gelingt, wenn bestehende Sortimente und Dienstleistungen so intensiviert werden, dass selbstständige Betriebsstätten sinnvoll sind. Hier kann die Kompetenz der Apotheke als Image-Vorteil dienen, der durch den deutlich gemeinsamen Marktauftritt den neuen Eintritt in den Markt fördert.

3. Betriebstypen-Nähe bedeutet, dass die Akzeptanz beim Kunden insbesondere dann störungsfrei gegeben ist, wenn Apotheke und Fachgeschäft nach den gleichen Grundsätzen im Markt handeln. Aggressive Betriebsformen im neuen Marktfeld mögen zwar in Trend liegen, beschädigen aber möglicherweise das Stammgeschäft „Apotheke" und werden durch dieses Stammgeschäft ihrerseits wenig glaubwürdig.

4. Diversifikation in völlig neue Geschäftsfelder bedeutet unbedingte Selbstständigkeit der Betriebe von der Apotheke in den wesentlichen Kompetenzen. Daraus folgt eine relativ selbstständige Spartenorganisation, welche den Apothekeninhaber auf die Rolle des Kapitaleigners reduziert, der die neue Sparte allein durch ihre Ergebnisse steuert. Befugnisse nach außen und Vergütung des Filialleiters oder Geschäftsführers sind entsprechend zu gestalten.

5. Die rechtliche Gestaltung sollte dieser Selbstständigkeit Rechnung tragen. Eine Beteiligung der Geschäftsleitung dieses neuen Zweiges sollte nicht nur erfolgsbezogen sein. Sie sollte auch die Identifizierung mit den langfristigen Geschicken dieses neuen Gebildes fördern. Betroffene zu Beteiligten zu machen ist ein altes Erfolgsrezept. Die rechtlichen Möglichkeiten sind abseits des Apothekenrechtes vielfältig.

5. Chancen und Risken des Wachstums

Der Gesundheitsmarkt ist also ein Wachstumsmarkt. Sowohl die Apotheken selbst wie auch andere Handelsformen profitieren erfreulicherweise, fast zwangsweise.

Die Teilnahme am allgemeinen Wachstum aber ist keine Strategie. Wachstum durch Änderungen der Preisspannenverordnung, des Verschreibungs- und Medikationsverhaltens ist kein strategisches Wachstum.

Strategisches Wachstum bedeutet, das eigene Unternehmen durch planvolles Handeln zu mehr Umsatz, Ertrag, Gewinn zu führen. Planvoll bedeutet aber auch, dass dieses Wachstum kontinuierlich, Schritt für Schritt umgesetzt werden muss. Solche Schritte sind aufgezeigt:

Wachstumsoptionen

Wachstum durch intensive Abschöpfung der am Standort verfügbaren Potenziale durch die Apotheke muss immer der erste Schritt sein. Bei gleichen Fixkosten führen höhere Umsätze zu besserer Verteilung der Kostenlast und vielleicht zu besseren Erträgen: Ein harmonisches Wachstum, das auf den Erfolgen der Vergangenheit aufbaut. Solange der Marktanteil noch unterdurchschnittlich, die Leistungen der Mitarbeiter noch steigerungsfähig sind, sollte noch nicht an andere Optionen gedacht werden. Erst wenn am eigenen Standort kein Wachstum zu erwarten ist, wenn die eigene Apotheke Überdurchschnittliches leistet ist Zeit für Schritt 2.

Wachstum durch Filialisierung erweitert den Radius für das eigene Unternehmen und schafft so neue Potenziale für das angestammte Geschäftsmodell „Apotheke". Gleichgültig, ob als Übernahme oder Neugründung: Harmonisch ist dieses Wachstum nicht. Die erste Filialapotheke ist eine große Herausforderung.

Wachstum durch Diversifikation erweitert die Bedarfsfelder über das Apothekensortiment hinaus und schafft neue Potenziale am gleichen Standort oder an neuen Standorten. Harmonisch ist dieses Wachstum erst recht nicht. Der neue Betrieb unterliegt neuen Gesetzmäßigkeiten von Markt und Betrieb.

Wachstumsrisiko Markt

Die drei Schritte des Wachstums bedeuten auch drei Risiko-Stufen im Markt.

Das Wettbewerbsrisiko

Die Ausschöpfung des alten Standortes durch intensivere Marktbearbeitung geht nicht ohne Konflikte. Das Ziel, neue Umsatzanteile am Standort auf sich zu vereinen, muss immer auch die Frage nach der Quelle dieses Umsatzes aufwerfen. Wenn der Markt um 5% wächst und die eigene Apotheke einen Zusatzumsatz von 10% plant, so werden andere Kollegen keine 5% Zuwachs erreichen können. Und wenn kein Wachstum des Marktes zu erwarten ist, bedeutet der Mehrumsatz der einen Apotheke Umsatzeinbußen mindestens eines Kollegen. Welche Kollegen werden das sein? Wem konkret will man diese Umsätze streitig machen? Wie werden diese Kollegen reagieren? Wird die Strategie letztlich nur den Kinoeffekt bewirken?

Die Risikostrategie lautet: Profilierung am Standort optimieren. Es gilt die Alleinstellung zu erreichen, einen Wettbewerbsvorteil in Leistung, Service, Kommunikation zu sichern oder zu schaffen.

Auch hier gilt eine Reihenfolge: Kundenbindung ist leichter als Kundengewinnung. Stammkunden sind noch exklusiver an die Apotheke zu binden, Laufkunden sollen zu Stammkunden gemacht und neue Kunden in die Apotheke geleitet werden. Je schärfer das Profil, je attraktiver die Alleinstellung, umso geringer das Risiko, den intensiveren Wettbewerb nicht zu gewinnen.

Das Standortrisiko

Ob der Standort von seiner Ausrichtung her geeignet ist, lässt sich leicht analysieren. Ob die Potenziale aber tatsächlich vorhanden sind, auf welche Anbieter sie jetzt entfallen, wie die neu hinzukommende Apotheke vom Kunden angenommen wird, wie ein Besitzwechsel akzeptiert wird? Gelingt es tatsächlich, den am neuen Standort angestrebten Anteil am Umsatz zu erreichen? Erfahrungen, die aus der Vergangenheit in die Zukunft hochgerechnet werden können, gibt es nicht, Zahlen der übernommenen Apotheke haben oft nur einen geringen Zukunftswert.

Das Risiko ist umso geringer, je genauer das Apothekenkonzept auf den Standort zugeschnitten ist. Und es ist umso höher, je weiter sich das Marketingkonzept der Filialapotheke vom Konzept der Hauptapotheke entfernt. Ähnlichkeit der Standorte und konsequenterweise Ähnlichkeit der Profile sind Risikominimierung.

Das Branchenrisiko

Bei Eintritt in neue Geschäftsfelder sind Erfahrungen aus der Apothekenführung nichts mehr wert. Neue Sortimente verlangen neue Bezugswege, neue Kunden bedeuten neue Marketing-Konzepte, neue Wettbewerber zwingen zu neuen Verhaltensweisen und neue Rahmenbedingungen erfordern neue Organisationsstrukturen.

Auch hier mindert die Kompetenzverwandtschaft das Risiko. Neue Bedarfsfelder aus dem Ergänzungssortiment zu entwickeln, neue Betriebsformen mit verwandten Fachhandels-Profilen zu etablieren erhöht die Glaubwürdigkeit von Apotheke und neuem Unternehmen, insbesondere wenn beide Geschäfte sich den gleichen Standort teilen.

Wachstumsrisiko Betrieb

Wachstum wird angestrebt, um die Wirtschaftlichkeit und die Rentabilität zu steigern. Mehr Umsatz ist kein Selbstzweck. Mehrumsatz soll die Erträge durch bessere Konditionen steigern und die Kostenbelastung durch bessere Auslastung der Fixkosten senken.

Drei Risiken können diese Wachstumsziele, insbesondere die Kostenziele gefährden. Alle drei Risiken steigen mit den bekannten Wachstumsstrategien. Bei der Intensivierung sind sie noch gut überschaubar, bei der Diversifikation kommen sie in die Nähe der Neugründungen:

Das Auslastungsrisiko

Die Intensivierung lastet verfügbare Kapazitäten aus. Vielleicht sind neue Mitarbeiter einzustellen, vielleicht eine Umbaumaßnahme durchzuführen, ein Kommissionierautomat zu investieren. Wenn aber eine neue Filiale eröffnet, ein neues Geschäft mit andersartigen Sortimenten und Dienstleistungen gegründet wird, sind erhebliche Investitionen zu tätigen, die in der künftigen Erfolgsrechnung in Form von Abschreibungen, Mieten, Zinsen als Fixkosten zu Buche schlagen. Und Fixkosten belasten das Ergebnis umso stärker, je geringer die damit erzielten zusätzlichen Umsätze ausfallen.

Wenn also ein Kosmetik-Studio mit voller Ausstattung 25.000 € kostet, sind fünf Jahre lang jährlich 5.000 € Abschreibungen zu finanzieren. Bei geplanten 2.500 Kunden mit Behandlungshonoraren von 30 € (also 75.000 € Umsatz) belastet die Abschreibung den Umsatz mit 6,7%. Kommen nur 2.000 Kunden, steigt die Belastung sofort auf 8,3% (5.000 € bei 60.000 € Umsatz). Eigentlich müssten jetzt die Preise der Behandlung angehoben werden, um die zusätzliche Belastung zu tragen. Bei erhöhten Preisen bleiben weitere Kunden fort. Ein Teufelskreis.

Um dem zu entgehen, sind die Planungen durch intensive Markt- und Standortanalysen auf sichere Fundamente zu stellen. Und mögliche Risiken müssen mit eingeplant werden: „Hoffen wir das Beste, aber machen wir uns auf das Schlimmste gefasst" ist die bekannte Umschreibung für das Gebot, in Szenarien zu planen. Ab welcher Auslastung rechnet sich die Investition gerade noch? Ist dieser „Break-Even-Point" realistisch? Kann die Investition wieder rückgängig gemacht werden?

Das Nachhaltigkeitsrisiko

Selbst wenn zu Beginn alles nach Plan läuft, muss dies nicht dauerhaft so sein. Was ist, wenn nach einigen Jahren der Bedarf drastisch zurückgeht? Fixkosten sind nicht nur unabhängig vom Umsatz, sie haben noch eine unschöne Eigenschaft, sie sind treu! Auch wenn der Umsatz rückläufig ist, sie bleiben auf gleicher absoluter Höhe.

Diese sogenannte Remanenz zwingt dazu, das Wachstumsziel immer vor Augen zu haben und schlechte Tendenzen sofort zu erkennen. Frühwarnsignale sind daher lebenswichtig. Änderungen im Verschreibungsverhalten der Ärzte, die Ankündigung neuer Wettbewerber, rückläufige Kundenfrequenz sind Signale, die ständig beobachtet werden müssen. Die Finanzbuchhaltung reicht dazu nicht aus. Das Controlling muss differenzierter und kurzfristiger erfolgen.

Wachstumsrisiko Führungskompetenz

Ein Unternehmen mit einer Hauptapotheke und drei Apothekenfilialen an insgesamt vier Standorten ist nicht einfach eine etwas größere Apotheke. Und wenn noch ein Reformhaus, eine Parfümerie und ein Sanitätsfachgeschäft die Hauptapotheke zu einem Haus der Gesundheit ergänzen, so ist hier ein Unternehmen mit 6 Geschäftsführern oder Filialleitern, vielleicht vierzig bis fünfzig Mitarbeitern, mit einer Offizin- bzw. Verkaufsfläche von über 1.200 qm und einem Umsatz von 10 Mio. € zu führen. Das verlangt vom Apothekeninhaber, den Führungskräften und den Mitarbeitern völlig andere Kompetenzen und Instrumente:

Die Apothekenleiterinnen und -leiter sind in erster Linie Pharmazeuten. Das ist im Gesetz vorgeschrieben und kann in einer Einzelapotheke überschaubarer Größe auch problemlos realisiert werden. Sie bleiben auch Pharmazeuten, wenn drei weitere Filialen hinzu wachsen.

Apothekerinnen und Apotheker sind in zweiter Linie Berater. Alle Kundenstudien belegen, dass die Persönlichkeit der Apothekenleitung ein wesentlicher Erfolgsfaktor ist. Und viele Apothekerinnen und Apotheker übernehmen die Arbeit hinter dem HV-Tisch mit großem Engagement, fachlichem Wissen und oft auch einfühlsamem Kundenverständnis. Diese Kompetenz kann daher nur noch in einer Apotheke zum Einsatz kommen, und viel Zeit bleibt dafür nicht mehr.

Denn auch bei kleineren Apotheken sind die Inhaber zugleich Kaufleute. Sie besitzen ein Unternehmen, sind in vollem Umfang haftbar, eben nicht nur für die ordnungsgemäße Versorgung der Bevölkerung mit Arzneimitteln, sondern auch für die wirtschaftliche Existenz des Betriebes „Apotheke". Die Führungsaufgaben lesen sich wie ein Handbuch der Betriebswirtschaft: Mitarbeiterführung, Marketing, Finanzierung, Controlling, Einkauf. Alles sind Aufgaben, die weder in der pharmazeutischen Ausbildung vermittelt noch vor der Erteilung der Betriebsgenehmigung abgeprüft werden. Mit Hilfe der Steuerberater, Buchstellen, Banken und Berater gelingt diese Führung in aller Regel.

In dem oben beschriebenen Gesundheitsunternehmen wird diese Führungskompetenz in erheblichem Maße eingefordert und kann nicht ausgelagert werden. Das Defizit an diesen Kenntnissen und Fähigkeiten aber gefährdet den Erfolg der Wachstumsstrategie entscheidend. Bei der Befragung von Apotheken nach ihren Problemen im Zuge der Filialisierung waren denn auch 58% Meldungen aus dem Bereich Führung (mit Personal, mit der Filialleitung, mit der Organisation). Zum Vergleich: Nur 8% nannten Marktprobleme, aber 34% Probleme mit der Kommunal- und Standesverwaltung.

Für diese Risiken gibt es nur zwei Strategien:
Zum einen muss vor dem Start in diese Phase des Mehrbesitzes sorgfältig die eigene Motivation und Kompetenz analysiert werden. Dazu gehört auch die Bereitschaft, sich verstärkt mit betriebswirtschaftlichen Problemen zu beschäftigen und die pharmazeutische Arbeit mit dem Kunden in der Offizin zu reduzieren. Führungsaufgaben sind nur schwer zusätzlich am Feierabend zu bewältigen. Nicht alle Apothekerinnen und Apotheker sind dazu bereit.

Zum zweiten gilt es, systematisch die Defizite in Betriebswirtschaft, Mitarbeiterführung und Warenwirtschaft durch Weiterbildung auszugleichen. Auch dazu muss ein angemessener Teil der Arbeitszeit reserviert werden.

Die harmonische Intensivierung durch bessere Ausschöpfung des Potenzials am konkreten Standort verlangt Apothekenleiterinnen und Apothekenleiter, die über ihre pharmazeutische Kompetenz hinaus ihren Standort gut kennen und mit kreativen Ideen und qualifizierter Führung ihres Teams das Profil der Apotheke erfolgreich schärfen.

Größere Wachstumsanstrengungen durch Filialisierung und Diversifizierung verlangen aber Unternehmerpersönlichkeiten, die zugleich exzellente Pharmazeuten sind.

Anhänge

A 1: Marktvolumen der Apotheken

Produkt	Marktvolumen		Verkaufte Arzneimittel-Packungen		Arzneimittelumsatz pro Packung		Umsatz pro Apotheke		Ausgaben pro Kopf	
	in Mio. € o. MwSt.	in %	in Mio. Stück	in %	in € o. MwSt.	m. MwSt.	in 1.000 € o. MwSt.	m. MwSt.	in € o. MwSt.	m. MwSt.
Verschreibungspflichtige Arzneimittel	25.500	72,9	711	45,7	35,86	41,60	1.187	1.377	309,09	358,55
Apothekenpflichtige, nicht verschr.pfl. Arzn.	5.900	16,9	772	49,7	7,64	8,87	275	319	71,52	82,96
Freiverkäufliche Arzneimittel	1.000	2,9	71	4,6	14,08	16,34	47	54	12,12	14,06
Arzneimittel gesamt	32.400	92,6	1.554	100,0	20,85	24,19	1.509	1.750	392,73	455,56
davon Rezeptumsatz	27.000	77,1	862	55,5	31,32	36,33	1.257	1.458	327,27	379,64
davon OTC-Umsatz	5.400	15,4	692	44,5	7,80	9,05	251	292	65,45	75,93
Krankenpflegeartikel	1.400	4,0					65	76	16,97	19,68
Ergänzungssortiment	1.200	3,4					56	65	14,55	16,87
Apothekenumsatz	35.000	100,0					1.630	1.890	424,24	492,12

Quelle: ABDA: Zahlen, Daten, Fakten 2005

A 2: Verschreibungsvolumen der Ärzte

Ärzte	Einwohner pro Arzt	GKV-Umsatz je Arzt in €	Verord-nungen je Arzt Anzahl	Ärzte Anzahl	Verordnungen in Mio.	in %	Verord. je Arzt Anzahl	GKV-Ums. je Arzt in €	GKV-Umsatz gesamt in Mio. €	Umsatz je Verord-nung in €
Allgemeinärzte, Prakt. Ärzte	2.000	265.000	10.000	41.132	410	54,7	9.974	265.506	10.921	26,62
Internisten	4.000	285.000	6.500	20.883	139	18,5	6.644	285.708	5.966	43,00
Kinderärzte	12.000	81.000	7.000	6.849	49	6,5	7.118	80.806	553	11,35
Frauenärzte	7.500	75.000	2.600	10.922	29	3,8	2.609	75.034	820	28,76
Hautärzte	23.000	107.000	5.000	3.546	18	2,4	5.076	106.780	379	21,04
alle übrigen Ärzte	1.700	115.000	2.200	47.787	106	14,1	2.213	116.744	5.579	52,75
Facharzte gesamt	1.200			69.104						
Gesamt	630	185.000	5.700	131.119	750	100,0	5.720	184.700	24.218	32,29

Quelle: ABDA: Zahlen, Daten, Fakten 2005, KBV: Grunddaten

A 3:   Apothekenbesatz in den Bundesländern 2005

Bundesland	Öffentliche Apotheken [1]	Einwohner [2]	Einwohner pro Apotheke
Baden-Württemb.	2.777	10.717	3.859
Bayern	3.416	12.444	3.643
Berlin	872	3.388	3.885
Brandenburg	545	2.568	4.712
Bremen	176	663	3.767
Hamburg	459	1.735	3.780
Hessen	1.631	6.098	3.739
Meckl.-Vorp.	396	1.720	4.343
Niedersachsen	2.113	8.001	3.787
NRW	4.758	18.075	3.799
Rhld.-Pfalz	1.138	4.061	3.569
Saarland	352	1.056	3.000
Sachsen	958	4.296	4.484
S.-Anhalt	604	2.494	4.129
Schl.-Holstein	721	2.829	3.924
Thüringen	560	2.355	4.205
Deutschland	21.476	82.500	3.841

Quellen: [1]ABDA: Zahlen, Daten, Fakten und [2]Statistisches Bundesamt

B: Verzeichnis der Abkürzungen

ABDA	Bundesvereinigung Deutscher Apothekenverbände
AfA	Abschreibung für Abnutzung
ApoBetrO	Apothekenbetriebsordnung
ApoG	Apothekengesetz
BBE	Betriebswirtschaftliche Beratungsstelle
BNZ	Brutto-Nutzen-Ziffer
BSC	Balanced Scorecard
BWA	Betriebswirtschaftliche Analyse
CD	Corporate Design
CI	Corporate Identity
CRM	Customer Relationship Management
DAV	Deutscher Apothekerverlag
DAZ	Deutsche Apotheker-Zeitung
EBITA	Earnings before Interest, Tax and Amortization
EHI	Europäisches Handelsinstitut
GbR	Gesellschaft bürgerlichen Rechts
GfK	Gesellschaft für Konsumforschung
GKV	Gesetzliche Krankenversicherung
GMG	GKV-Modernisierungsgesetz
GR	Geschäftsraum
GuV	Gewinn- und Verlustrechnung
IfH	Institut für Handelsforschung
KBV	Kassenärztliche Bundesvereinigung
KG a.A.	Kommanditgesellschaft auf Aktien
MA	Mitarbeiter
MbO	Management by Objectives
MGDA	Marketinggesellschaft Deutscher Apotheker
MwSt.	Mehrwertsteuer
ÖPNV	Öffentlicher Personen-Nahverkehr
oHG	Offene Handelsgesellschaft
OTC	Over the Counter (Freiverkäufliche Arzneimittel)
PKA	Pharmazeutisch-kaufmännische(r) Assistent(in)
PKV	Private Krankenversicherung
PTA	Pharmazeutisch-technische(r) Assistent(in)
PZ	Pharmazeutische Zeitung
qm	Quadratmeter
Rx-Artikel	Rezeptpflichtige Artikel
StO	Standort
UL	Umlage
ZGV	Zentralverband der gewerblichen Verbundgruppen

C: Verzeichnis der Abbildungen, Checklisten u. Tabellen

Checklisten

Tabellen

D: Verzeichnis der Dateien auf der beigefügten CD

D1.   Checkliste (1.1) Ermittlung des Standortpotenzials I (Einwohner)

D2.   Checkliste (1.2) Ermittlung des Standortpotenzials II (Ärzte)

D3.   Checkliste (1.3) Bewertung des Standortpotenzials

D4.   Checkliste (1.4) Bewertung der Kapazitätsauslastung

D5.   Fragebogen Passantenbefragung

D6.   Fragebogen Kundenbefragung

D7.   Checkliste (2.1) Prüfliste zur Positionierung der Apotheke

D8.   Gebietsevaluation

D9.   Checkliste (3.1) Bewertung von Filialstandorten

D10.   Checkliste (3.2) Bewertung von Apotheken

D11.   Planungsrechnung Filialen mit Fixkostenplanung, Deckungsbeitragsplanung und Plan-GuV-Rechnung einer Filiale

D12.   Checkliste (3.3) Anpassung der Marketing-Instrumente

D13.   Das Apotheken-Filial-Cockpit

D14.   Checkliste (4.1) Prüfung von Geschäftsfeldern

D15.   Checkliste (4.2) Prüfkatalog möglicher Diversifikationsfelder

D16.   Filialstudie FH Worms 2006

E: Verzeichnis der genutzten Quellen

Anmerkung: Im Text wird die Kurzzitiertechnik verwendet. Die im Text verwendete Kurzangabe ist hier kursiv angemerkt.

Bücher

Barth, Klaus u.a.: *Betriebswirtschaftslehre des Handels*, 5. Aufl., Wiesbaden (Gabler-Verlag) 2002.

Bea, F.X.; Göbel, E.: *Organisation*, 2. Aufl., Stuttgart (Lucius & Lucius Verlag) 2002.

Becker, Jochen: *Marketing-Konzeption*, 8. Aufl., München (Vahlen-Verlag) 2006.

Berens, W.; u.a. (Hrsg.): *Due Diligence* bei Unternehmensakquisitionen, 4. Aufl., Stuttgart (Schäffer-Poeschel-Verlag) 2005.

Dressler, Matthias: Erfolgreiche *Vergütungssysteme* im Deutschen Einzelhandel, Frankfurt (Deutscher Fachverlag), 1998.

Franzen, Karlheinz, u.a.: *Apothekenbetriebslehre*, 3. Aufl., Stuttgart (Deutscher Apotheker Verlag) 1995.

Herzog, Reinhard, u.a.: *Filialapotheken*, Stuttgart (Deutscher Apotheker Verlag) 2004.

Herzog, Reinhard: Erfolgsfaktor *Standort*; Stuttgart (Deutscher Apotheker Verlag) 2004.

Hofmeister, Roman: Der *Businessplan*, Wien (Verlag Üeberreuter) 2003.

Jossé, Germann: *Balanced Scorecard*: Ziele und Strategien messbar umsetzen, München (DTV) 2005.

Kotler, Philip; *Bliemel*, Friedhelm: *Marketing Management*, 10. Aufl., München (Verlag Pearson-Studium / Schäffer-Poeschel) 2006.

Leetsch, Walter (Hrsg.): *Wirtschaftshandbuch* für die Apotheke, Eschborn (Govi-Verlag) 2005 (11. Erg.Lieferung).

Marketing-Gesellschaft Deutscher Apotheken (*MGDA*): Das *DAV-Marketing-Konzept*, Eschborn 1987.

Meffert, Heribert; *Bruhn*, Manfred: *Dienstleistungsmarketing*, 5. Aufl., Wiesbaden (Gabler-Verlag) 2006.

Müller-Hagedorn, Lothar: *Kundenbindung im Handel*, 2. Aufl., Frankfurt (Deutscher Fachverlag) 2001.

Müller-Hagedorn, Lothar: *Handelsmarketing*, 4. Aufl., Stuttgart (Verlag Kohlhammer) 2005.

Neudecker, Kurt: *Apothekenmarketing*; Stuttgart (Deutscher Apotheker Verlag) 2001.

Oberender, Peter O. u.a.: *Wachstumsmarkt Gesundheit*, 2. Aufl., Stuttgart (Verlag Lucius & Lucius) 2006.

Olfert, Klaus: Einführung in die *Betriebswirtschaftslehre*, 8. Aufl., (Kiehl-Verlag) Ludwigshafen 2005.

Olfert, Klaus: *Investition*, 10. Aufl., (Kiehl-Verlag) Ludwigshafen 2006.

Rahn, Horst-Joachim: *Unternehmensführung*, 5. Aufl., Ludwigshafen (Kiehl-Verlag) 2002.

Simon, Hermann; *Homburg*, Christian: *Kundenzufriedenheit*, 2. Aufl., Wiesbaden (Gabler-Verlag) 1997.

Theis, Hans-Joachim: Handbuch Handelsmarketing, Band 2 *"E-Commerce"*, Frankfurt (Deutscher Fachverlag) 2005.

Theis, Hans-Joachim: *Handelsmarketing*, Frankfurt (Deutscher Fachverlag) 1999.

Witte, A., Zur Mühlen, D.: *Apothekenbewertung*, 2. Aufl., Stuttgart (Deutscher Apotheker Verlag) 2001.

Wittlage, Helmut: Methoden und Technik praktischer Organisationsarbeit, 3. Aufl., Herne, Berlin (NWB-Verlag) 1993.

Aufsätze in Zeitschriften und Sammelwerken

Bohl, Johannes: Die *Übernahme* / Übergabe einer Apotheke, in Leetsch, Walter (Hrsg.), Wirtschaftshandbuch für die Apotheke, 6. Erg.Lief., Eschborn (Govi-Verlag) 2001.

Borrmann, Iris: Der Apotheker als *Filialleiter*, in: DAZ 145. Jahrg., Nr. 19, S. 20 ff.

Hüsgen, Uwe: Ein Jahr GKV-Modernisierungsgesetz (*GMG*). Referat anlässlich der Kompetenz-Veranstaltungen des Apothekerverbandes Nordrhein e.V., Januar 2005.

Naumann, Vera: *Führungsfehler* und ihre Folgen, in: AZ, 21. Jahrg., Heft 37.

Strobel, Burkhard: *Balanced Scorecard* für die Apotheke, in: Beraten & Verkaufen, Jahrgang 2004, Nr. 3 bis 5.

Strobel, Burkhard: Vor- und Nachteile von *Kooperationsformen*, in: DAZ, 144. Jahrg., Nr. 5, S. 89-92.

Wilke, Kai: Versandhandel und *E-Commerce für Apotheken*, in: Handel im Focus, 26. Jahrg. 2004, S. 122-133.

Statistische Daten

ABDA: Zahlen, Daten, Fakten 2005, unter http://www.abda.de/zdf.html

Arbeitsgemeinschaft der *Volksbanken* und Raiffeisenbanken in Weser-Ems (AGVR): VR-Gründungskonzept, *Branchenbriefe*, unter: http://www.vr-westfalen.de/rl/index.html

Bundesverband Parfümerie e.V.: Statistische Daten, unter: http://www.parfuemerieverband.de/statistik/htm

Europäisches Handelsinstitut (*EHI*): *Handel aktuell*, Köln (erscheint jährlich).

Hasan-Boehme, Ursula (*Treuhand*): Externe *Betriebsvergleich*szahlen *2005*, in: Aktueller Wirtschaftsdienst für Apotheker (*AWA*), 31. Jg. 2006, 1.7. 2006, S. 5 ff.

Institut für Handelsforschung (IfH): Branchendokumentation zum *Betriebsvergleich 2004* (CD-Rom).

Kassenärztliche Bundesvereinigung (*KBV*): *Grunddaten* zur Vertragsärztlichen Versorgung in Deutschland; unter: http://www.kbv/publikationen/125.html

Pharma-Benchmark. ProKas-Warenwirtschaftssystem der ProMedisoft AG, Bietigheim.

Statistisches Bundesamt: Bevölkerungsstatistik. unter: http://www.destatis.de/

Studiengang Handelsmanagement: Apotheken-Filialisierung: Anlässe, Entscheidungen, Chancen; Ergebnisse einer Befragung im Rahmen eines Studienprojektes der Fachhochschule Worms im WS 2005/2006 (*Studie FH-Worms 2005*, siehe D16 auf der beiliegenden CD.

Wirtz, Klaus (*IfH*): Ergebnisse des Betriebsvergleichs der *Apotheken 2004*; in: Handel im Focus, 58. Jg. Mai 2006, S.122-127.

Beiträge im Internet

ABDA: *Jahresbericht für 2004/2005*, unter:
http://www.abda.de/fileadmin/downloads/ABDA_Bericht_2004_05_ABDA seite.pdf

Bellinger, Bernhard: Steigen *Kaufpreise* für Apotheken?, in: Wirtschaft und Handel, unter http://www.pharmazeutischezeitung.de

Braun, Rainer: Das *GMG*, nur eine Zwischenstation. Bericht des Hauptgeschäftsführers am Deutschen Apothekertag 2004, unter http://www.abda-online.org/fileadmin/downloads/apothekertag_2004/

Diener, Frank: *Konsolidierung der Branche*, in: Pharmazeutische Zeitung-online; unter http://www.pharmazeutische-zeitung.de/index.php?id=1133&type=0

Wikipedia-Enzyklopädie: http://de.wikipedia.org/wiki/Hauptseite

Sonstige Internetadressen

Apotheken

Bundesvereinigung Deutscher Apothekerverbände (ABDA), Berlin
http://www.abda.de/

Kassenärztliche Bundesvereinigung, Berlin
http://www.kbv.de/

Treuhand Hannover GmbH, Hannover
http://www.treuhand-hannover.de/

Handel allgemein

Europäisches Handelsinstitut, Köln,
http://www.ehi.org/

Gesellschaft für Konsumforschung e.V., Nürnberg
http://www.gfk.com/

Institut für Handelsforschung an der Universität zu Köln, Köln
http://www.ifhkoeln.de/

Kooperationen

Beauty alliance Deutschland GmbH & Co KG, Bielefeld
http://www.beauty-alliance.de/

Deutscher Franchise-Verband, Berlin
http://www.dfv-franchise.de/

Franchise-Portal
http://www.franchise-net.de

IGA OPTIC eG Interessengemeinschaft Augenoptik e.G. Datteln,
http://www.igaoptic.de

Neuform Vereinigung Deutscher Reformhäuser eG, Oberursel
http://www.neuform.de

Optic Actuell AG, Neckarsulm
http://www.optic-actuell.de

Opticland GmbH, Nürnberg
http://www.opticland.de

Wir-Für-Sie-Parfümerie GmbH, Mülheim-Kärlich
http://www.wir-fuer-sie-parfümerie.de

Zentralverband gewerblicher Verbundgruppen, Berlin:
http://www.zgv-online.de/ZGVdirekt/ZGV-Mitglieder/K114.htm

F: Glossar

Abschöpfungsquote   Verhältnis des erreichten Marktanteils zum theoretisch möglichen Marktanteil einer Apotheke.

Abschreibungen   Aufteilung der Anschaffungskosten von Anlagegegenständen auf die Nutzungsdauer entweder gleichmäßig (lineare A.) oder mit abnehmenden Raten (degressive A.).

AVWG   Arzneimittelversorgungswirtschaftlichkeitsgesetz

Balanced Scorecard   Controlling-System zur systematischen Steuerung aller wesentlichen Erfolgsfaktoren eines Betriebes mit Hilfe mit einander verknüpfter Kennzahlen und anderer Indikatoren.

Bottom up / Top down   Führungskonzept, in dem Ziel und Entscheidungen entweder zunächst an der Basis entwickelt und vereinbart werden (bottom up) oder durch die Unternehmensleitung vorgegeben werden (top down).

Break-Even-Point   Gewinnschwelle, bei der erstmals die Erlöse die Kosten übersteigen.

Cash flow   Überschuss der erhaltenen Zahlungen über die zu leistenden Zahlungen eines Betriebes, oder:
Gewinn ohne außerordentliche oder betriebsfremde Aufwendungen und Erträge (Betriebsergebnis), zuzüglich Abschreibungen und Zinsen. Vergleichbar mit EBITA.

Category Management   Strategie zur Optimierung des Sortimentes durch konsequente Ausrichtung der Warengruppen auf die Kundenbedürfnisse.

Convenience   Service-Leistungen zur Einkaufserleichterung und Bequemlichkeit des Kunden vor, während oder nach seinem Kauf.

Customer Relationship Management	Strategie zur Bindung vom Kunden an das Unternehmen (Kunden-Beziehungs-Management).
Deckungsbeitrag	Rohertrag einer Kostenstelle (z.B. Filiale) oder eines Kostenträgers (z.B. Warengruppe) abzüglich der direkt zurechenbaren Kosten.
Distributionsquote	Anteil der Kunden einer Apotheke im Verhältnis zur gesamten möglichen Kundenzahl des Standortes.
Diversifizierung	Wachstumsstrategie durch Eintritt in neue Branchen und Betriebsformen.
EBITA	Earnings before Interest, Taxes and Amortization = Gewinn vor Zinsen, Steuern und Abschreibungen.
E-Commerce	Vertrieb von Waren und Dienstleistungen über das Internet.
Einzelkosten	Kosten, die eindeutig bestimmten Kostenstellen (z.B. Filialen) zugerechnet werden können.
Ertragswertverfahren	Verfahren zur Bewertung ganzer Unternehmen oder Investitionen (=Kapitalwertverfahren), bei dem künftige Zahlungsüberschüsse auf den Tag des Kaufes (der Investition) mit einem bestimmten Zinssatz diskontiert werden.
Fixkosten	Kosten, die sich nicht mit steigenden oder sinkenden Umsätzen verändern. Gegensatz zu variablen Kosten.
Franchise	Kooperationsform, bei der ein Franchisegeber einem Unternehmen (Franchisenehmer) gegen Gebühr das Recht einräumt, seine Konzeption, Namen, Logo, Patente etc. zu nutzen.
Gemeinkosten	Kosten, die nicht bestimmten Kostenstellen (z.B. Filialen) zugerechnet werden können.

GMG	GKV-Modernisierungsgesetz
Intensivierung	Wachstumsstrategie zur Steigerung des Marktanteils am konkreten Standort.
Kalkulatorische Kosten	Kosten, die keinen Aufwand in der GuV-Rechnung darstellen, z.B. Unternehmerlohn des Apothekenleiters, Zinsen für das Eigenkapital, Miete für eigen Geschäftsräume.
Kompensationskalkulation	Mischkalkulation, bei der Ertragsverluste bei Niedrigpreis-Artikeln (Kompensationsnehmer) durch höhere Kalkulation bei anderen Artikeln (Kompensationsgeber) ausgeglichen werden.
Kopierstrategie	Filialisierung mit einem gegenüber der Hauptapotheke identischen Marketing.
Lagerumschlag	Kennzahl als Verhältnis von Umsatzerlösen zu Einstandswerten (oder verkauften Mengen) und durchschnittlichem Lagerbestand, ebenfalls zu Einstandswerten (oder als Mengenbestand).
Marktanteil	Prozentanteil des Umsatzes der konkreten Apotheke am Gesamtumsatz des Marktes (Standortes).
Modifikationsstrategie	Filialisierung mit einem gegenüber der Hauptapotheke nur leicht geänderten Marketing.
Potenzial	Gesamtheit der an einem Standort möglichen Umsätze eines Sortimentes.
Produktivität	Kennzahl als Verhältnis von Leistung (z.B. Umsatz) und Einsatz (z.B. Mitarbeiteranzahl).
Rentabilität	Kennzahl aus dem Verhältnis von Ergebnis (Gewinn, Rohertrag) zu Kapital oder Umsatz.
Solitärstrategie	Filialisierung mit einem von der Hauptapotheke unabhängigen Marketing.

Spartenorganisation	Eigenständige Wahrnehmung von Aufgaben in den Betriebsteilen (Filialen) mit großer Verantwortung für das Ergebnis der Einheit (= Profit-Center-Organisation).
Substanzwert-verfahren	Verfahren zur Bewertung ganzer Unternehmen auf der Basis tatsächlich vorhandener Gegenstände des Anlage- und Umlaufvermögens, abzüglich der Schulden.
Synergie	Einsparung von Kosten durch Wachstum.
Teilkostenrechnung	System der Kostenrechnung zur Verteilung ausschließlich der anfallenden Einzelkosten auf die Kostenstellen (Filialen). Die Gemeinkosten bleiben unverteilt.
Variable Kosten	Kosten, die sich mit steigenden oder sinkenden Umsätzen verändern. Gegensatz zu Fixkosten.
Variationsstrategie	Filialisierung mit einem gegenüber der Hauptapotheke deutlich geändertem Marketing.
Vollkostenrechnung	System der Kostenrechnung zur Verteilung aller anfallenden Einzel- und Gemeinkosten auf die Kostenstellen (Filialen). Die Gemeinkosten werden durch Schlüssel verteilt.

Sachregister